Franz Christian Schlangen

N A K ? - Was ist das

Ein Blick hinter eine undurchsichtige Fassade

Meiner Liebsten,
die mir trotz ihrer Berufstätigkeit während der
langen Zeit des Recherchierens und Schreibens
nicht nur den Rücken freigehalten, sondern
auch unschätzbare Zuarbeit geleistet hat

Bibliographische Information der Deutschen Nationalbibliothek:
Die Deutsche Nationalbibliothek verzeichnet diese Publikation
in der Deutschen Nationalbibliographie; detaillierte bibliographische
Daten sind im Internet unter http://dnb.dnb.de abrufbar

Schlangen, Franz-Christian

N A K - Was ist das?

Ein Blick hinter eine undurchsichtige Fassade

© 2019
Herstellung und Verlag: BoD – Books on Demand, Norderstedt.
ISBN: 9783749448166

Inhaltsverzeichnis

Vorwort	8
Mein Weg in die Freiheit	12
Ein paar allgemeine Vorbemerkungen zur NAK	19
Die NAK-Methode der Geschichtsaufarbeitung	23
Das Jahrhundert der Erweckungsbewegungen	27
Gründungsmythen der Neuapostolischen Kirche	32
Die „katholisch apostolischen Gemeinden" (KAG)	50
Die KAG steuert in Krise und Schisma	54
AcaM und Apostolisch Zending	63
Apostolisch Zending und NAK	76
Die NAK unter Krebs und Niehaus	85
Die NAK und das Dritte Reich	105
Bischoff und die Botschaftszeit	120
Der StAp ist tot, es lebe der StAp	143
Ein kleiner bescheidener Mann?	151
Die Schweizer Ära	161
Retrokurs ab 2005	179
Zwei Affären unter Dr. Leber	188
Das postfaktische NAK-Zeitalter	202
Die NAK und die Ökumene	213
Bildnachweise	221

Vorwort

Ich bin Geburtsjahrgang 1951, und damit gehöre ich einer privilegierten Generation an. In doppelter Hinsicht. Einmal gehöre ich zu der Generation Menschen, innerhalb deren Existenz sich das Wissen der Menschheit in immer kürzeren Intervallen verdoppelt, aktuell innerhalb von etwa 7-8 Jahren. Zum anderen gehöre ich zu der Generation Menschen, der Dank immer fortschrittlicherer Informationstechnik dieses gesamte Wissen auch tatsächlich zur Verfügung steht – denjenigen innerhalb unserer Generation, die das das auch wollen, jedenfalls.

Noch meine Elterngeneration hatte kaum eine Möglichkeit, an über das eigene Fachgebiet hinausgehendem Wissen teilzuhaben. Und schon gar war es nahezu unmöglich, sich Faktenwissen über religiöse Themen anzueignen. Alles was Menschen zu wissen meinen konnten, war dasjenige Material, welches die Religionsgemeinschaften nicht auf den Index für glaubensgefährdende Schriften setzen ließen. Für die abrahamitischen Religionen hat sich dabei die vatikanische Inquisitionsbehörde, heute nennt sie sich „Kongregation für die Glaubenslehre", besondere „Verdienste" erworben.

Religionskritische Schriften, die den Lehren der Juden, Christen und Muslime entlarvende Fakten gegenüberstellen, sie als unwahre Tatsachenbehauptungen entlarven, gibt es schon seit Jahrhunderten – aber sie wurden (und zum Teil werden sie es noch) unter Verschluss gehalten, der Öffentlichkeit nicht zugänglich gemacht. – Profitiert haben davon alle abrahamitischen Religionen und deren jeweilige Konfessionen, die im Prinzip jede x-beliebige Behauptung als Wahrheit verkaufen konnten.

In meiner Generation hat sich zumindest bei uns in Mitteleuropa einiges geändert. Vor allem wird die Gesellschaft immer säkularer, und die Religionsgemeinschaften haben nicht mehr die Macht, geschaffenes Wissen zu unterdrücken. Aber natürlich werden auch immer mehr wissenschaftliche Fakten bekannt, die die Kirchenlehren ad absurdum führen und die Predigten der Kirchenmänner als reine Scharlatanerie entlarven.

Und wenn ich Scharlatanerie schreibe, meine ich das auch genauso! Ich weiß, wovon ich rede, denn ich stamme aus einer fundamentalchristlichen Familie puritanisch/pietistischer Prägung. Als Kind und im frühen Jugendalter war ich das, was man einen gläubigen Christen nennt. Die mir vermittelte Religionslehre war – abgesehen von den Sonderlehren der sog. Neuapostolischen Kirche (NAK), also meiner Glaubensgemeinschaft, von der in diesem Buch die Rede ist – allgemeiner gesellschaftlicher Konsens.

Entsprechend habe ich sie auch nicht hinterfragt. Alles was mir von Dritten, zuvorderst von meiner Mutter, aber eben auch von Lehrern in der Schule, über Gott, die Schöpfung, die Erbsünde, Jesus Christus und die Apostel erzählt wurde, klang ja auch ganz schlüssig und folgerichtig. Deshalb habe ich das, was mir erzählt wurde, für wahr gehalten. Dass dieses „Glauben von Aussagen Dritter" nichts mit „Glaube" im Kontext religiöser Überzeugungen zu tun hat, war mir noch nicht klar. – Ist es den meisten Gläubigen auch heute nicht. Aber es ist eine Tatsache, dass sie lediglich das für wahr halten, was ihnen von Dritten erzählt wird.

Alte Regel: Wer nichts weiß, muss Allen alles glauben!

Dieser Kinderglaube begann erst zu bröckeln, als ich anfing, Inhalte zu hinterfragen. Bereits im Jugendalter hat sich bei mir das abgespielt, was in der Judäo-Christlichen Tradition „die Versuchung im Paradies" genannt wird. Ich habe „Sollte wohl...?" gefragt und von den Früchten am Baum der Erkenntnis genascht. Und mit jedem wissenschaftlichen Faktum, das ich kennenlernte, bröckelte ein weiterer Lehrinhalt weg. – Nichts von dem, was man mir im Kindes- und Jugendalter beigebracht hat, hatte Bestand im Licht der Tatsachen.

Im Licht der erwiesenen Tatsachen betrachtet, gibt es heute für Menschen mit einer durchschnittlichen Allgemeinbildung eigentlich keinen Grund mehr, den Lehren und Predigten der Religionsfunktionäre zu glauben.

Man kann wissen! Denn zu jeder Lehrbehauptung haben Wissenschaftler widerlegendes Wissen geschaffen. Und zu jedem wissenschaftlichen Faktum ist ein Buch erschienen, in dem wir das nachlesen können, was uns in Sonntagsschule und Religionsunterricht verschwiegen wurde.

Den gesamten Themenkomplex hatte ich in meinem in gleichem Verlag im Juni 2017 erschienen Buch *„Was wirklich geschah"* schon einmal aufgegriffen.

Es hat sich aber gezeigt, dass dieser Doppelband der sich im ersten Teil mit der Phase von der Entstehung der Welt bis zum Werden des Homo Religioticus christlicher Prägung befasst hat und im zweiten Teil mit der Entwicklung der Neuapostolischen Kirche, zu umfangreich und zu teuer ist. – Zumal der zweite Teil ausschließlich für diejenigen interessant ist, die einen Bezug zur Neuapostolischen Kirche haben. Die haben sich aber eigenem Bekunden nach nicht wirklich für das Werden des Lebens interessiert.

Deshalb habe ich mich entschlossen, den Doppelband zu trennen und zwei Einzelbände als umfangreich erweiterte und aktualisierte Neuauflagen herauszubringen.

Der vorliegende Band befasst sich mit der Entstehung der Neuapostolischen Kirche aus einer Erweckungsbewegung des 19. Jahrhunderts zu einer ökumenisch angepassten christlichen Sekte mit einer paar (O-Ton EZW) folkloristischen Sonderlehren.

Wie aus „Was wirklich geschah" geläufig, werde ich auch in diesem Buch die Quellen nicht als Verweise in Form von Fuß- oder Endnoten angeben, sondern sozusagen als „Stolpersteine" mitten im Text platzieren. Die Leser sollen nicht nur davon über-zeugt werden, dass irgendwelchen Zitaten auch echte Quellen zugrundeliegen. Vielmehr geht es mir darum, dass sie sich die genannten Quellen insgesamt und inclusive der darin enthaltenen weiteren Verweise selbst zugänglich machen. Sei es in Form einer Ausleihe aus der örtlichen Bibliothek, sei es durch den Erwerb des jeweiligen Buches.

Zugegeben: Sich die entsprechenden Quellen, soweit sie von der NAK selbst stammen, zugänglich zu machen, ist nicht ganz einfach.

Zum einen bewegen wir uns auf nur schlecht dokumentiertem Terrain. Und zum anderen ist die NAK (ich werde ab jetzt bei dieser Abkürzung bleiben, obwohl sie – wie wir später sehen werden – irreführend ist) seit einigen Jahren dabei, neu zu erfinden.

Im Zuge des Prozesses der Neuerfindung hat sie sich vieler Dokumente entledigt, die die tatsächliche Historie dieser Sekte belegen könnten. – In Berlin von Strehlow et al. durchgeführte Vergleiche von noch vorhandenen Originalexemplaren der NAK-Medien mit Archivexemplaren der gleichen Ausgaben aus den Archiven des Friedrich-Bischoff-Verlags, des NAK-eigenen Medienhauses, legen nahe, dass keine Ablichtungen von Exemplaren der NAK-eigenen Medien aus der Zeit seit der Entstehung der NAKn im Jahr 1897 bis zum Beginn des 21. Jhdts. zu bekommen sind, die – soweit sie belastendes Material, beispielsweise aus dem Dritten Reich, enthalten – nicht manipuliert wurden.

Mein Weg in die Freiheit

Der Weg zu dem Wissen, welches ich in meinen Büchern als fortlaufende Schöpfungs- und Religionsgeschichte aufgeschrieben habe, verlief bei mir im Zickzack und er war zusätzlich eine Berg- und Talfahrt:

In eine erzkonservative christliche Sekte, die sog. „Neuapostolische Kirche" (NAK) hineingeboren, wurde ich vom frühesten Kindheitsalter an religiös indoktriniert und mit den Überlieferungen des Christentums in der exklusivistischen Lesart der Neuapostoliken vertraut gemacht. Ein prägendes Element meiner religiösen Erziehung war die sog. Bischoff-Botschaft.

Johann Gottfried Bischoff war von 1930 bis 1960 Oberhaupt der NAK. Am 1. Weihnachtstag 1951 verkündete dieser zu diesem Zeitpunkt fast 81-jährige sog. „Stammapostel", dass er die Botschaft erhalten habe, die Wiederkunft Christi fände zu seinen Lebzeiten statt. Im Kapitel *„Bischoff und die Botschaftszeit"* wird diese Bischoff-Botschaft, die zu einem Dogma erhoben wurde, ausführlich vorgestellt – und auch die tatsächlichen Gründe, die zu dieser Botschafts-Story geführt haben.

Jedenfalls waren meine frühe Kindheit und Volksschulzeit (entspricht der heutigen Grundschulzeit) von der Erwartung geprägt, dass jeden Augenblick „der Herr Jesus" erscheinen würde und uns „Gotteskinder" (nach neuapostolischer Lesart sind auch heute noch ausschließlich NAK-Mitglieder Gotteskinder) mit in den Himmel nehmen würde. Entsprechend war die religiöse Erziehung darauf ausgerichtet, dass ich „würdig" sei, für den Tag des Herrn.

Als Zweijähriger soll ich bereits inbrünstig das Lied „Meine Heimat ist dort in der Höh" gesungen haben – auf dem Töpfchen sitzend und damit durch die Küche rutschend. Da ich aus den Gottesdiensten irgendwie verstanden habe, dass der Herr „wie ein Dieb in der Nacht" kommen würde, habe ich mich später nachts auf die Fensterbank gesetzt und geschaut, ob von irgendwoher ein Himmelszeichen käme, denn es hat ebenfalls geheissen, das Zeichen des Menschensohnes erschiene am Himmel, der Mond würde seinen Schein verlieren und die Sterne vom Himmel fallen.

Glücklicherweise war mein Vater seinerzeit „vom Glauben abgefallen" und sorgte dafür, dass dieser Unsinn unterblieb. Übrigens hat er auch dafür gesorgt, dass zumindest zuhause nicht mehr vom Heiligen Geist die Rede sei. Den habe ich mir nämlich als Gespenst vorgestellt und ihn für ziemlich angsteinflößend gehalten.

Überhaupt war es mein Vater, der es immer wieder geschafft hat, den in mein wehrloses kindliches Hirn gestopften Unsinn ein wenig zu neutralisieren. Später hat er sich stets bemüht, NAK-Lehraussagen zu relativieren – und er war es auch, der mich gelehrt hat, meinen Kopf zu gebrauchen und mit logischem Denken auch an religiöse Themen heranzugehen. – So habe ich als 12-jähriger die ersten Logibrüche in den Überlieferungen entdeckt, als 16-jähriger war mir bereits klar, dass insbesondere die exklusivistische NAK-Lehre falsch sein müsse.

Unabhängig von dem Wissen, mich auf einem Irrweg zu befinden, habe ich mich aber immer wieder in die Sekte hineinziehen lassen, mich auf deren Lehren eingelassen – bis zur nächsten Enttäuschung… im Sinne von „entdecken, dass ich einer Täuschung aufgesessen bin". – Die im frühesten Kindesalter bei mir begonnene Indoktrination hat lange, **seehr** lange nachgewirkt.

Mitschuld daran tragen auch sog. Schlüsselreize, auf die jedes wirklich in der NAK sozialisierte Kind konditioniert ist. Hält man Abstand zur Gemeinschaft, ist alles okay. Lässt man sich auf Gottesdienstbesuche – auch nur gastweise ein – geschieht es leicht, dass man wieder eingesaugt wird. Es ist für Außenstehende vielleicht auch gar nicht wirklich nachvollziehbar, aber noch heute kann es geschehen, dass ich (hauptsächlich durch NAK-Chor-musik) getriggert werde.

Warum ich mich immer wieder einmal auf nähere Kontakte eingelassen habe, ist mir heute unerklärlich. Doch mein Weg aus der Sekte war eben nicht von Anfang an konsequent.

Konnte er auch nicht sein, da bereits meine Ururgroßeltern mütterlicherseits Mitglieder des niederländischen Ablegers der apostolischen Gemeinden, der Zendingskerk in den Niederlanden (vgl. dazu die Kapitel „AcaM und Apostolisch Zending" sowie „Apostolisch

Zending und NAK") waren; mein Urgroßonkel Luitsen B. Hoekstra war ein sogenannter „Apostel".

Aber auch meine Familienangehörigen väterlicherseits gehörten zu den ersten von Friedrich Schwartz missionierten apostolischen Christen am Niederrhein.

In meiner Kindheit und Jugendzeit waren so gut wie alle erwachsenen männlichen Familienmitglieder NAK-Funktionäre, sog. „Amtsträger". – Ich galt als so eine Art Kronprinz, und mein Werdegang innerhalb der Sekte war bereits beschlossene Sache, als mein Vater mich über ein von ihm aufgeschnapptes Gespräche zwischen meinen Onkels und dem Leiter des NAK-Bezirks Köln, Hans Zier, einem langjährigen engen Freund der Familie informierte. Es ging darin um meine Ordination in ein erstes NAK-Amt. Ich sollte bald Unterdiakon werden. Meine Reaktion war Flucht!

Ich entschied mich, den Soldatenberuf zu ergreifen. Der führte mich von zuhause weg, und es war für jeden nachvollziehbar, dass ich nicht regelmäßig in die Kirche gehen konnte. Die Distanz zur Familie wirkte nicht gewollt, sondern hat sich sozusagen automatisch ergeben...

Dennoch sollte es noch Jahrzehnte dauern, bis ich der NAK endgültig den Stuhl vor die Tür stellte.

Und über diese ganze Zeit versorgte mich meine Familie mit Berichten und Literatur von und über die NAK, mit Jubiläumsbänden aus den div. Bezirken und natürlich mit Biographien zu den NAK-Ordensoberen. Wer hätte auch ahnen können, dass sie mir damit die Grundlagen zu diesem kleinen Büchlein hier geliefert haben?

„Das Finale" begann im Jahr 2009:

Ich war – wieder einmal – mit einem Fuß drin in der NAK. Nach den „Fehrschen Reformen" (vgl. dazu das Kapitel „die Schweizer Ära") sei die NAK so, wie ich bereits als 16-jähriger gefordert hätte, dass sie sein solle. Wurde mir gesagt, und ich möge mir das doch einfach einmal anschauen... – Da ich ein neugieriger -Mensch bin, habe ich mich wieder einmal darauf eingelassen.

Zur gleichen Zeit hatte die NAK im Nachgang zu ihrem ersten Groß-Event, dem Europäischen Jugendtag (EJT) eine Social-Media-Plattform, die NAC World, in Betrieb genommen. Hintergrund der Aktion war die Hoffnung, die NAK-Jugend würde dort die auf dem EJT angebahnten Kontakte weiterpflegen.

Die Hoffnung hat sehr getäuscht. Abgesehen von der deutschen Social-Media-Plattform „Wer kennt Wen (wkw)" war bereits damals facebook das auch für die NAK-Jugend interessantere Medium.

Lustigerweise hat sich nacworld stattdessen als Treffpunkt für ältere, betagte und teilweise auch hochbetagte „Glaubensgeschwister" entwickelt, für die sich zum ersten Mal die Chance auf nicht nur bezirks- sondern auch auf gebietskirchenübergreifenden Austausch bot.

Das war und ist der NAK auch Recht. Zumindest solange, wie bei dem Austausch nicht auch kritische Inhalte zur Sprache kommen.

Aber die kamen natürlich doch. Insbesondere war die im Zuge der „Fehrschen Freigrasung" heimlich durchgeführte scheinbare Änderung der NAK-Lehren Thema.

Dann kamen tatsächlich durchgeführte scheinbare Änderungen der Lehre und der Gottesdienstpraxis hinzu (ich gehe in einem späteren Kapitel detailliert auf diese angeblichen Änderungen ein). Und alles wurde zum Leidwesen der NAK-Granden auch kontrovers diskutiert.

Und in der Folge lernte ich dann, was NAK ist:

Von Anfang an wurden Stimmen, die nicht 100%ig auf Linie waren, durch Druck auf die gesamte Gruppe leiser gehalten, missliebige Beiträge wurden gelöscht, und wegen ihrer geäußerten Kritik missliebige User wurden mehr oder weniger offen gewarnt. Und bald wurden dann auch Sanktionen in Form von temporären Sperren eingeführt.

Je mehr Druck von außen kam, umso mehr forschte ich nach Informationen. Und der NAK-Lehre widersprechende theologische Erkenntnisse habe ich dann auch regelmäßig veröffentlicht, sehr zum Missfallen der jungen Emporkömmlinge, die von der NAK mit der Administration der Plattform betraut wurden.

Bald sollte mich dann der strafende Hammer mit aller Macht treffen:

Der damalige Fürst über die NAK-Provinz Niederlande, der sog. Bezirksapostel Theodoor J. de Bruijn (heute als meineidiger Straftäter entlarvt) sagte einen meiner Meinung nach ziemlich blöden – auf jeden Fall aber platten – Satz:

„Das Wichtigste ist, dass das Wichtigste das Wichtigste bleibt!"

Und mein Kommentar dazu lautete: *„Ein klassisches Paradoxon!"*

Die Folge: Ich wurde wegen „Lästerung" verwarnt – nachdem sich einige treugläubige User über diesen angeblich blasphemischen Kommentar aufgeregt und mich gemeldet hatten.

Einer – Rolf B'z., ich erinnere mich noch sehr gut an den Namen – salbaderte gar:

„Beuge Dich unter die mächtige Hand Gottes und er wird Dir deine Sünde verzeihen!"

Meine Antwort darauf lautete: *„Quatsch! Gott will mündige Kinder und keine Speichellecker."*

Das war's dann zunächst: Ich bekam eine 21 Tage dauernde Sperre aufgebrummt. Als erster nacworldianer. Die Folge war eine erhebliche Unruhe unter den Usern. Auch viele eigentlich linientreue Mitglieder waren mit dieser willkürlichen Maßnahme nicht einverstanden. Sie liefen aber mit ihren kritischen Kommentaren durchaus Gefahr, ihrerseits gesperrt zu werden.

Mein jüngerer Bruder war ebenfalls nacworld-User. Ich bat ihn dann wegen des Rumors auf der Plattform, den anderen Usern liebe Grüße auszurichten, und sie möchten doch bitte Ruhe bewahren, der Vorfall sei es nicht wert, sich deswegen ebenfalls eine Sperre einzuhandeln…

Und das war dann das endgültige AUS! Die Admin schickte mir eine E-Mail des Inhalts, da ich mich während meiner Sperre zu Wort gemeldet hätte, hätte ich gegen die Sanktionsauflagen verstoßen und würde mit sofortiger Wirkung auf Dauer der Plattform verwiesen!

Es nützte auch keine Intervention beim „Sprecher" des Arbeitgebers der nacworld-Admin, dem damaligen NAK-Bezirksältestesten Peter Johanning. – Seine Frage war, ob ich denn meine Meinung geändert hätte und meine Worte bereue, was ich natürlich verneinte. Seine Antwort:

„Tja – dann kann ich nichts für Sie tun!"

Langer Rede kurzer Sinn: Ich war draußen, und in kurzer Folge wurde eine ganze Reihe von Usern, die meiner Unterstützung verdächtigt wurden, ebenfalls der Plattform verwiesen.
Darunter auch Tanja K., eine liebe, leider bereits in viel zu jungen Jahren an einem Krebsleiden verstorbene Freundin. Und der geschah etwas Merkwürdiges:

Pünktlich zu ihrem Geburtstag erhielt sie eine Gratulations-E-Mail von nacworld.net... - Wie konnte das sein? Es hieß doch, die Konten der Verbannten seien gelöscht worden. Und in den allgemeinen Geschäftsbedingungen der Plattform hieß es doch zum Thema Datenschutz, es gelte deutsches Recht?

Der Rechtsberater der Plattformbetreiber, Andreas H. – genannt Hebelchen (von ihm wird später noch einmal die Rede sein), sorgte dann für Klarheit:

Der Verweis auf deutsches Recht bedeute nicht, dass das deutsche Datenschutzrecht gelte, sondern dass die NAK als Körperschaft öffentlichen Rechts deutschem Recht entsprechend eigene Regelungen für den Datenschutz treffen dürfe...

Bumms! – So viel also zum Thema Anstand und Ehrlichkeit einer Religionsgemeinschaft. Und nach und nach wurden ständig weitere Lügen der NAK-Führung offen sichtbar...

Damit war auch mein Restvertrauen dahin. Und je mehr ich dann forsche, umso mehr wurde deutlich, dass die komplette Lehre auf Sand gebaut war. – Die gesamte christliche Lehre war auf Sand gebaut!

Als Konsequenz folgte dann im Juli 2012 mein formaler Austritt aus der Sekte!

Zurzeit betreibe ich noch eine Klage gegen die NAK. Sie sollen die an mir vollzogenen sakramentalen Initiationsrituale für ungültig erklären – mich also aus dem Christentum ausschließen, damit eindeutig geklärt ist, dass ich kein Glaubensbruder eines gläubigen Christen mehr bin und mich auch nicht so bezeichnen lassen muss.
– Vielleicht kann ich bis zur Drucklegung des Buches auch noch das Ergebnis der Klage – sozusagen als Schlusskapitel – einfügen.

So weit, so gut... Heute erachte ich die Sekte, in der ich sozialisiert wurde, für mich persönlich ansonsten als bedeutungslos. Sie hat sich als eine gewaltige Gelddruckmaschine zugunsten einiger sich Apostel nennen lassender Männer entpuppt... Und das von diesen Männern errichtete Lehrgebäude kracht ohnehin zusammen, wenn klar ist, dass sein Fundament, die allgemeine christliche Lehre, absolut nicht tragfähig ist.

Dennoch habe ich mich bemüht, die Geschichte, also die Entstehung und Entwicklung der NAK in diesem Buch darzustellen. - Als sachlich nüchterne Darstellung der Ereignisse.

Nicht nur, um endgültig mit meiner Sektenvergangenheit abzurechnen, sondern auch, um den in der NAK Verbliebenen zu zeigen, dass diese sogenannte Kirche von Menschen erdacht ist. – Und selbst dann, wenn Gott existierte, und die Lehre des Christentums Wahrheit wäre, hätte die NAK nichts damit zu tun.

Natürlich ist jede Religion letztendlich menschlichem Erfindergeist zuzuschreiben. Das trifft auch auf die abrahamitischen Religionen zu. - Bis ich das verstanden habe, musste ich aber viel lesen und lernen! Sehr viel...

Das ist jedoch der Inhalt meines Buches *„Ist Glaube unvernünftig?"* das in Kürze im gleichen Verlag erscheinen wird.

Ein paar allgemeine Vorbemerkungen

Ich schreib ja bereits im einführenden Text, dass der Name „Neuapostolische Kirche (NAK)" eigentlich irreführend ist, denn er impliziert, dass es eine Neuapostolische Gesamtkirche gibt.

Allerdings existiert die nicht. - Es gibt nicht D I E eine Neuapostolische Kirche im Sinne einer einzigen juristischen Person. Was es gibt, ist eine Reihe von Neuapostolischen Gebietskirchen, die jeweils rechtlich völlig eigenständige Körperschaften öffentlichen Rechts sind, aber nicht miteinander verbunden!

Um das zu verdeutlichen, hier einmal ein Blick auf die NAK-Strukturen:

Jede Gebietskirche wird von einem Laienprediger im NAK-Rang eines „Bezirksapostels" geleitet, wobei ein Bezirksapostel durchaus mehrere Gebietskirchen gleichzeitig regieren kann.

Eine Gebietskirche wird in mehrere sogenannte Apostelbereiche unterteilt, die jeweils von einem Laienprediger im NAK-Rang eines „Apostels" geleitet werden. Jedem Apostel ist mindestens ein Laienprediger im NAK-Rang eines „Bischofs" als Hilfskraft zur Seite gestellt.

Der Bezirksapostel, die Apostel und viele der Bischöfe üben ihre Tätigkeit hauptamtlich aus, beziehen also ein Gehalt und im Ruhestand eine Pension von der Gebietskirche. Sie bilden gemäß Artikel 6 der für alle Gebietskirchen gleichlautenden Verfassungen den Landesvorstand der Gebietskirche.

Jeder Apostelbereich gliedert sich in mehrere sogenannte Ältestenbezirke, die jeweils von einem Laienprediger im NAK-Range eines „Bezirksältesten" geleitet werden. Jedem Bezirksältesten ist mindestens ein Laienprediger im NAK-Rang eines „Bezirksevangelisten" als Hilfskraft zur Seite gestellt.

Die Bezirksältesten und alle ihnen nachgeordneten Amtsstufen üben ihre Tätigkeit ehrenamtlich aus, das heißt, sie sie sichern ihren Lebensunterhalt und ihren Ruhestand durch einen Hauptberuf. Die Bezirksältesten bilden gemäß Artikel 7 der für alle Gebietskirchen gleichlautenden Verfassungen zusammen mit dem Landesvorstand die Landesversammlung.

Zu jedem Ältestenbezirk gehören mehrere Gemeinden, die von einem ehrenamtlich tätigen Laienprediger, dem Gemeindevorsteher, geführt werden. Dem Vorsteher stehen weitere Laienprediger als priesterliche Ämter als Hilfskräfte zur Seite, zusätzlich sind in jeder Gemeinde (meist mehrere) sogenannte Diakone im Tür- und Ordnungsdienst eingesetzt.

Die NAK-Kirchengemeinden orientieren sich meist an den politischen Gemeinden bzw. Stadtbezirken. Sie werden gemeindeintern in mehrere Wohnbezirke eingeteilt, für die jeweils einer der dem Vorsteher zur Seite gestellten priesterlichen Hilfsämter als Bezirkspriester zur seelsorgerischen Betreuung der dort ansässigen Gemeindemitglieder verantwortlich ist.

Mitglied der jeweiligen Gebietskirche sind ausschließlich die im jeweiligen Bundesland polizeilich gemeldeten Neuapostoliken. Eine Ausnahme bildet der Vorsitzende des NAKI e.V., Zürich, der als sogenannter Stammapostel oberste geistliche Autorität und als solche Organ einer jeder bestehenden NAK-Gebietskirche weltweit ist und diese in allen religiösen Angelegenheiten leitet.

Die Funktion dieses NAKI e.V., des Apostelvereins Neuapostolische Kirche International e.V. mit Sitz in Zürich ist nun ziemlich interessant:

Denn wenn von der internationalen Neuapostolischen Kirche gesprochen wird, so ist die Rede von einer Schimäre! Damit diese Gesamtkirche existierte, müssten die jeweiligen Gebietskirchen, vertreten jeweils durch ihren Gebietskirchenpräsidenten, Mitglied bei NAKI sein. Und das ist nicht der Fall!

Es ist vielmehr so, dass lediglich der Bezirksapostel und die jeweiligen Apostel einer Gebietskirche Mitglied im NAKI e.V. sind. Und die Mitgliedschaft dieser Männer entsteht nicht etwa dadurch, dass sie von ihrer Gebietskirche zum NAKI e.V. deputiert worden wären. Es ist im Gegenteil so, dass der sogenannte Stammapostel bestimmt, wer in der jeweiligen Gebietskirche zum Apostel ernannt und somit Mitglied des Vereins NAKI e.V. wird.

Der Stammapostel ist der Präsident des Vereins NAKI und damit der höchstrangige NAK-Laienprediger, der als solcher Organ in jeder Neuapostolischen Gebietskirche ist. Und damit ist er mehr als nur deren höchste geistliche Autorität, er ist (und das ist in den Verfassungen der Gebietskirchen zementiert) höchster Disziplinarvorgesetzter für alle in der NAK tätigen Funktionäre. Denn der Artikel 5 der für alle Gebietskirchen gleichlautenden Verfassungen sagt ganz eindeutig, dass der Stammapostel den Bezirksapostel (Kirchenpräsidenten) sowie die Apostel und Bischöfe beruft, und dass er sie in den Ruhestand versetzen, einst-weilen beurlauben oder bei Vorliegen eines wichtigen Grundes abberufen kann.

Außerdem geht aus den Statuten hervor, dass die Apostel gegenüber dem Stammapostel durch ein Treuegelübde zum Gehorsam verpflichtet sind!

Es ist also ganz eindeutig so, dass der Vorstand der einzelnen Gebietskirchen ausschließlich dem Apostelverein NAKI und dessen Präsidenten Loyalität schuldet, nicht aber der Gebietskirche, der er vorsteht! Ein ganz wesentlicher Punkt!

Damit ist nämlich gewährleistet, dass alle Entscheidungen zentral vom Vorsitzenden des Apostelvereins NAKI e.V. ausgehen. Die Durchgängigkeit aller Entscheidungen bis in die untersten Funktionärsebenen ist dadurch gewährleistet, dass gemäß Artikel 8 der für alle Gebietskirchen gleichlautenden Verfassungen sämtliche Amtsträger durch den Stammapostel, den Bezirksapostel oder einen von diesem beauftragten Apostel in ihr Amt berufen, in den Ruhestand versetzt, einstweilen beurlaubt oder bei Vorliegen eines wichtigen Grundes abberufen werden. Wo-bei der Inhalt des Amtsauftrages sich aus den Vorgaben des Stammapostels ergibt.

Insgesamt ergibt sich so eine patriarchal-hierarchische Struktur, deren Spitze der Präsident des Apostelvereins NAKI e.V. ist. Innerhalb dieser Struktur haben die sogenannten Bezirksältesten der jeweiligen Gebietskirche in der Landesversammlung noch ein nominelles Mitspracherecht. Es ergibt sich aus dem Artikel 7 der für alle Gebietskirchen gleichlautenden Verfassungen, die der Landesversammlung folgende Rechte einräumt:

- *Die Landesversammlung hat das Recht und die Aufgabe, Vorschläge und Anträge hinsichtlich der kirchlichen Arbeit zu beraten und zur weiteren Bearbeitung an den Landesvorstand weiterzugeben. Ihr obliegen ferner folgende Aufgaben:*
1. *Beschlussfassung über den Jahresabschluss sowie Entlastung des Landesvorstandes*
2. *Wahl des Wirtschaftsprüfers zur Prüfung des Jahresabschlusses*
3. *Änderung der Verfassung und Beschlussfassung über eine Änderung der Rechtsform*
4. *Beschlussfassung über die Auflösung der Neuapostolischen Kirche (z.B. Westdeutschland).*

Allerdings besteht dieses Mitspracherecht nur theoretisch, da der jeweilige Landesvorstand ebenfalls Mitglied der Landesversammlung ist, und der jeweilige Gebietskirchenpräsident und Vorsitzender des Landesvorstands ebenfalls Vorsitzender der Landesversammlung …

Unterhalb der mittleren Funktionärsebene gibt es keinerlei Mitspracherecht eines NAK-Mitglieds. Überhaupt haben NAK-Mitglieder, einschließlich der subalternen Funktionäre (Gemeindevorsteher und Hilfsdienste), keinerlei Rechte innerhalb der NAK außer dem grundsätzlichen Anspruch auf Teilnahme an allen für sie bestimmten kirchlichen Handlungen sowie auf seelsorgerische Betreuung. Dafür wird laut Verfassung aber auch von ihnen erwartet, dass sie ihr Leben nach der Lehre Christi einrichten.

Der letzte Satz ist eine böse Falle, die letztlich zu der erwiesenermaßen nicht nur patriarchal-hierarchischen, sondern sogar faschistoiden Organisationsstruktur führt.

Also noch einmal zu den Rechten der Mitglieder: Es gibt keine!

Und ganz ausdrücklich gibt es insbesondere keine Rechte am Vermögen der Gebietskirche. Wir werden in einem späteren Kapitel darauf zurückkommen!

Die NAK-Methode der Geschichtsaufarbeitung

Die NAKn betreiben ganz offensichtlich systematische Geschichtsklitterung, um ihre stark belastete Vergangenheit hinter sich lassen zu können. Die Geschichte der NAKn wird nahezu ausschließlich von (Pseudo-) Wissenschaftlern erzählt, die in irgendeiner Weise mit einer der NAKn verbunden oder von ihr abhängig sind. Dadurch ist auch die online-Enzyklopädie „wikipedia" als Informationsmedium zum Thema „Neuapostolische Kirche" gänzlich ungeeignet. Die entsprechenden Einträge stammen fast ausschließlich von NAK-Mitgliedern und Mitgliedern der neuerdings wieder mit den NAKn befreundeten Vereinigung apostolischer Gemeinden (VAG).

Von mir selbst gemachte Erfahrungen zeigen, dass Einträge Dritter von Sichtern der gleichen Gruppe, die gleichzeitig Mitglieder im von der NAK mitfinanzierten „Netzwerk Apostolische Geschichte" sind, gestrichen werden. Die geklitterten Lesarten in wikipedia sind durch keine unabhängigen Quellen belegt, der Leser kann praktisch nur das erfahren, was die NAK selbst über sich verbreitet.

Wissenschaftliche Arbeiten, die nicht im Sinne der NAK ausfallen, werden systematisch unterdrückt! Auch dafür gibt es einen schlagenden Beweis:

Dr. phil. Almut Leh, seinerzeit Wissenschaftliche Mitarbeiterin und Leiterin des Archivs des Instituts für Geschichte und Biographie „Deutsches Gedächtnis" in Hagen und aktuell Redakteurin und Herausgeberin von „BIOS - Zeitschrift für Biographieforschung, Oral History und Lebensverlaufs-Analysen", Mitglied des Council der International Oral History Association sowie wissenschaftliche Mitarbeiterin der Friedrich-Schiller-Universität Jena wurde vom Neuapostolische Kirche International e.V. mit Sitz in Zürich, vertreten durch dessen Verwaltungsleiter Erich Senn, beauftragt, eine Zeitzeugen-Befragung zu dem Zeitgeschichtsabschnitt von 1938 bis 1955 durch-zuführen. Hintergrund war die Sorge, dass, wenn die

Almut Leh – die deutsche Historiker wurde Opfer neuapostolischer Vertuschungspolitik.

Bildquelle: https://commons.wikimedia.org/wiki/File:Almut Leh.jpg

letzten Zeitzeuen verstorben seien, keine Dokumentation über diese sehr spannende Phase der Sekten-geschichte (ich werde sie so ausführlich wie möglich behandeln) mehr erstellt werden könnte.

Ende 2014 wurde der umfangreiche Forschungsbericht an die NAK übergeben. Ganz offensichtlich ist er nicht so ausgefallen, wie die NAK es sich erhofft hat, denn er wurde sofort auf Anweisung des internationalen Leiters der Neuapostolikensekte unter Verschluss genommen. Der Sprecher des internationalen Leiters der NAK, der bereits erwähnte Peter Johanning, begründete das mit den Worten:

(Zitat) *„Die Neuapostolische Kirche hat innerkirchliche Abspaltungen in der Zeit von 1938-1955 umfangreich untersucht und den Abschlussbericht im Rahmen eines Gemeindeabends am 4. Dezember 2007 vorgestellt. Der Bericht wurde, wie zu erwarten war, kritisch betrachtet und differenziert diskutiert. Die Neuapostolische Kirche hat sich dazu entschlossen, eine Zeitzeugenbefragung der damaligen Geschehnisse in Auftrag zu geben.*

Die Studie über die Zeitzeugenbefragung ist in dieser Hinsicht wenig hilfreich. [...], weil sie durchaus dazu geeignet ist, die Geschehnisse aus der Zeit von 1938-1955 erneut differenziert zu betrachten. Daher hat sich die Neuapostolische Kirche dazu entschieden, sie nicht zu veröffentlichen. [...]" (Zitatende)

Gleichzeitig wurde Almut Leh untersagt, die Arbeit ganz oder in Teilen zu veröffentlichen oder öffentlich zu diskutieren.

So weit, so schlecht! Die Worte Johannings drücken ja nichts anderes aus, als dass man sich ein Ergebnis erhofft hatte, das zu weniger kritischer Betrachtung und Diskussion führen würde. Man wollte das

Image aufpolieren. Nachdem das Ergebnis nicht wunschgemäß ausgefallen ist, hat man der verantwortlichen Wissenschaftlerin einen Maulkorb verpasst und ihre Arbeit unter Verschluss genommen.

Als milliardenschwere Organisation nützt die NAK ihre Macht aber auch, um unabhängige Berichterstattung zu unterdrücken! So geschehen mit einem Abendschau-Beitrag des HR-Fernsehens am Pfingstsonntag, 15. Mai 2016. - Der für den Beitrag verantwortliche Redakteur T. Harms hatte einen kritischen aber nach Meinung mehrerer Internet-Magazine sachlich völlig richtigen Beitrag abgeliefert. Der bereits erwähnte Pressesprecher des NAK-Oberhaupts hatte dem zunächst auch gar nicht widersprochen sondern sich noch im Beitrag zustimmend geäußert: *„Das gehört eben mit zu unserer Biografie, zu unserer Geschichte der Neuapostolischen Kirche, dass aus der Vergangenheit heraus manche überkommende Vorstellungen da sind, die wir aber zur Seite legen möchten."*

Dass der Beitrag jedoch nach der Ausstrahlung in der HR-Mediathek noch zur Verfügung stand, schmeckte der NAK nicht! – Sie setzte alles daran, dass der Beitrag gelöscht wurde, und hatte Er-folg damit. Daraufhin veröffentlichte ich selbst den fraglichen Ausschnitt auf YouTube, woraufhin der HR auf Veranlassung der NAK das Video widerrechtlich und unter Berufung auf das Urheberrecht löschen lies. - Dies, obwohl der Chefredakteur des HR-Fernsehens, Alois Theisen, mir schriftlich mitgeteilt, dass es „unbestritten zulässig" sei, Beiträge von der Internetplattform des HR herunterzuladen und auf eigenen Webseiten einzubinden…

Theisen begründete die Löschung mit „schwerwiegender Unzulänglichkeit", die darin besteht, dass der in diesem HR-Beitrag zu Wort gekommene „Sachverständige" Kurt-Helmuth Eimuth von der Sektenberatungsstelle „Sinus" behauptete, falsch zitiert worden zu sein und abweichend von seiner Aussage im Beitrag der NAK ein positives Zeugnis ausstellte. Dieses Zeugnis sei von zwei weiteren „Sachverständigen" bestätigt worden.

Dadurch war Theisen wohl tatsächlich gezwungen, den Beitrag vom Netz zu nehmen. Unabhängig davon haben jedoch mehrere Insider festgestellt und anhand aktueller Befunde belegt, dass Eimuths im

Beitrag zu hörende Meinungsäußerung völlig korrekt sei. Und damit steht der Vorwurf neuapostolischer Meinungsunterdrückung und Medienmanipulation im Raum.

Am treffendsten lassen sich die Geschichtsschreiber der NAKn mit der Bezeichnung „Deuteronomisten der Gegenwart" beschreiben. Nur eben, dass sie die Geschichte ihrer Sekte nachträglich nicht schlimmer sondern besser machen, als sie tatsächlich war!

Es lässt sich denken, dass eine Recherche über die NAKn unter diesen Voraussetzungen sehr schwierig ist, öffentlich verfügbare Titel von unabhängigen Autoren liegen so gut wie keine vor! Aus diesem Grund kann ich im folgenden Kapitel auch nicht auf neutrale Drittautoren zur sogenannten „Neuapostolischen Kirche" verweisen.

Dennoch sind die in diesem Buch gemachten Angaben zuverlässig und durch Tagebücher, Briefe, Chroniken und Zeitzeugenberichte sowie vergleichbare Dokumente, die mir freundlicherweise von Dritten überlassen wurden, hinreichend belegt.

Das Jahrhundert der Erweckungsbewegungen

Und hier kommen wir endlich direkt zur tatsächlichen Geschichte der NAK! Wir springen zurück ins beginnende 19. Jahrhundert:

Es war die Zeit, in der mit der Industrialisierung auch der Kapitalismus entstand und in der die alten Herrschaftssysteme untergingen. Es war die Zeit der sich durch die Urbanisierung drastisch ändernden Lebensweisen; eine spezifisch neuzeitliche städtische Lebensweise zerstörte hergebrachte Verhaltens- und Denkweisen.

Durch Eisenbahn und Dampfschifffahrt entwickelte sich ein völlig neues Verkehrswesen, das zur flächendeckenden Erschließung von Wirtschaftsräumen führte. Der Eisenbahn-Güterverkehr bildete Netze zwischen Rohstoffgewinnung, Produktionszentren und Handelsmetropolen. Die wirtschaftlich nutzbaren Flächen wurden größer und es begann ein enormes Bevölkerungswachstum. – Parallel dazu begann der Aufbau einer modernen Telekommunikation. Mit dem ersten Transatlantikkabel wurde die Basis für lichtschnelle weltweite Kommunikation gelegt und da-mit die entscheidende Voraussetzung für den in der zweiten Hälfte des 19. Jahrhunderts beginnenden Wettbewerb zwischen den USA und Europa geschaffen.

In Verbindung mit der fortentwickelten Drucktechnik entstand so etwas wie eine Medienlandschaft mit Zeitungen und Journalen, in denen weltweit am selben Tag dieselben Nachrichten verfügbar wurden. Informationen konnten nun unverzüglich über-prüft werden. – Gleichzeitig nahmen durch die neuen Medien die staatlichen Strukturen neue Formen an. Es war weder eine persönliche Präsenz des Regenten notwendig, wie es im Mittelalter der Fall war, noch eine landesweite militärische Präsenz zur Sicherung der absolutistischen Herrschaft. Vielmehr wuchs die Bedeutung der Kommunikation zwischen den Regierungen und deren lokalen Behörden.

Bei den Bürgern wuchs dadurch das Gefühl, den Finger am Puls des Geschehens zu haben und von den Entscheidungen der Regierung stets auch unmittelbar betroffen zu sein. Und das schaffte bei den

Bürgern ein Bewusstsein für die unmittelbare Zugehörigkeit zu einer übergeordneten staatlichen Einheit.

Überhaupt war das 19. Jhdt. ein Jahrhundert des Bürgertums und der bürgerlichen Gesellschaft. Wie früher durch den Adel wurden Kunst, Kultur und Geistesgeschichte wesentlich vom Besitz- und Bildungsbürgertum geprägt. Und es begann die Entwicklung der Arbeiterschaft zu einer gesellschaftlich prägenden Schicht. Während Adel und Landbevölkerung an Bedeutung verloren, wurden Arbeiterbewegung und Sozialismus zu zentralen Begriffen.

Auch die Position der Religion wandelte sich zunehmend. Begonnen hatte das während der französischen Revolution, als der Nationalkonvent am 18. September 1794 im Rahmen der Entchristianisierung die Trennung von Kirche und Staat beschloss. Da dieser radikale Schritt aber von den meisten Franzosen abgelehnt wurde, machte Napoleon ihn bald rückgängig und ersetzte ihn, indem er am 15. Juli 1801 ein Konkordat mit dem Kirchenstaat schloss.

Seit diesem Konkordat galt die katholische Religion im Herrschaftsgebiet Napoleons nicht mehr als Staatsreligion, sondern lediglich als die Religion „der großen Mehrheit der französischen Bürger". Seit dem Konkordat von 1801 werden die Pluralität der religiösen Bekenntnisse und die Freiheit der Kultusausübung anerkannt. Damit sind die Religionen im Prinzip gleichberechtigt, was insbesondere für Europas Juden von entscheidender Bedeutung war. Waren sie bislang in allen Territorien eine diskriminierte Minderheit, konnten sie nun zunehmend frei in Wirtschaft und Bildung investieren und damit eine eigene Bedeutung in der Gesellschaft entwickeln. Allerdings blieb ihr Zugang zu Positionen in Militär und Politik eingeschränkt.

Auf dem europäischen Festland begann Anfang des 19. Jahrhunderts eine regelrechte Säkularisations-Welle, in der die Kirchen dem Staat untergeordnet wurden. Da kirchlicher Grundbesitz viele Territorien (z.B. Bayern und Württemberg) in kleine isolierte regionale Gebiete zersplitterte, kam es zu radikalen Enteignungen der Kirchen, Klöster und Ordensgemeinschaften, um die territoriale Einheit herzustellen.

Gleichzeitig kamen wegen der Säkularisation, bzw. zu deren Absicherung neue Debatten- und Bildungsgegenstände auf:

Hatte das Volk bislang im Kulturbereich ausschließlich die Möglichkeit zum Besuch von kirchlichen Veranstaltungen, dem Hören von geistlicher Musik und dem Lesen theologischer Literatur, kamen nun neue Debatten- und Bildungsgegenstände auf:

In den Städten wurden Nationaltheater aufgebaut, um der Nationalliteratur einen Raum zu geben. Das machte sich auch auf dem Buchmarkt bemerkbar, der statt Theologica, Gebetbüchern und großen Lehrwerken „praktischer" Theologie bis zum religiösen Verhaltensratgeber nun auch Belletristik, und innerhalb dieses Genres die Nationalliteratur anbot. Da der Zugang zu den Künsten breiten Schichten möglich war, entstand eine Kunstdebatte über die bildenden Künste. Kirchenmusik wurde durch die „ernste Musik" ersetzt, die einen eigenen Konzertbetrieb aufbaute.

Lesetipps:

> - Robert Schnerb: „Das Bürgerliche Zeitalter. Europa als Weltmacht 1815–1914", ersch. 1971 bei Kindler, Zürich, ISBN 978-3463136820
> - Jürgen Osterhammel: „Die Verwandlung der Welt. Eine Geschichte des 19. Jahrhunderts", 2. Aufl. ersch. 2016 bei C. H. Beck, München, ISBN 978-340661481
> - Walter G. Rödel: „Zerfall und Wiederbeginn. Vom Erzbistum zum Bistum Mainz 1792/97-1830", ersch. 2002 bei Echter, Würzburg, ISBN: 978-3429024178
> - Hartmut Lehmann: „Säkularisierung. Der europäische Sonderweg in Sachen Religion", ersch. 2004 bei Wall-stein, Göttingen, ISBN 978-3892448204

Im 19. Jhdt. standen viele Christen dem Christentum skeptisch gegenüber, da sie es als dogmatisch fixiert, liturgisch erstarrt oder rein traditionalistisch erfuhren. Hauptsächlich im Protestantismus kam es dadurch vermehrt zu persönlichen Bekehrungen, die zu einem strikt nach dem Evangelium ausgerichteten Leben führten und zu einem extremen Missionierungsdrang.

Dabei spielten die oft auf freiem Feld abgehaltenen Predigten zu denen, ähnlich den heutigen Zeltmissionen, auch viele sog. Kirchenferne kamen, eine große Rolle. Während dieser Predigten kam es gelegentlich, zum Teil aus Hysterie zum Teil aber auch Dank reifer schauspielerischer Leistung, zum Ausbruch starker Emotionen, die für viele der „Gäste" ziemlich beeindruckend waren: Leute brachen während der Predigt in Tränen aus, andere waren überschwänglich glücklich über ihre Bekehrung und wieder andere hatten ekstatische Erlebnisse...

Solche beeindruckenden Erlebnisse gepaart mit einem gerade bei Nichttheologen nachvollziehbaren Verständnis eines wörtlich genommenen Evangeliums führten zu regelrechten Massen-Erweckungsbewegungen, die ein geistig erneuertes, lebendiges Christentum anstrebten. Und diese Erweckungsbewegungen spielten sich nicht nur am Rand der etablierten Kirchen ab, sondern erfassten ganze Gemeinden. „Nachfolge Jesu" nannte sich die Lebens-weise, die ganz dem in den Evangelien überlieferten Vorbild des „Christus" zu folgen versucht. Dabei bezog man sich, wie die Ur-christen, auf die Einladung des Jesus von Nazareth ihn auf seiner Wanderschaft zu begleiten und an seiner Botschaft mitzuwirken.

Viele der so entstandenen Gruppierungen waren gleichzeitig messianisch bzw. eschatologisch ausgerichtet. Das heißt, sie verstanden sich als in Erwartung eines Messias, bzw. der endzeitlich nahen Erwartung der Wiederkunft des Messias stehend. Sie verkündeten die Erlösung von Leid und Mangel aber sie erwarteten auch das Hereinbrechen der in der „Offenbarung des Johannes" beschriebenen Apokalypse.

Zuguter Letzt gab es Bewegungen die zusätzlich das Hervortreten vergessener Gnaden- oder Geistesgaben vorhersagten und insbesondere für eine neue Ausgießung des Heiligen Geistes beteten.

Der Schweizer Theologe Armin Sierszyn teilt die Erweckungsbewegungen des 19. Jhdt. in drei Phasen ein:

1. Frühzeit (1800–1815): Romantisches, nationales, überkirchliches Erfahrungschristentum.
2. Hauptzeit (1815–1830): Breitenwirkung, u. a. durch Erweckungspredigten und Traktatliteratur.
3. Spätzeit (1830–1848): Stärkere Betonung von Lehre, Bekenntnis und Konfessionen.

Quelle und Lesetipp:

> Armin Sierszyn: „2000 Jahre Kirchengeschichte", 2. Aufl. ersch. 2012 bei SCM Brockhaus, Witten, ISBN: 978-3417264715

Dabei entstanden in den USA und in England zahlreiche neue Konfessionen, die auch in Deutschland Fuß fassten: Die Gemeinden Christi, die Brüderbewegung (die später mit den Baptisten zum „Bund Evangelisch-Freikirchlicher Gemeinden" fusionierten), die Heilsarmee, die Siebenten-Tags-Adventisten, die Bibelforscherbewegung, die Kirche Jesu Christi der Heiligen der Letzten Tage (Mormonen) und die Christian Science mit der Lehre von der „Wissenschaft und Gesundheit mit Schlüssel zur Heiligen Schrift".

Obwohl sie, wie wir in der Folge sehen werden, eindeutig nichts damit zu tun hat, führt die Neuapostolische Kirche ihre Geschichte, die erst im Jahr 1878, also nach der Spätzeit der Erweckungsbewegung beginnt, auf Ereignisse in der Hauptzeit der Erweckungsbewegung zurück. Ich gehe deshalb auf drei Ereignisse ein, die die Neuapostolische Kirche in ihren früheren Lehrwerken „die Geschichte der Neuapostolischen Kirche" (von 1987) und „Neue Apostelgeschichte / New Acts of the Apostles" (von 1982) als Gründungsmythen anführt.

Gründungsmythen der Neuapostolischen Kirche

Im ersten Drittel des 19. Jhdt. kam es an drei verschiedenen Schauplätzen zu charismatischen Ereignissen: Weissagung, Zungenreden und Krankenheilung, die von den NAKn als Hinweise auf sich selbst, bzw. auf ihr Apostolat gehandelt werden. (Oder wurden? In neueren Veröffentlichungen werden diese Stories schamhaft verschwiegen!) – Dabei war es in dieser schwärmerischen, teilweise hysterisch überladenen Zeit der religiösen Erweckungen naheliegend, dass in den Köpfen der Menschen allerlei Unsinn entsteht. Es ist bekannt, dass im Zuge der Tradierung tatsächliche Geschehnisse zu absolut unglaubwürdigen Mirakeln deformiert werden können. Daneben sind tatsächliche Selbstheilungen und sogar Spontanremissionen von Tumoren bekannt... - aber keine Wunder, denn wie man von den Wunderuntersuchungen aus Lourdes weiß, sind die meisten „Wunder" rational erklärlich. – Erklärlich ist aus der Stimmung der Erweckungszeit, die die gesamte westliche Hemisphäre erfasst hatte auch, dass vergleichbare Ereignisse an räumlich weit entfernten Orten statt-gefunden haben.

Schauen wir uns die Mirakel an:

Im heutigen oberbayerischen Landkreis Neuburg-Schrobenhausen gibt es die Gemeinde „Karlshuld" die aus den Flecken Karlshuld, Grasheim, Kleinhohenried, Kochheim, Nazibühl und Neuschwetzingen besteht. Die Ereignisse, von denen die Rede ist, spielten sich im damaligen Flecken Karlshuld ab, der im Zuge der Trockenlegung des Donaumooses erst 1795 als Kolonie von Karl Freiherr v. Eckart gegründet wurde, und dessen Name sich von Kurfürst Karl Theodor herleitet. Mitauslösend für die Ereignisse dürften auch Armut und eine gewisse räumliche Enge gewesen sein – Karlshuld war für 50-60 Menschen geplant, hatte 1804 aber bereits mehr als 300 Einwohner!

Zu diesen Einwohner kam 1826 der römisch-katholische Priester Johann Lutz. Er wird als Mann „am Rande der Verzweiflung" beschrieben, der damit haderte, dass er sich trotz strengen nach den Regeln des Katholizismus ausgerichteten Lebens, trotz Fasten,

Wachen und Beten unter einer erdrückenden Sündenlast fühlte und in seiner Kirche weder Licht noch Trost fand. Es heißt, er sei ein begnadeter Redner gewesen, dessen Predigten bei den einfachen Leuten eine tiefe Frömmigkeit weckten. Und in seiner Gemeinde traten im Jahr 1828 plötzlich „übernatürliche" charismatische Phänomene, wie Zungenreden und Weissagung, auf. Verschiedene Personen taten unabhängig voneinander Äußerungen, die als „Worte der Weissagung" gedeutet wurden.

Da Lutz der festen Überzeugung war, dass diese Phänomene von Gott kämen und eine Wiederbelebung urchristlicher Gaben seien, brachte er seine Gemeinde mit mitreißenden Predigten dazu, mehr und mehr um diese Glaubenserfahrungen und – wie er meinte – Ausgießungen Heiligen Geistes zu beten. So kam es, dass in Erscheinungen und Weissagungen immer häufiger davon die Rede war, dass Gottes Gericht nahe sei, dass Christus bald wiederkommen und Botschafter voraussenden werde. Wörtlich ist der Satz *„Der Herr sagte ‚ich will Propheten und Apostel zu ihnen senden…'"* überliefert. Worte, die oft wiederholt wurden, und die sowohl bei Lutz, als auch bei vielen seiner Gemeindemitglieder einen tiefen Eindruck hinterließen. – Im Ergebnis beantragte Lutz die Gründung einer apostolisch-christlichen Gemeinde…

Die Kirchenführung wollte die hysterischen Vorgänge dadurch beenden, dass man Lutz 1831 nach Bayersoien, heute eine Gemeinde im oberbayerischen Landkreis Garmisch-Partenkirchen, versetzte. Lutz verließ daraufhin die römisch-katholische Kirche und konvertierte mit 600 von seinen mittlerweile 1.300 Gemeindemitgliedern zum Protestantismus.

Die evangelisch-lutherische Kirche verweigerte ihm aber eine Pfarrstelle in Karlshuld und wollte ihn stattdessen im mittelfränkischen Wassertrüdingen einsetzen. Daraufhin rekonvertierte Lutz 1832 wieder zum Katholizismus, von seinen ursprünglich 600 Anhängern folgten ihm nur noch 420.

Und damit wäre der Fall eigentlich erledigt, denn in Karlshuld kam es zu keinen weiteren Vorfällen. 1834 wurde Lutz in die Gemeinde Oberroth in der Gegend von Neu-Ulm versetzt, wo er 1843 Dekan

wurde. Bereits 1842 hatte er erstmals Kontakt zu dem in Süddeutschland tätigen Missionar der katholisch-apostolischen Gemeinde (KAG ... wir kommen später auf diese Organisation zurück), dem schottischen Schneider William Caird.
Anscheinend schloss Lutz bald Freundschaft mit Caird und begann spätestens 1847 „nebenbei" für die KAG tätig zu werden.

Zwar blieb diese Doppeltätigkeit lange verborgen, doch 1856 geriet Lutz ins Visier seiner Disziplinarvorgesetzten. 1857 wurde er gemeinsam mit 20 seiner Anhänger exkommuniziert. Seitdem arbeitete er offiziell für die KAG, 1859 wurde er von dieser Gemeinschaft zu einer Art Bischof geweiht und er zog als Prediger durchs Land. Um Denunziation und Willkür zu entgehen floh er 1869 ins Schweizer Exil – ihm folgten etwa zehn weitere katholische Priester, die ihre Kirche verlassen hatten.

Bereits 1870 kehrte er offiziell als Evangelist der mittlerweile behördlich anerkannten Glaubensgemeinschaft nach Süddeutschland zurück, wo er bis zu seinem Tode arbeitete. Am 9. Juli 1882 verstarb Lutz im Alter von 81 Jahren in Esslingen.

In enger zeitlicher Nähe zu den Geschehnissen in Karlshuld ereigneten sich in Schottland, und zwar im Örtchen Fernicarry im Clyde-Tal unweit von Glasgow die nächsten der Gründungsmythen. Dort lebte der Zimmermann Jakob Grubb, der den NAK-Überlieferungen zufolge der erste Mensch gewesen sein soll, durch den Gott in der Hauptzeit (Phase 2) der Erweckungsbewegungen wieder zu den Menschen gesprochen habe. Ausgelöst wurden diese „göttlichen" Verkündigungen durch Erweckungs-predigten von Alexander J. Scott, einem abtrünnigen Theologen der Church of Scotland.

Grubb sprach lt. „Geschichte der Neuapostolischen Kirche" bereits 1826 davon, dass der Herr bald kommen werde, und dass er vorher noch eine besondere Arbeit in seiner Kirche verrichten wolle. Er predigte von einem Licht, das erscheinen und die Gemeinde erleuchten würde und von einer Wolke, die Form einer Menschenhand habe, die immer größer werden würde und schließlich alles bedecke. Letzteres Bild wird von der NAK-Geschichtsschreibung als Hinweis auf die apostolische Handauflegung zur Spendung Heiligen Geistes gedeutet.

Ganz in der Nähe von Grubb lebte der pensionierte Offizier Donald Campbell, ein ehemaliger Fähnrich im West Coast Indian Regiment, mit seiner Familie, dabei seine Zwillingstöchter Isabell und Mary. Bei Isabell, der älteren der beiden Töchter sollen 1827, durch Alexander J.Scott inspiriert, ebenfalls die Gabe der Weissagung und fromme Visionen aufgetreten sein. Es heißt, sie sei wie eine Heilige verehrt worden, und dass Menschen zu ihr hin gepilgert seien. Sie starb bereits am 1. November 1827 im Alter von nur 20 Jahren an Lungen-Tbc, und bei ihrem Tod sollen der Geist und ihre besonderen Gaben auf ihre Schwester Mary übergegangen sein. Ein Phänomen, welches von der NAK als Er-füllung des dritten Joel-Kapitels gedeutet wird. Man behauptet, die Zeit sei gekommen in der wie bei Joel vorhergesagt, die Söhne und Töchter weissagen und die Jünglinge Gesichte sehen würden.

Auch Mary Campbell wurde schwer krank, wie bei ihrer Schwester wurde Lungen-Tbc diagnostiziert. Am 21. März 1830 kam es dann angeblich zu einem spektakulären Ereignis, welches in der NAK-Geschichtsschreibung wie folgt wiedergegen wird:

(Zitat) *„[...] An einem Abend lag sie dort, ohne ein Wort zu äußern, in stillem Gebet vertieft. Zwei Freundinnen waren bei ihr zu Besuch. Plötzlich erhob sie sich und trat auf ihre Füße. Sie redete in einer Sprache, die keiner der Anwesenden verstehen konnte ... Sie wurde mit Kraft und Stärke angefüllt; denn aus eigener Kraft konnte sie diese besonderen und geheimnisvollen Worte nicht äußern. Dann legte sie sich wieder auf ihr Bett und war so schwach wie zuvor. Dies geschah am 21. März 1830. [...]"* (Zitatende)

Quelle (auch für das folgende Zitat):

> ➢ „Geschichte der Neuapostolischen Kirche", ersch. 1987 im Verlag Friedrich Bischoff, Frankfurt/Main, ASIN: B00NG3S9XS

Dies war wohl noch nicht spektakulär genug, es sollte noch dik-ker kommen. Und das vor Zeugen, von denen ebenfalls berichtet wird, dass sie die Gaben des Zungenredens und der Weissagung besessen hätten:

(Zitat) „[...] *Gleichzeitig lebte am anderen Ufer des Clyde in der kleinen Stadt Port Glasgow eine wegen ihrer Gottesfurcht und Frömmigkeit allgemein geachtete Familie, namens MacDonald, bei der sich alsbald ähnliche Zustände einstellten.*

Die beiden Brüder James und George lebten mit einer kranken Schwester zusammen, die zuerst vom Geist ergriffen wurde. James ... war einst um Mittag von seiner Arbeit nach Hause zurückgekehrt, als er seine leidende Schwester mitten in den Konvulsionen jener neuen Inspiration fand. Die erschrockene und betroffene Familie schloß daraus, daß sie ihrem Ende nahe sei; da wan-te sie sich in langer Rede an James und schloß mit dem Gebet, daß er sofort möge mit der Kraft des Heiligen Geistes begabt werden.

Augenblicklich sagte James ruhig: 'Ich habe sie.'

Er trat an's Fenster und stand dort ruhig einige Minuten; seine Züge nahmen eine andere Gestalt an, mit majestätischem Schritt trat er an das Bett der Schwester und redete sie mit den Worten des 20. Psalms an: 'Erhebe dich und stehe aufgerichtet!' Er wiederholte die Worte, faßte sie bei der Hand und sie stand auf.

Die Schwester hatte sich nicht nur für den Augenblick erhoben, sie war geheilt und sofort schrieb der Bruder an die anscheinend dem Tode nahe Mary Campbell und richtete an sie dieselbe Auf-forderung mit demselben Erfolg. Die Kranke empfing den Brief mitten in der äußersten Schwäche, aber ohne hilfreiche Hand stand sie auf, erklärte sich für geheilt und war dem Leben wieder-gegeben. - Oft ließ sie sich nun als Inspirierte in großen Versammlungen hören, während die mehr nüchternen MacDonalds still und zurückgezogen ihre frühere Lebensart beibehielten. [... / sic]" (Zitatende)

Parallel zu den bisher geschilderten Ereignissen fanden zwischen dem 28. November 1826 und dem 5. Juli 1830 auf Albury, dem Schloss des englischen Bankiers Henry Drummond, insgesamt fünf je einwöchige Konferenzen statt, an denen jeweils etwa 50 Personen teilnahmen. Den größten Anteil der Teilnehmer stellten Angehörige der anglikanischen Kirche, etwa 25% der Teilnehmer gehörten zur presbyterianischen Gemeinschaft. – Zehn der regelmäßigen Teilnehmer waren Geistliche, die restliche Versammlung setzte sich aus sehr gebildeten Laien zusammen.

Henry Drummond (stehend) bei einer der Albury-Konferenzen
Bildquelle: aus Familienbestand

Die später nach dem Versammlungsort sog. Albury-Konferenzen waren durch das Pamphlet „Winke für die Abhaltung einer allgemeinen Gebetsversammlung um die Ausgießung des Heiligen Geistes" angeregt worden. Herausgeber dieser Schrift war Reverend James Haldane Stewart, ein Geistlicher der anglikanischen Kirche. Er rief darin alle gläubigen Christen auf, für die in der „Heiligen Schrift" vielfach verheißene Wiederausgießung des Heiligen Geistes zu beten. – Dementsprechend forschten die Versammlungsteilnehmer nach biblischen Hinweisen und Zeichen der Zeit, die auf „den zweiten Advent des Herrn" deuteten.

Natürlich kamen die Ereignisse von Schottland auch den Konferenzteilnehmern zu Ohren und verursachten große Aufregung. Deshalb wurden Teilnehmer der Konferenzen nach Fernicarry entsandt, um die Phänomene zu untersuchen. Zum Investigationsteam gehörten der Londoner Rechtsanwalt John Bate Cardale, die beiden Ärzte Dres. Row und Thompson sowie (und jetzt schließt sich der Kreis auch zu Karlshuld) der Schneider und Kaufmann William Rennie Caird, den späteren KAG-Missionar in Süddeutschland und Freund des Priesters Johann Lutz.

Das Ergebnis der Untersuchung lautete zusammengefasst „*Hier sind die gleichen Gaben nach 1. Korinther 12 und 14 wie in der Urkirche - Glossolalie, Krankenheilungen und Weissagungen und ähnliches.*" - Johann Lutz äußerste sich später (1852) in einem Brief folgendermaßen zu den Ereignissen:

(Zitat) „*[...] Zwei Personen (ein Mann und eine Frau) bekamen prophetische Gaben, und folgende Punkte waren es vorzüglich, die sehr oft gesagt wurden: Der Herr wolle jetzt Seine Kirche wiederherstellen wie am Anfange: dieses Heiles und Segens werde ER Protestanten, Katholiken u. a. ohne Unterschied teilhaftig machen; ER werde wieder Apostel geben und Propheten, wie am Anfange [...]*", so in einem Brief von Lutz an den katholisch-apostolischen Professor Heinrich Thiersch in Marburg vom 3.2.1852.

Im Jahr 1831, also ein Jahr nach der Untersuchung der Vorfälle, heiratet Caird Mary Campbell. Die starb nur acht Jahre später im Alter von 33 Jahren in Straßburg, wohin sie ihren Mann auf einer Reise begleitet hatte.

Damit greifen wir dem Gang der Ereignisse aber vor. Kommen wir zunächst zum dritten der Gründungsmythen, das zeitlich nach den Vorkommnissen in Fernicarry anzusiedeln ist:

John Bate Cardale war so sehr davon überzeugt, dass diese Vorkommnisse göttlichen Ursprungs seien, dass er darüber in der Zeitschrift „Morning Watch" berichtete. Außerdem organisierte er eigene Gebetszusammenkünfte in seinem Haus. Beides brachte ihn in Konflikt zu seiner Kirchengemeinde, denn sein Pfarrer predigte gegen derartige Gaben. – Daher war Cardale genötigt, für sich und seine Familie eine neue geistliche Heimat zu suchen und die fand er in der schottisch-presbyterianischen Gemeinde des Geistlichen Ed-ward Irving in Hatton Garden im Zentrum Londons. Irving gehörte wie Cardale zu den Teilnehmern der Albury-Konferenzen.

Irving, ein gebürtiger Schotte aus Edinburgh, war der Überlieferung zufolge ein feuriger Prediger, der außerdem die Gabe besaß, seinen Zuhörern komplexe Inhalte verständlich zu vermitteln. Und zu diesen komplexen Inhalten gehörte auch eine spezielle Christologie:

Irving betonte sehr stark die Menschlichkeit Jesu, aber kaum dessen Göttlichkeit. Er betrachtete Christus als Repräsentanten der Menschheit, der alle Menschen verkörpere und nur deshalb Christus sei, weil in ihm der Geist Gottes wohne.

Damit nahm Irving eine Schwerpunktverlagerung von der Bedeutung des Christus auf die Bedeutung des Heiligen Geistes vor, nach seiner Lehre machte also die Geistestaufe den Wanderprediger Jesus von Nazareth zu Christus. Und diese Geistestaufe könnten alle Menschen erlangen.

Diese spezielle Lesart der biblischen Überlieferungen fand wohl reges Interesse, denn Irving hatte Zulauf aus den höchsten Londoner Kreisen. Zu seinen Zuhörern gehörten König Georg IV., die Herzöge von York und Kent, die Lords Brougham und Canning, sowie viele Größen aus Kunst, Wissenschaft und Politik. Die kleine kaledonische Kapelle, in der Irving Dienst tat, konnte die Menge der Zuhörer bald nicht mehr fassen und deshalb wurde 1827 eigens für Irvings Gemeinde auf dem Regent Square eine neue Kirche gebaut.

Nun hatte der Prediger Irving während eines Heimaturlaubs im Jahr 1828 den Geistlichen John Campbell kennengelernt. Und dieser John Campbell gehörte wiederum zur Familie des Donald Campbell und dessen Tochter Mary aus Fernicarry... - John Campbell hatte wie Irving Probleme mit der Amtskirche, denn seine Predigten richteten sich gegen die calvinistische Prädestinationslehre. Campbell war der Ansicht, dass Gott alle Menschen so liebe, dass er für alle seinen Sohn in den Tod gegeben habe. Da Christus für alle gestorben sei, könne er allen vergeben und sie vom Gericht freisprechen. Es existiere also keine Vorherbestimmung zum Heil oder zur Verdammnis, sondern Gottes Liebe gelte universal (Allversöhnung oder Heilsuniversalismus).

Die beiden „Revoluzzer" freundeten sich an und so erhielt Irving dann auch sofort Kenntnis von den Vorkommnissen in Fernicarry. Und damit ist dann auch erklärt, wie es dazu kann, dass er den Rechtsanwalt John Bate Cardale in seine Gemeinde aufnahm. Durch Vermittlung dieser beiden kamen die Gaben des Zungenredens, des Weissagens und der Heilung dann auch nach London, wo Anfang der dreißiger Jahre in Gebetsstunden um das Ausgießen des Heiligen Geistes gefleht wurde.

Die erste Person in London, die von der „Gabe des Weissagens" erfasst wurde, war ausgerechnet die Frau des Rechtsanwaltes Cardale. Frau Cardale weissagte und rief: „Der Herr kommt bald, er kommt, er kommt." – Frau Cardale erhielt dann bald Verstärkung von einer jungen (ledigen) Frau namens Hall und von Mary Campbell, die nunmehr Caird hieß und mit ihrem Gatten eine Weile zu Gast in London war. Miss Hall war wohl die erste, die öffentlich in einem Sonntags-Gottesdienst am Regent Square in Zungen redete.

Am 25. August 1831 traten auch bei Edward Oliver Taplin, einem Lehrer und Vorsteher einer Privatschule in London erstmals sog. „Zungenrede und Prophetie" auf, die er am 16. Oktober zum ersten Mal öffentlich anwendete.

Mit diesen ersten charismatischen Vorfällen während Irvings Predigten war ein Damm gebrochen und es kam häufiger zu von Irving geduldeten Ausbrüchen. Das sorgte für erhebliche Unruhen und Auseinandersetzungen nicht nur in der Gemeinde sondern auch bei der Leitung der Presbyterianischen Kirche. Da-durch kam es dann später auch zur Amtsenthebung Irvings.

In der evangelischen Kirchenzeitung Berlins aus dem Jahr 1864 wurden die Ereignisse wie folgt geschildert:

(Zitat) *„[...] Ich ging zur Kirche ... und war wie gewöhnlich durch Irvings Vorträge und Gebete sehr befriedigt und erbaut; plötzlich aber* *wurde ich unerwartet unterbrochen durch die wohlbekannte Stimme einer der Schwestern, welche, nicht im Stande sich länger zurückzuhalten und die kirchliche Ordnung scheuend, in die Sakristei eilte und dort dem Ausbruche freien Lauf ließ, während eine andere, wie ich hörte, aus demselben Antrieb das Seiten-schiff entlang und durch die Haupttür zur Kirche hinauseilte.*

Die plötzlichen kläglichen und unverständlichen Töne wurden von der ganzen Versammlung gehört und verursachten die äußerste Verwirrung. Das Aufstehen, das Verlangen, etwas zu sehen, zu hören und zu verstehen von jeder der anwesenden 1500 oder 2000 Personen machte einen Lärm, den man sich leicht vorstellen kann.

Mister Irving bat um Aufmerksamkeit und als die Ordnung wieder hergestellt war, erklärte er den Vorfall, von dem er sagte, daß er nicht neu sei, ausgenommen in dieser Versammlung, wo er die Sache einzuführen lange geschwankt habe. (In den Nebenräumen sowie bei den Abend- und Hausversammlungen gab es diese Phänomene schon vorher.) [...] Da aber die Sache nun nach Gottes Willen zum Vorschein gekommen sei, fühle er sich verpflichtet zu gehorchen. (Gott zu gehorchen, wie er meinte. Und er legte nun spontan in diesem Gottesdienst das 14. Kapitel des Korintherbriefes aus, wo es u.a. um das Zungenreden geht.)

Die Schwester kehrte eben von der Sakristei auf ihren Sitz zurück und Irving, der sie von seinem Pult aus bemerkte, sagte zu ihr mit freundlichem Tone: ‚Sei getrost, meine Schwester, sei getrost!' Dann fuhr er in seiner Predigt fort. [...]" (Zitatende)

Über den Abendgottesdienst desselben Tages berichtete die gleiche Quelle, dass es noch stürmischer zugegangen sei. Es habe wüste Tumulte gegeben. Und dann weiter:

(Zitat) „[...] *Mister Irving hatte seine Predigt fast zu Ende, als eine von den Damen sprach. Das Volk hörte einige Minuten verhältnismäßig ruhig zu. Plötzlich aber fing eine Anzahl Burschen auf der Galerie an zu zischen, dann rief einer Ruhe! und der eine dies, der andere das, bis die Versammlung, ausgenommen die, welche fest im Glauben an Gott standen, in äußerster Bewegung war ...*

Irving erhob sich sofort und sagte: ‚Lasset uns beten!' Er tat dies, indem er hauptsächlich die Worte: 'O Herr, stille das Volk!' wieder und wieder mit fester Stimme sprach. [...]" (Zitatende)

Von da an wurden Zungenreden und Prophezeien in extra anberaumten Morgengottesdiensten zugelassen. Der Berliner ev. Zeitung zufolge hatte Irving das damit begründet, er habe „den Verlust von Menschenleben gefürchtet und ein so kostbares Ding wolle er nicht noch einmal in Gefahr bringen".

Irving wurde nun von kirchenoffizieller Seite vorgeworfen, er würde dulden, dass Laien und sogar Frauen die Ordnung der Gottesdienste stören und das Wort ergreifen würden. Er selbst sah das freilich ganz anders und verteidigte sich mit den Worten:

(Zitat) *„Unser Morgendienst wird von ziemlich tausend Menschen besucht, und die Ordnung ist die schönste. Ich rufe den göttlichen Segen an, dann singen wir, ich lese und erkläre ein Kapitel; der Geist bestätigt die Auslegung oder gibt Zusätze und Er-mahnungen, nicht zur Unterbrechung, sondern zur Stärkung des Amtes. Dann betet einer von uns Predigern, oder von den Ältesten oder anderen Brüdern, und ich halte kurze Ansprachen mit Pausen dazwischen, in denen der Geist redet durch einen, auch durch zwei oder drei, Worte, die ich dann aufnehme, auslege, anwende, kurz, so gut mir gegeben wird, zur Erbauung der Gemeinde verwerte."* (Zitatende)

Quelle:

> „Neue Apostelgeschichte / New Acts of the Apostles", ersch. 1982 bei Verlag Friedrich Bischoff

Diese Gottesdienstform, in der die Predigt durch Weissagungen unterbrochen wird, und der Prediger dann zunächst das von den „inspirierten" Personen Gesagte auslegt, um danach in seiner Predigt fortzufahren war natürlich mit der traditionellen Vorstellung der schottisch-presbyterianischen Kirche nicht vereinbar. Deshalb konnte auch John Bate Cardale, der Irving als Anwalt zur Seite stand nicht verhindern, dass man ihn vor die Wahl stellte: Wenn er dem

Treiben der „Propheten" ein Ende mache, dürfe er bleiben, wenn nicht müsse er gehen.

Der Berliner evangelischen Kirchenzeitung von 1864 zufolge lehnte Irving das Ultimatum ab. Er stellte sich auf den Stand-punkt, dass es ja um das Werk des Heiligen Geistes gehe, das er als Mensch gar nicht verhindern könne. Er warf der Kirchenleitung vor, dass sie sich der Frage verweigere, ob es nun der Geist Gottes sei, der wirke; dass sie vielmehr rein formale Gründe vor-schiebe, um gegen ihn vorzugehen. Er vertrat die Auffassung, dass er sich dem nicht fügen müsse. Angeblich sagte er wörtlich: *„Ist dies das Werk des Heiligen Geistes, die Stimme Jesu in seiner Kirche, wer bin ich, dass ich sie hindern könnte?"*

Das Ergebnis war, dass Irving samt seiner Gemeinde am 4. Mai 1832 eine verschlossene Kirchentür vorfand. - Bereits wenige Tage später mietete er einen Saal mit 800 Plätzen in London, wo er von da an seine Versammlungen abhielt, oder auch auf den Plätzen und Straßen Londons unter freiem Himmel. 200 Mitglieder seiner alten Gemeinde, darunter auch Cardale, folgten ihm ins „Exil", aber schon bald wuchs die Gemeinde der Irvingianer, wie man sie jetzt nannte, auf über 800 Mitglieder, die nun noch intensiver um „die Sendung eines Apostels und die Spendung Hei-ligen Geistes" beteten. So heißt es jedenfalls in den von der NAK herausgegebenen Schriften.

Nun standen Irving und die charismatische Erweckungs-Bewegung Londons an einem Wendepunkt. Es stellte sich die Frage, ob man es bei den losen Versammlungen belassen wollte, oder ob man sich eine Ver-fassung geben würde, also den Weg der „Kirche-Werdung" beschrei-ten solle. Da sich solche Bewegungen ohne eine äußere Verfassung oft schnell auflösen, entschied man sich – hauptsächlich durch Einflüsse von Albury, wo der ehemalige Konferenzkreis bei Drummond eine Art Hausgemeinde bildete - für die zweite Möglichkeit. Es wurde die erste katholisch-apostolische Gemeinde gegründet.

Ursprünglich wollte die Gemeinde Geld sammeln, um eine einfache Kapelle zu errichten. Doch wurde ihnen das durch Weissagungen verboten, es hieß, bis zur Wiederkunft Christi würde ein gemieteter Saal ausreichen. In der Newman Street, nicht weit vom Regent

Square entfernt, fand man bald ein geeignetes Objekt, eine ehemalige Bildergalerie, und zog am 19. Oktober 1832 dort ein.

Am 20. Oktober 1832 wurde Henry Drummond, der Gastgeber der früheren Albury-Konferenz durch eine „Prophezeiung" Taplins zum Hirten (= Pastor) der Gemeinde Albury ausgerufen. Der weigerte sich aber, dieses Amt anzutreten, weil er überzeugt war, dass ihm die Ordination, also die Amtseinsetzung mit Geist-übertragung durch einen Apostel fehle. Das dazu fehlende Amt sollte nur wenige Tage später zur Verfügung stehen. Wie es dazu kam ist nur noch in alten Schriften der KAG enthalten – meine Wiedergabe orientiert sich an den NAK-Überlieferungen, die auf der Schrift **„Der Aufbau der Kirche Christi auf den ursprünglichen Grundlagen: eine geschichtliche Darstellung seiner Anfänge"** von Ernst Adolf Roßteuscher aus dem Jahr 1886 fußen:

Am 31. Oktober 1832 war die Hausgemeinde in Albury versammelt. Dabei hatte der anwesende Rechtsanwalt Cardale gebetet, dass die Versammlung mit *„Kraft aus der Höhe"* angetan werde. Und *„während er da noch kniete, hingenommen im Geiste, erhob sich Drummond und redete ihn an mit unbeschreiblicher Macht und Würde: ‚Bist du nicht ein Apostel! Warum spendest du nicht den Heiligen Geist?'"* Er fügte dann noch manches hinzu von der *„Fülle der Gnade"*, die der Herr auf das Apostelamt gelegt habe und weiteres. Das war aber noch nicht die letztgültige Berufung. Eine Woche später, am 7. November 1832, traf man sich erneut auf dem Anwesen Drummonds und der Ruf wiederholte sich, diesmal durch den „Propheten" Taplin.

Ein junger Arzt aus London machte irgendwelche Weissagungen. Aber Drummond, der erkannt haben wollte, dass die Weissagungen nicht aus Gott gekommen seien, gebot ihm mit durchdrin-gender Schärfe Schweigen. Dann fiel Cardale in die Gebete ein und flehte um „Befreiung der Gebundenen" als Taplin „mit gewaltigem Rufen" vor ihn trat: *__So schilt doch den Satan, da du ein Apostel Christi bist! Treibe die bösen Geister aus und befreie Gottes Kinder!__* Im weiteren verwies er auf *„die ewige und unveränderliche Gnade, die durch das apostolische Amt den Argen aus allen Grenzen der Kirche* *bannen und Seine Auserwählten vom Übel erretten, ja mit den Schätzen des Himmels zieren werde im Heiligen Geiste, mit welchem Gott seine Kinder versiegeln wolle von nun an"*.

Und so hatte die neu entstandene katholisch-apostolische Gemeinschaft den ersten „Apostel der Endzeit".

Wenn wir uns die Geschehnisse bis hierher betrachten fällt auf, dass keinesfalls von Vorfällen die Rede sein kann, die sich unabhängig voneinander ereignet haben, und es fällt vor allem auf, dass die handelnden Personen alle irgendwie miteinander in Beziehung standen. Es ist mehr als naheliegend, dass sie sich gegenseitig animiert und inspiriert haben. Das und die ohnehin schwärmerische religiöse Grundstimmung dieser Zeit, noch dazu verstärkt durch eine hysterisch aufgeheizte Atmosphäre des „Flehens und Ringens" sind eine mögliche Erklärung für die Ereignisse. Es gibt aber eben auch eine ganz einfache Erklärung: Einer ist auf die Idee gekommen, die anderen haben mitgemacht – es war alles ein abgekartetes Spiel!

Und Karlshuld? – Man darf dabei nicht vergessen, dass keine „neutralen" authentischen und vor allem keine zeitnahen Aufzeichnungen über die tatsächlichen Ereignisse existieren. Alles, was wir darüber wissen, stammt aus einer Zeit, zu der Johann Lutz bereits Kontakt zu Caird hatte, freundschaftlich mit ihm verkehrte und später sogar in London Kontakt zur Urzelle der KAG hatte.

Die „katholisch apostolischen Gemeinden" (KAG)

John Bate Cardale
(* 7. Nov. 1802; † 18. Jul. 1877)
erster KAG-Apostel
Bildquelle: Familienbesitz

Nachdem der formale Gründungsakt für die neue Organisation vollzogen war, hatte die katholisch-apostolische Gemeinschaft nun also seit dem 7. November 1832 auch einen Apostel und verstand sich als wahre „apostolische" Kirche. Es gab der Überlieferung zufolge keine formelle Wahl, wie es in einem Konklave geschieht, es gab wohl auch keinen formellen Weiheakt. Der Rechtsanwalt und Laienprediger Cardale wurde der Gemeinschaft aufgrund nicht überprüfbarer Ereignisse im Hause Drummond so quasi als Oberhaupt und erstes offizielles Führungsmitglied präsentiert. Und nun konnte der Aufbau einer Ämterhierarchie beginnen, Drummond konnte endlich die gewünschte Handauflegung zur Geistspendung und offizielle Ordination zum Hirten erhalten. Aber zunächst einmal geschah gar nichts. Es heißt, Cardale sei der Auffassung gewesen, sich erst einmal selbst seiner Berufung gewiss sein zu müssen, bevor er den Gläubigen die Hände auflegen und ihnen den Heiligen Geist spenden könne, damit sie in Zungen reden, weissagen und Kranke heilen könnten, damit sie sündlos wie Jesus würden, und Wunder tun könnten wie er.

Am Heiligabend 1832 vollzog Cardale dann die erste Amtshandlung: Er fühlte sich „innerlich getrieben", den Schneider und Laienprediger William R. Caird durch Handauflegung zum Evangelisten zu ordinieren. – Drummond musste immer noch auf seine Ordination warten. Die erfolgte am 26. Dezember 1832, nachdem Taplin Cardale aufgefordert hatte, Henry Drummond zum Engel (= Bischof) der Gemeinde Albury zu weihen.

Um die etwas fremd anmutenden Amtsbezeichnungen der KAG transparent zu machen, hier ein kurzer Einschub zu deren Ämterhierarchie:

Entsprechend den Anweisungen des Scha'ul von Tarsus legten die KAG-Gründer großen Wert auf das in Epheser 4, 11 beschriebene vierfache Amt: Apostel (als „Älteste" der Gesamtkirche), Propheten, Evangelisten und Hirten. Dieses vierfache Amt sollte in der Gesamtkirche, aber auch in der Ämterstruktur jeder einzelnen Ortsgemeinde realisiert werden.

Diese wurden von sogenannten Engeln (=Bischöfen) geleitet, deren Name sich von den „Engeln der Sieben Gemeinden" in der Johannesoffenbarung herleiten sollte. Diese Engel wurden von Priestern (im vierfachen Amt), Diakonen, Unterdiakonen, Diakonissen, Akoluthen und Türhütern unterstützt. Ein Akoluth ist übrigens ein männlicher Laie, der als Helfer des Diakons und des Priesters verschiedene Aufgaben, z.B. Bereitung des Altars und Kommunionspendung, im Gottesdienst verrichten darf. In der katholischen Kirche ist die Beauftragung und Tätigkeit als Akoluth der Diakonenweihe vorgeschaltet.

Später wurde festgelegt, dass die Kirche zwölf nach den jüdischen Stämmen benannte Arbeitsbereiche haben sollte, denen jeweils ein Apostel vorstand, jedem dieser Apostel stand, zur Vervollständigung des vierfachen Amtes, je ein Prophet, Evangelist und Hirte zur Seite. Cardale als erster „gerufener" Apostel (und späterer „primus inter pares") erhielt die Bezeichnung „Pfeilerapostel", die ihm zur Seite stehenden Ämter waren entsprechend der Pfeilerprophet, der Pfeilerevangelist und der Pfeilerhirte.

[Kurze Anmerkung: Das Stammapostelamt in der Neuapostolischen Kirche ist nicht mit dem Pfeilerapostel identisch. Zwar ist die Amtsbezeichnung dem KAG-Organisationsschema nach den biblischen Stämmen entlehnt, aber anders als der primus inter pares der KAG-Apostel bekleidet der NAK-Stammapostel ein eigenständiges Weiheamt, das den beiden anderen Apostelrangstufen hierarchisch vorgesetzt ist.]

Bevor wir wieder in die laufende Geschichte einsteigen noch ein Wort zum Prophetenamt, das ebenfalls ein Weiheamt war und gemeinsam mit dem Apostelamt die Spitze der Ämterhierarchie bildete. Dabei verkörperten sie gemeinsam das Licht und das Recht

(Schwert). Der Prophet war das Licht, und der Apostel war das Recht – und das bedeutete, dass der Apostel einer Prophezeiung widersprechen konnte – was später noch eine wichtige Rolle spielen sollte. Einstweilen fehlte Cardale aber noch das Licht des Propheten, das änderte sich, als Cardale am 5. April 1833 Edward Oliver Taplin in der neuen „Zentralkirche" zum Propheten weihte...

Edward Irving wurde bei diesen ersten Ordinationswellen abgehängt, obwohl die KAG-Gründung ganz wesentlich seinem Tun und seinen überragenden Fähigkeiten zu verdanken war.
Eigentlich war er der tatsächliche KAG-Gründer, insofern ist die angeblich nicht zutreffende Bezeichnung „Irvingianer" für die KAG-Mitglieder doch gar nicht so schlecht.

Formal war Irving, obwohl er nach wie in seiner neuen Gemeinde wirkte, noch Mitglied und ordinierter Geistlicher der presbyterianischen Kirche. Um genau zu sein, noch bis zum 13. März 1833. An dem Tag wurde ihm nach der Aussperrung aus der Londoner Gemeinde am Regent Square in Annen (in Schottland) der kirchen-rechtliche Prozess gemacht, der mit seiner Exordination und dem Ausschluss aus der schottisch-presbyterianischen Kirche endete.
Am Schluss der Prozess-Versammlung verließ Irving der apostolischen Überlieferung zufolge den Versammlungsort mit einem spektakulären Auftritt, der in der Ev. Kirchenzeitung Berlins 1864 wie folgt beschrieben wurde:

„Der Vorsitzende wollte eben das Urteil verkündigen und forderte ein Mitglied des Presbyteriums auf, zuvor ein Gebet zu sprechen, als von der Seite her, wo Irving stand, plötzlich eine Stimme erschallte:

‚Auf, zieh fort! Auf, zieh fort! Flieh hinweg! Flieh hinweg von ihr! Du kannst nicht beten! Wie kannst du beten? Wie kannst du beten zu Christo, den du verleugnest? Du kannst nicht beten! Hinweg, hinweg! Flieh, flieh!'

Allgemeine Verwirrung folgte. Da in der Kirche nur ein Licht brannte, wusste niemand, woher die Stimme kam. Endlich hob einer das Licht in die Höhe und entdeckte den Inspirierten, der gefolgt von Irving sofort die Kirche verließ, und noch im Gedränge rief: ‚Hinaus, hinaus!

Was? Wollt ihr der Stimme des Heiligen Geistes nicht gehorchen? Wer der Stimme des Heiligen Geistes gehorsam ist, gehe hinweg!'
Hiermit hörte Irving auf, ferner Geistlicher der presbyterianischen Kirche zu sein. Er ging nach London zurück und schloss sich der kleinen 'Apostolischen Gemeinde' in der Newman Street an."

Zurück in London musste Irving dann in „seiner" Gemeinde eine weitere Demütigung hinnehmen: Der jetzt als Apostel fungierende Cardale verbot ihm, eine Taufe durchzuführen, da er über keine Ordination verfüge.

Der Laie hatte den Geistlichen also zum Laien degradiert. Vorläufig jedenfalls, denn auf prophetische Anweisung Taplins hin, ordinierte Cardale ihn am 5. April 1833 zum Engel der KAG-Gemeinde London-Central in der Newman Street.

Irving blieb allerdings nicht lange in diesem Amt. Bereits ein Jahr später wurde er schwer lungenkrank, weigerte sich aber, seinem Körper die zur Erholung nötige Ruhe zu gönnen. Am 8. Dezember 1834 starb Irving im Alter von nur 42 Jahren.

1977 schrieb Albrecht Weber in seiner Dissertation mit dem Titel „Die Katholisch-Apostolischen Gemeinden - Ein Beitrag zur Erforschung ihrer charismatischen Erfahrung und Theologie" über Irving, dass er zwar durch die Wiederentdeckung der charismatischen Gaben, die Betonung des Heiligen Geistes, die Propagierung der Geistestaufe und die Erwartung der nahen Wiederkunft Jesu Christi unbestreitbare Einflüsse auf die apostolische Bewegung ausgeübt habe. Er sei aber nicht der „Stifter" der Katholisch-Apostolischen Gemeinden, sondern ihr „Herold", „Verkünder" und „Propagandist" gewesen.

Ich halte diese Auffassung für falsch, denn Irving war unbestreitbar derjenige, der die Gemeinde gegründet hatte, die zur KAG wurde.

Während Irving noch in der Newman-Street-Gemeinde arbeitete, wurden weitere Apostel gerufen. Dabei wurde am 25. September 1833 zuerst Henry Drummond vom Engel zum Apostel befördert. Im Dezember 1833 folgten der königliche Beamte Henry John King-Church und der Parlaments-Abgeordnete Spencer Perceval. Im Januar 1834 folgte die Berufung eines Theologen: der vorherige anglikanische Geistliche Nicholas Armstrong wurde zum Apostel ernannt. Am 13. August 1834 machte man einen weiteren Rechtsanwalt zum Apostel: Francis Valentine Woodhouse, der längstlebende des KAG-Apostolats, er sollte erst im Jahr 1901 im Alter von 96 Jahren das Zeitliche segnen.

Die angestrebte Vollzahl „ZWÖLF" wurde 1835 erreicht. Dazu reiste Cardale gemeinsam mit Taplin durch die sich rasch bildenden und auch schnell wachsenden KAG-Gemeinden, um sich nach geeigneten Kandidaten umzusehen. Die jeweilige Wahl fiel auf den Schriftsteller John Owen Tudor, den ehemaligen anglikanischen Pfarrer Henry Dalton, den schottischen Adligen und Rechtswissenschaftler Thomas Carlyle, den adligen Gutsbesitzer und ehemaligen Hauptmann Francis Sitwell, den ehemaligen Geistlichen der schottisch-presbyterianischen Kirche William Dow sowie auf den Apotheker und Arzneimittelgroßhändler Duncan Mac Kenzie. Letzterer zog sich allerdings wegen interner Auseinandersetzungen im Kollegium unter Beibehaltung seiner „Berufung" von der Amtsausübung zurück – dadurch waren dann eigentlich nur noch 11 Apostel tätig.

Zuerst erfolgte aber am 14. Juli 1835 die förmliche Ordination der zwölf Apostel. Sie wurden durch die Handauflegung der sieben in London bereits eingesetzten „Engel" und „Erzengel", also der Bischöfe der sieben Londoner Gemeinden „ausgesondert". Anschliessend zogen sie sich für ein Jahr nach Albury auf Drummonds Schloss zurück, um sich auf das vorzubereiten, was sie als Ihre Aufgabe betrachteten: Die Welt mit ihrer neuen Lehre zu beglücken.
Dabei hatten sie die Vorstellung, dass sie ihre Tätigkeit nicht lediglich in den KAG-Gemeinden ausüben sollten, sondern dass sie quasi in allen bestehenden christlichen Gemeinschaften, die ansonsten in ihren Strukturen bestehen bleiben sollten, mitwirkten.

Dazu verfassten sie im Jahr 1836 ein „Testimonium", das „Zeugnis der Apostel an die geistlichen und weltlichen Häupter der Christenheit" und sandten es an „alle geistlichen und weltlichen Führer der Erde". Die Adressaten nahmen ihre Hinweise auf die Endzeit, die zu erstrebende Einheit und Sammlung der Christen und das eigens dazu wieder aufgerichtete Apostelamt jedoch nicht sonderlich ernst.

Im Juni 1836 erfolgte im Rahmen dieser Versammlung die bereits erwähnte Aufteilung der Kirche in zwölf nach den jüdischen Stämmen benannte Arbeitsgebiete. Grundlage für diese Entscheidung war eine Weissagung Drummonds. Wie der Exodus-Saga zufolge die Kundschafter des Volkes Israel ausgesandt wurden, um Kanaan zu erkunden, sollten die Apostel in ihre jeweiligen Arbeitsgebiete reisen, um diese zu erkunden.

Und just zu diesem Zeitpunkt, wenn auch nicht im Zusammenhang mit dieser Entscheidung, zeigt sich bei der KAG, was ich in der Religionsgeschichte als gemeinsames Merkmal aller Religionen entdeckt habe. Es sind ausschließlich von Menschen geschaffene Organisationen – ein übersinnliches allmächtiges und allwissendes Wesen war zu keinem Zeitpunkt an irgendeiner Religion oder deren Konfessionen beteiligt, weder bei der Grün-dung noch bei der weiteren Organisation. Und wie bei allen von Menschen geschaffenen Organisationen, egal ob aus weltanschaulichen, politischen oder sonstigen Gründen gegründet, kam und kommt es früher oder später zu ganz typischen Symptomen.

Dabei ist der Zeitpunkt des Auftretens dieser Symptome abhängig von der Stärke der Person an der Spitze. Je stärker die Person ist, umso länger dauert es, bis die Symptome auftreten. Aber dass sie auftreten, ist sicher. Spätestens nach dem Tod der Führungsperson fängt es auch bei Glaubensgemeinschaften an zu menscheln. Es kommt zu…

Eitelkeiten, Eifersüchteleien, Meinungsverschiedenheiten:

Eitelkeit: Drummond ließ auf seinem Anwesen nicht nur eine prächtige Apostelkapelle errichten, sondern auch ein prächtiges Konzilgebäude, das sogenannte Chapter-House mit achteckigem Grundriss, darin der Council-Room mit dem achteckigen Konferenztisch. An sechs von dessen Seiten sollten je zwei Apostel sitzen, die siebte Seite war Christus vorbehalten, der nach dem behaupteten Selbstverständnis der Apostel bei jeder ihrer Sitzungen anwesend war.

Eifersüchteleien: 1835 war der sogenannte „Rat von Zion", ein den Aposteln unterstelltes beratendes Organ, in dem die Pfeiler der jeweiligen Amtsstufen sowie weitere hochrangige Funktionäre vertreten waren, eingerichtet worden. Die Apostel sollten vor Entscheidungen stets den Rat dieses Konsiliums, welches die gesamte Kirche Christi repräsentieren sollte, einholen. Die Mitglieder dieses Rats von Zion verstanden sich nun als eine Art Kirchenparlament, und das Apostolat als eine Art Exekutive, die die Beschlüsse des Parlaments umzusetzen hätte, wohingegen die Apostel der Auffassung waren, dass sie die Regeln vorgaben und nur dann, wenn sie Hilfe bei der Meinungsbildung zu benötigen glaubten, den Rat des Rates von Zion einholen wollten.

Meinungsverschiedenheiten: Apostel Mc'Kenzie war der Auffassung, die Apostel seien noch nicht ausgesandt und dürften erst danach entsprechend große Kompetenzen haben und unter-schrieb die gemeinsame Erklärung nicht. Da er sich mit seiner Meinung nicht durchsetzen konnte, ließ er sein Amt ruhen. - Auch Apostel Dalton übte Kritik am Zustand der Kirche. Er behielt zwar sein Amt, wurde aber wieder als anglikanischer Geistlicher tätig und nahm erst 1859 seine Tätigkeit als Apostel wieder auf.

Uneinigkeit, sogar zwischen Cardale und Drummond, herrschte auch über die von Cardale, der nach wie vor als primus inter pares galt, entworfene Liturgie. Schließlich gaben die Apostel zwei unterschiedliche Liturgien heraus: eine für England und eine andere für Schottland. – Eine weitere Meinungsverschiedenheit gab es darüber, ob vor der von ihnen erwarteten Wiederkunft Christi überhaupt eine regelrechte Kirche Christi als Organisation errichtet werden sollte. Drummond vertrat die Auffassung, dass die Apostel lediglich Hinweise geben sollten, wie die Kirche Christi im Idealfall aussehen sollte, und alles andere Sache der Christenheit sei.

Wie auch immer: Die gemeinsame Arbeit der Zwölf endete im Februar 1841, noch bevor sie ihre eigentliche Aufgabe, das Spenden Heiligen Geistes in Angriff genommen hatten. 1844 wurde die Kirchenleitung einem Viererkomitee (King, Armstrong, Tudor und Sitwell) übertragen, die Londoner Gemeinden, die ursprünglich von allen zwölf Aposteln gemeinsam geleitet werden sollten wurden der alleinigen Herrschaft Cardales unterstellt. Statt regelmäßiger gemeinsamen Arbeit sollte jeder der Apostel selbst über seine Arbeitsschwerpunkte entscheiden.

1846 rückten die Apostel endgültig von der ursprünglichen Vorstellung, alle Entscheidungen gemeinsam zu treffen, ab. Auch das Viererkomitee wurde wieder aufgelöst. Zukünftig sollte jeder Apostel in seinem Stamm frei entscheiden können. Auf das Viererkomitee in Albury wurde verzichtet. Im Bedarfsfall sollte eine Apostelsitzung entweder auf Antrag von zwei Aposteln oder aufgrund einer Entscheidung Cardales einberufen werden können. Von da an gab es kein Leitungsgremium mehr für die Gesamtkirche!

Immerhin ist dann irgendwann die Entscheidung gefallen, dass die Apostel nunmehr als ausgesandt zu gelten hätten und im Mai 1847 erfolgten in England die ersten Handauflegungen zur (angeblichen!) Spendung des Heiligen Geistes. Danach (übrigens auch heute noch und auch in der NAK geltenden) Meinung der Apostel die Träger Heiligen Geistes das Siegel der Gotteskindschaft tragen würden, nannte man diesen Vorgang „Versiegelung".

In Deutschland wurden übrigens die ersten „Versiegelungen" am 17. Oktober 1847 in Frankfurt/Main und am 19. März 1848 in Berlin durchgeführt. Zuvor hatte der für Norddeutschland (= Stamm „Simeon") zuständige Apostel Carlyle eigens Deutsch gelernt und in seinem Stammesgebiet mit den Evangelisten Böhm und Caird Missionsreisen durchgeführt. Ihre Arbeit stand insofern unter einem günstigen Stern, als der für ihren Stamm zuständige preußische König Friedrich Wilhelm IV. am 30. März 1847 eine Verfügung erlassen hatte, der zufolge die Glaubens- und Gewissensfreiheit in seinem Herrschaftsgebiet nicht eingeschränkt wurde. Und das bedeutete, dass der Austritt aus der katholischen oder evangelischen Landeskirche und die Gründung neuer Religionsgemeinschaften erlaubt waren.

Die KAG steuert in die Krise und zum Schisma

Während der Jahre des Apostelzwistes hatte die KAG einen Großteil ihrer ursprünglichen Mitglieder verloren, mit der Aufnahme der Versiegelungspraxis kam es jedoch zu einer Konsolidierungsphase. Der große Wurf blieb allerdings aus, auch in Deutschland wo bis 1852 ungefähr 1.200 Neumitglieder versiegelt werden konnten. Dabei war möglicherweise die Tatsache hinderlich, dass Amtsträger für die Seelsorge vor Ort ausschließlich auf Prophetenruf – aber lediglich dann, wenn es dem Apostel genehm war – ordiniert werden konnten. Das Problem dabei: Die Propheten sprachen meist ausschließlich Englisch und beherrschten keine Fremdsprachen. Im englischen Sprachraum gab es dementsprechend auch mehr als doppelt so viele Neumitglieder (nämlich ca. 3.000) wie in deutschsprachigen Apostelbereichen. – Nach Auffassung einiger Apostel blieben die Erfolge auch deshalb aus, weil es noch nicht zu ihrer Aussendung in der vollen Kraft des apostolischen Amtes gekommen sei.

Das Problem mit dem fremdsprachigen Propheten erledigte sich in der Person des 1818 geborenen Dorflehrers und Gerichtsschreibers Heinrich Geyer, von dem behauptet wird, er habe die Gaben der Prophetie, der Glossolalie und der Krankenheilung besessen. Der kam 1848 durch Zufall in Kontakt mit der KAG und stellte sich bald in ihren Dienst, 1849 wurde er in seine erste KAG-Amtsstufe ordiniert und von Carlyle als „Priester mit dem Amtscharakter eines Propheten" eingestuft. Er begleitete Carlyle als dessen Prophet bei seinen Reisen und nach Carlyles Tod diente er dessen Nachfolger im Arbeitsgebiet, Francis Valentine Woodhouse, in gleicher Weise.

Das Problem mit der fehlenden Aussendung blieb. Deshalb stellte Carlyle gemeinsam mit einem namentlich nicht bekannten Mitapostel den Antrag auf Einberufung einer Apostelversammlung. Er erhoffte sich davon, dass die Zahl der Apostel wieder auf zwölf ergänzt würde, wodurch die Apostel endlich „in volle Tätigkeit kommen und in allen Stücken einig werden" sollten. Darin sah er die Voraussetzung für die noch ausstehende Aussendung der Apostel als erfüllt an. Und durch die Aussendung erhoffte er sich für das KAG-Apostolat die volle Kraft und Vollmacht.

Die Apostelversammlung begann am 2. Juni 1851 (Pfingsten) im Ratssaal des Kongresshauses auf Drummonds Anwesen.

Zunächst versuchte man dabei per brieflicher Einladung die nach wie vor abwesenden Apostel Dalton und Mc'Kenzie zu einer Änderung ihrer jeweiligen Haltung zu bewegen, was misslang. Das führte wieder zu unüberbrückbaren Meinungsverschiedenheiten unter den Versammelten, von denen einige vorschlugen, die untätigen Apostel abzusetzen und durch andere zu ersetzen. Die andere Fraktion unter Cardale beharrte auf dem Standpunkt, dass für einen solchen Schritt ein besonderes Eingreifen Gottes notwendig sei. Gleichzeitig lehnten sie das Einholen prophetischer Weisungen in dieser Frage ab.

Die Meinungsverschiedenheit wurde nicht beigelegt, aber man beugte sich einstweilen Cardales Auffassung. Die Apostel nahmen ihre Tätigkeit zum Teil mit noch größerem Eifer auf und arbeiteten auch gebietsübergreifend auf „brachliegenden Äckern", wie zum Beispiel Polen. Aber die wirkliche Krise, sozusagen der Anfang vom Ende, sollte nicht lange auf sich warten lassen:

Die KAG ging davon aus, dass die Wiederkunft des Christus noch zu Lebzeiten ihrer Apostel erfolgen würde. 1855 mussten die Gläubigen aber erleben, dass drei ihrer Apostel starben, nämlich am 26. Januar Duncan Mc'Kenzie, am 28. Januar Thomas Carlyle und am 3. November William Dow. Damit wurde die Frage nach einer Ergänzung des Apostelkreises noch dringlicher. Aber die verbliebenen acht aktiven Apostel lehnten es erneut ab, andere in ihren Kreis aufzunehmen.

Dennoch beriefen die Apostel, zum ersten Mal zum 20. Mai 1858, eine Reihe von Versammlungen ein, zu der erstmals auch wieder Propheten eingeladen waren. Es sollten Propheten gefunden werden, die mit den Aposteln zusammen dienten, wodurch die bereits 1836 entworfene Ämterhierarchie vervollständigt werden sollte. Außerdem sollten die eingeladenen Propheten in dieser Zeit der Verwirrung mit prophetischen Auslegungen der Bibel, insbesondere der Überlieferungen aus der Zeit nach dem babylonischen Exil, Aufschluss über die Vollendung der Kirche geben. – Einer der eingeladenen Propheten war der mittlerweile zum Engel/Bischof beförderte Prophet Heinrich Geyer aus Deutschland, den der Gedanke, dass die

Apostel mit ihrer Suche nach zwölf Propheten die „Vollendung der Ordnungen" einleiten wollten, anscheinend beflügelte. Denn wenn es hieß, dass den Aposteln zwölf Propheten beigeordnet werden sollten, hieß das möglicherweise, dass es auch wieder zwölf Apostel geben sollte.

Heinrich Geyer
(*27. Mrz. 1818; † 4. Okt. 1896)

Aber abgesehen davon fehlten nach Geyers (von Carlyle übernommener) Ansicht auch diejenigen Ämter, die ursprünglich für die Missionierung und Versiegelung großer Menschenmassen vorgesehen waren, nämlich 60 Evangelisten im Rang eines Engels/Bischofs und 70 „apostolische Delegaten" zur Entlastung der Apostel. Letztere sollten als so eine Art Hilfsapostel, Geyer verwendete wohl die Bezeichnung „Erzengel", auch Ordinationen und Versiegelungen vornehmen. Und seine „Prophezeiungen" zeigten, dass er auf deren baldiges Erscheinen wartete, er rief den Aposteln nämlich zu: *„Er kennt die Last, die gelegt ist auf die Schulter der Zwölf. [...] Deshalb sammelt Er solche, die mit euch arbeiten. [...] Er wird die Siebzig geben."*

vgl. (auch für die weiter folgenden Zitate):

> Johannes A Schröter: „Die Katholisch-apostolischen Gemeinden in Deutschland und der ‚Fall Geyer'", 3. Aufl. ersch. 2004 bei Tectum-Verlag, Marburg, ISBN: 978-3828887244

Doch Geyer sah sich getäuscht. Im Lichte der Tatsache, dass ja bereits einige von ihnen gestorben waren, erkannten die Apostel, dass sie alle vor der Wiederkunft des Christus sterben könnten, und das es folglich wieder eine Zeit ohne Apostel geben könnte. Man ging daher davon aus, dass diese 70 Erzengel/Erz-bischöfe die Kirche in der apostellosen Zeit führen sollte.

Natürlich war das nicht in Geyers Sinn, aber die Interpretation der Prophezeiungen war nun einmal Sache der Apostel. 1859 bei der nächsten Apostel-Propheten-Konferenz bekam er unverhofft Unterstützung von

Taplin, der am 17. Juli den Evangelisten Charles T. Böhm, einem früheren engen Mitarbeiter Carlyles zurief:

„Jesu ruft dich, apostolischer Bote. Er will dich, Helfer, an Stelle dessen verwenden, den er zu sich versammelt hat. Er wird dich am Tag seines Erscheinens anerkennen. Suche zu versiegeln. Suche die Kinder dessen, der verschieden ist, zu sammeln und zu segnen."

Da aber nach Geyers Prophezeiungen im Jahr 1858 von Erzengeln, die apostolische Amtshandlungen stellvertretend durchführen sollten, die Rede war, deuteten die Apostel Taplins Rufung in dem Sinne, dass Böhm als Helfer von Apostel Woodhouse vorgesehen sei. Diese Aufgabe erfüllte Böhm dann auch. Geyer setzte deshalb in der dritten der Konferenzen am 30. Mai 1860 noch einen drauf und weissagte folgendes:

Francis V. Woodhouse
(* 14. Feb. 1805; † 3. Feb. 1901)

Geyers Gegenspieler

„Sehne dich nach den Aposteln, welche deine Stühle verlassen haben! Der Herr gibt dir zwei Apostel auf die leeren Stühle zum Unterpfand, dass er auch die übrigen noch besetzen wird, dass eure Schultern nicht zerbrechen, nämlich: Charles Böhm und William Caird als Apostel, denn sie sind als treue Mitarbeiter erfunden worden."

Am Tag nach der Prophezeiung und nach Beratung der Apostel entspann sich lt. „Neue Apostelgeschichte" der folgende Dialog zwischen Geyer und seinem unmittelbaren Vorgesetzten, dem Apostel Woodhouse:

Woodhouse: *„Haben Sie die Meinung, daß diese zwei Männer jetzt wirklich Apostel sind?"*

Geyer: *„Die Apostel haben verordnet, daß die Propheten kein Urteil haben sollen über das Ergebnis ihrer Weissagungen, sondern die Apostel haben das Urteil zu fällen. Ich weiß nur, daß dieses Wort* *vom Heiligen Geist war, wofür ich verantwortlich bin. Alles übrige überlasse ich den Aposteln…"*

Darauf Woodhouse: *„Die Apostel verwerfen diese und jede andere Rufung von Aposteln, weil die jetzigen Apostel ausreichen werden bis zur Wiederkunft Christi."*

Man hatte also die erst zwei Jahre zuvor erlassene Deutung wieder verworfen. Obwohl zwischenzeitlich zwei weitere Apostel verstorben waren, nämlich am 16. September 1859 Perceval und am 20. Februar 1860 Drummond, wurden Caird und Böhm von den alten Aposteln abgelehnt. Um des lieben Frieden willens, und um eine klar im Raum stehende Spaltung zu vermeiden, wurden die beiden aber als Apostel-Co-Adjutoren eingesetzt, die ausschließlich im Auftrag eines lebenden Apostels handeln durften.

Und Geyer fügte sich - einstweilen, nach außen hin…

Tatsächlich hatte er sich aber längst zu einer Intrige gegen die englischen Apostel entschlossen und einen Kreis von Eingeweihten, die auf neue Apostelrufungen warteten, um sich versammelt. Dazu gehörten der Hamburger Friedrich Wilhelm Schwarz, dessen in Berlin tätiger Bruder Gottlieb Schwarz und der seiner-zeit erfolgreichste Evangelist der KAG in Norddeutschland, Max von Pochhammer und weitere Funktionäre.

Dieser Kreis führte in den Gemeinden heimliche Versammlungen unter Geyers Leitung durch – die verantwortlichen Bischöfe erfuhren erst nach dem offenen Bruch mit den KAG-Aposteln von den Vorgängen. Geyer verkaufte seine Oppositionsstellung später mit der angeblichen Überzeugung, Gott habe sich ohne Wissen des KAG-Apostolats von den Aposteln ab- und zur Seite gewandt, *„um in Deutschland einige Apostel, eine ganz neue Reihe zu berufen"*.

Nach dem Tod des Pfeiler-Propheten Edward Oliver Taplin am 7. April 1862 war Geyer der höchstrangige Prophet der KAG, also auf dem Höhepunkt seiner Macht und er fühlte sich stark genug zu einer hinterhältigen Attacke. Es geschah am 10. Oktober 1862 auf einer Dienstreise nach Königsberg (in Preußen), wo er sich zusammen mit Woodhouse, Böhm und dem Marburger katholisch-apostolischen

Theologieprofessor Heinrich Wilhelm Josias Thiersch (* 5. November 1817; † 3. Dezember 1885) anlässlich der Grundsteinlegung einer neuen Kirche aufhielt. – Es kam in der Wohnung des dortigen Ältesten Rudolf Rosochacky zu einem Ereignis, das Geyer selbst später so kommentierte:

(Zitat) *„[...] An demselben Abend, den 10. Oktober 1862, lag der Geist des Herrn so schwer auf mir, dass ich körperlich fast erdrückt wurde. Da mit einemmale kam der Geist Gottes mit Kraft über mich und rief den mit anwesenden Diener Rosochacky zum Amte eines Apostels. Jedoch wurde ihm gesagt, er solle sich nicht in die Angelegenheiten der bisherigen Apostel mengen, sondern ruhig abwarten die Zeit, da Gott ihn vor größerer Versammlung vieler Zeugen bestätigen würde, indem mit ihm eine neue Reihe der Zwölfzahl beginnen würde. Nun, diese Berufung war in aller Ruhe um Mitternacht geschehen, auch von dem Berufenen voll und freudig anerkannt. Weil die öffentlichen Berufungen verworfen waren, bestand sie vorläufig zu Recht; waren doch in England in den vierziger Jahren auch nur im Privatzimmer die Apostel und manche andere Ämter berufen. [...]"* (Zitatende)
Vgl. Schröter, 2004

Woodhouse gegenüber verschwieg Geyer die Vorgänge, wie wohl auch weitere ähnliche. – Es wird nämlich überliefert, dass Geyer mehr KAG-Amtsträger zu Aposteln ernannt habe, von denen aber ausschließlich Rosochacky namentlich bekannt geworden sei. Auf jeden Fall konnte er bis zum November 1862 sein Doppelspiel ungehindert weitertreiben. Zum Bruch kam es allerdings wegen einer Debatte über ein Detail der aus der Apokalypse des Johannes entnommenen Endzeitlehre:

Die KAG lehrte seit 1858, dass der Antichrist erst dann sein Unwesen auf der Erde treiben würde, wenn die von Gott erwählten bereits „entrückt" worden wären – danach begänne die große Trübsal. Davon abweichend, allerdings der Meinung des verstorbenen Apostel Carlyles folgend, verkündete Geyer am 23. November 1862 in Berlin eine Weissagung, der zufolge der Antichrist in den sieben Gräueln vor der Gemeinde offenbar werden solle.

Das rief den Leiter der Berliner Gemeinde, den Engel/Bischof Carl Rothe auf den Plan, der den (eigentlich höherrangigen) Engelpropheten Geyer aufforderte, diese häretische Prophezeiung zurückzunehmen. Der weigerte sich mit der Begründung, dass ein Verbot dieser Prophezeiung bedeute, dass die Autorität der Apostel über die Autorität der Bibel gestellt würde. Er erkenne die Autorität der Apostel der Neuzeit nur soweit an, wie ihre Lehren mit der Bibel übereinstimmten. Aufgrund dieser Weigerung untersagte Carl Rothe Geyer die weitere Ausübung seines Amtes, wovon die Gemeinde am 21. Dezember in Kenntnis gesetzt wurde. Woodhouse bestätigte die Suspendierung wenige Tage später, Geyer wurde am 02. Januar 1863 schriftlich darüber informiert.

Parallel zu diesen Ereignissen, informierte Geyer seinen konspirativen Kreis – vor allem in Hamburg – über die Vorgänge und seine Suspendierung, bei der Gelegenheit offenbarte er auch erstmals die Rufung Rosochackys und weiterer Amtsträger zu Aposteln. Er verlieh in diesem Schreiben seiner Hoffnung Aus-druck, dass durch die neugerufenen Apostel frischer Wind in die Mission gelangen würde. – Jedoch distanzierten sich alle Adressaten, bis auf den sächsischen Schneidergesellen Friedrich Willwhelm Schwarz, dem Vorsteher/Engel der Gemeinde Hamburg, der schon als junger Priester in die Ränke Geyers eingeweiht war, von Geyer und bekannten sich zu Woodhouse. Die meisten wurden bald danach mit höheren Funktionen belohnt.

Einzig Schwarz blieb loyal und lud Geyer und Rosochacky in seine Gemeinde in Hamburg ein. Die beiden nahmen die Einladung an, und Schwarz stellte sie am 4. Januar 1863 der versammelten Gemeinde Hamburg in ihren neuen Rollen vor. Schwarz, der als Engel/Bischof nominell dem Berliner Engel/Bischof Carl Rothe unterstellt war, legte dann zunächst sein Bischofsamt nieder und unterstellte sich Rosochacky als neuem Apostel. Dann rief er in die Gemeinde *"Wer diesen Bruder als Apostel annehmen will, der stehe auf!"*

Außer fünf der 150 Anwesenden folgten alle dieser Aufforderung. Daraufhin hob Rosochacky die Suspendierung Geyers auf und setzte alle Amtsträger wieder in ihre Ämter ein.

Rothe eilte daraufhin unverzüglich nach Hamburg und erklärte vor der eilends zusammengerufenen Gemeinde alle Vorgänge für null und nichtig. Sämtliche Amtsträger wurden erneut suspendiert. Er kommentierte die Ereignisse vor der Gemeinde lt. Schröter [s.o.] mit den Worten

(Zitat) *„[...]An ihren Früchten sollt ihr sie erkennen! Was ist die Frucht dieser neuen Apostel und Propheten? Das Fleisch hat durch sie erlangt, was es begehrte. Sie haben sich gegenseitig mit Würden beschenkt und der Gemeinde mit großen Dingen geschmeichelt. Obwohl sie heuchlerisch vorgeben, sich nicht von den bisherigen Ordnungen des Herrn trennen zu wollen, haben sie sich tatsächlich geschieden, ja gegen dieselben empört. Unter der Decke der Heimlichkeit, der Lüge und List ist dieses neue Apostel- und Prophetentum in die Erscheinung getreten. Was wird sein Ende sein? Der Herr wird sie richten. [...]"* (Zitatende)

Die gesamte Gemeinde, mit Ausnahme eines einzigen Diakons, blieb auf der Seite Geyers. – Nur Rosochacky distanzierte sich kurz danach von Geyer und Schwarz. Er beugte sich Vorhaltungen seiner Frau, die von den Amtsträgern der Gemeinde Königs-berg unterstützt wurden, legte sein Apostelamt nieder und bekannte sich wieder zu Woodhouse und den KAG-Aposteln. Dies teilte er der Gemeinde Hamburg per Brief am 17. Januar 1863 mit, er schrieb, dass das, was da heimlich geschehen sei, falsch war und dass er ein Opfer teuflischer Verführungskünste geworden sei.

Rosochacky wurde daraufhin wieder in die Gemeinde aufgenommen, seine Suspendierung wurde aufgehoben und er bald darauf zum Engel/Bischof befördert. Geyer, Schwarz, der unter Schwarz dienende Priester Carl Wilhelm Louis Preuß und die Hamburger Gemeinde waren daraufhin allerdings in einer prekären Situation, da ihnen nun das Leitungsamt fehlte. Dennoch weigerte sich die Gemeinde geschlossen, die Ereignisse als satanischen Ursprungs zu bezeichnen und hielt zu ihren auch weiterhin zusammenstehenden Amtsträgern.

Am 26. Januar 1863 formulierte der Marburger KAG-Theologe Prof. Thiersch die kirchenrechtliche Anklageschrift gegen Geyer und Schwarz. Die beiden wurden bereits am nächsten Tag schuldig gesprochen und daraufhin von Woodhouse suspendiert, aus der

Kirche ausgeschlossen und exkommuniziert. Da die Hamburger Gemeinde einen eigenen Weg beschreiten und einstweilen ohne Apostel bleiben wollte, ereilte sie das gleiche Schicksal. Das kirchenrechtliche Urteil wurde der Gemeinde am 6. Februar schriftlich zugestellt.

Das Schisma war vollendet, und alle Beteiligten um Geyer und Schwarz waren aus theologischer Sicht formal „außerhalb des Leibes Christi" – sie waren keine Christen mehr und sie hatten kein geweihtes Amt mehr zur Fortführung ihrer Organisation. – Die Funktionäre der Neuapostolischen Kirche verbreiten zwar eine andere Meinung, die aber keine Geltung haben kann, so-lange sie gleichzeitig der Auffassung sind, das KAG-Apostolat sei eine von Gott berufene Einheit. – Tut sie das allerdings nicht, fehlt es ihr an der charismatischen Erweckung während des ersten Drittel des 19. Jahrhunderts. Sie hat dann keine Wurzeln auf die sie sich berufen könnte!

Aber auch die KAG selbst hat sich durch die Verwerfung weiterer Apostel gerichtet. Nach und nach starben die verbliebenen Apostel und es konnten keine Versiegelungen und Ordinationen mehr vorgenommen worden. Mit dem Tod des letzten Apostels, Francis Valentine Woodhouse, am 3. Februar 1901 begann für die KAG die von ihr selbst so genannte „stille Zeit"...

Es existieren derzeit noch etwa 40 Gemeinden, die aus Nachkommen früherer Gemeindeglieder bestehen, und deren Gottesdienste von Laienhelfern geleitet werden. Die Gottesdienste bestehen aus einer engen Liturgie mit Handlungen, die auch Laien vollziehen können. Das sind vor allem die Gebete und die Predigten, die aus der KAG-Literatur des 19. und frühen 20. Jahrhunderts verlesen werden.

Organisatorisch sind die Restgemeinden über eine Stiftung mit Sitz in Frankfurt verbunden. Diese Stiftung verwaltet die sich in KAG-Besitz befindlichen Immobilien und die nach wie vor fließenden Spenden der Mitglieder, das sogenannte Opfer.

AcaM und Apostolisch Zending

Ein für die von der NAK betriebene Geschichtsschreibung wesentliches Kapitel. Das wird deutlich, wenn man die von den NAK-finanzierten Hobby-Historikern des sog. „Netzwerkes apostolische Geschichte" gepflegten Wiki-Einträge über die AcaM liest... Es heißt dort:

(Zitat) „[...] Sie gilt in der geschichtlichen Entwicklung als Bindeglied zwischen den katholisch-apostolischen Gemeinden und der Neuapostolischen Kirche. [...]" (Zitatende)

Und das ist völliger Unsinn! Richtig ist vielmehr, dass die NAK eine der Folgegemeinschaften ist, die aus einer Abspaltung von der AcaM hervorgegangen sind. – Eine weitere Tatsache ist, dass die AcaM zwar aus der KAG hervorgegangen ist, dass aber die Gründungsmitglieder der AcaM allesamt von der KAG ausgeschlossen und exkommuniziert worden sind; ihre Amtsträger (Funktionäre) wurden zuvor ihrer Posten enthoben und exordiniert. Damit wurden sämtliche Verbindungen zur KAG und zu deren Weiheämtern gekappt. Soweit man glauben mag, dass die Gründung der KAG aus einer Neuausgießung des Heiligen Geistes resultiere, fehlt der AcaM (und damit auch der später entstandenen NAK) genau diese Verbindung.

Wenn also die KAG tatsächlich über ein neu von Gott berufenes und mit Heiligem Geist versehenes Apostolat verfügen würde (bzw. verfügt hätte), so fehlte es der AcaM an genau diesem, um eine geistliche Legitimation vorweisen zu können. – Das haben die NAK-Granden mittlerweile auch erkannt: Seit 2016 ist in Gesprächen über die Historie der NAK nicht mehr von einer Neuausgießung des Heiligen Geistes im Jahr 1832 die Rede, sondern man führt an, dass es 1863 zu einer Neuausgießung des Heiligen Geistes gekommen sei. – Dass das im Widerspruch zu den NAK-Publikationen

- „Geschichte der Neuapostolischen Kirche",
- „göttliche Verheißungen und ihre Erfüllung" sowie
- „Neue Apostelgeschichte / New Acts oft he Apostles"

steht, interessiert scheinbar niemanden. Und es ist bereits jetzt abzusehen, dass neuere Publikationen die Geschichte der KAG völlig ignorieren werden. Allerdings müssen sie dann auch die weiter oben beschriebenen Gründungsmythen vernachlässigen und zumindest einräumen, dass sie damit historisch nichts zu tun haben.

Soviel vorab und nun zur Fortsetzung des vorherigen Kapitels... die Geschichte der AcaM:

Am 6. Februar 1863 wurde die etwa 150 Mitglieder starke (nunmehr: ehemalige) KAG-Gemeinde Hamburg samt ihrem Vorsteher/Engel, dem sächsischen Schneidergesellen Friedrich Wilhelm Schwarz und dem ihm unterstellten Amtskörper, sowie der (nunmehr: ehemalige) KAG-Prophet/Engel Heinrich Geyer von den katholisch-apostolischen Gemeinden (KAG) ausgeschlossen und exkommuniziert, die Amtsträger/Funktionäre wurden zuvor vom Dienst suspendiert und exordiniert. Da sie als Gemeinschaft zusammenblieben, war somit eine religiöse Organisation ohne geistliche Wurzeln und ohne geistliche Führung – jedenfalls ohne Weiheamt – entstanden. Dieses Manko wurde jedoch am 18. März beseitigt:

Carl Wilhelm Louis Preuß
(*12. Jan. 1827; †25. Juli 1878)
Scan eines Fotos aus Familienbesitz

Die genauen Vorgänge sind nicht überliefert, aber ganz offensichtlich kam die Gemeinde überein, den 36-jährigen unter Schwarz tätigen Laienprediger und Tischlergesellen Carl Wilhelm Louis Preuß zum neuen Oberhaupt zu bestimmen. Auf jeden Fall wurden in einer Versammlung am 8. Februar drei Stimmen laut, die Preuß zum Apostel beriefen, da darauf keine Reaktion erfolgte, kam es danach zu einer weiteren Rufung. Heinrich Geyer war an keiner dieser Rufungen beteiligt, er war nicht einmal zugegen. Dennoch wurde Preuß am 18. März feierlich zum Apostel geweiht. – So steht es jedenfalls in der von der NAK-Norddeutschland herausgegebenen Broschüre „Unterwegs zur Neuapostolischen Kirche – 150 Jahre Kirchengeschichte". In den vom NAK gepflegten Wiki-Einträgen wird der Vorgang um die Berufung Preuß' ein wenig anders dargestellt, dort heißt es: „Am 12. April 1863 wurde der Priester Louis Preuß durch Weissagung eines Diakons zum Apostel berufen."

Welche Variante auch immer stimmen mag: Spätestens am 12. April 1863 hatte die Gemeinschaft, die sich selbst verwaist hatte, sich aus ihren Reihen selbst wieder einen geistlichen Führer und damit ein Weiheamt ausgeguckt. Wie sehr es bei dieser „göttlichen" Rufung gemenschelt hat, geht auch daraus hervor, dass Geyer die Rufung Preuß nachträglich zwar zähneknirschend hinnahm und widerwillig als „aus dem Geist Gottes kommend" bestätigte, das aber ausschließlich, wie aus seinen Aufzeichnungen hervorgeht, um den Bestand der neuen Gemeinde nicht zu gefährden. Es gab wohl von Anfang an Spannungen und Geyer selbst schrieb später dazu:

(Zitat) *„[...] ich konnte geschehene Dinge nicht ungeschehen machen. Es war im Wege der Unordnung geschehen, so wie Ruben seines Vaters Jacob Bette bestiegen, so konnte auch ich ein solch uneheliches Kind nicht tödten. Wir mußten nun unser Schicksal tragen, bis am 25. Juli 1878 dieser Bruder Preuß starb. Ich schweige von all dem Leiden, welches uns während der Zeit widerfuhr. [.../sic!]"* (Zitatende) - Vgl. Schröter, 2004

Der bisherige Vorsteher der Gemeinschaft, Schwarz, akzeptierte den plötzlich höheren Rang des 12 Jahre jüngeren Preuß aber offenbar vorbehaltlos. Jedenfalls war die eigentlich nichtchristliche und freie Hamburger Gemeinde nun wieder eine apostolische Gemeinschaft und deshalb hat sie sich den Namen „Allgemeine Apostolische Gemeinde" gegeben, den sie dann später, allerdings noch vor 1870, in „Allgemeine Christliche Apostolische Mission" änderte.

Bereits am 27. Mai 1863 wurde dann auch Schwarz in das Amt eines Apostels berufen. Der Neuapostolischen Überlieferung zufolge *„vom Herrn nicht allein durch Geyers Mund, sondern durch den Mund vieler weissagender Gotteskinder"*. Hierbei ist zu berücksichtigen dass diese Formulierung von Friedrich Krebs (wir kommen noch auf ihn zu sprechen) stammt, dem daran gelegen war, dass die ihm bei einem

Schisma folgenden Apostel nicht ausschließlich auf Geyer zurückzuführen seien.

Das Verhältnis zwischen Schwarz und Preuß dürfte allerdings weniger harmonisch gewesen sein, als im Nachhinein berichtet wurde. Denn im September 1863 wurde Schwarz durch eine Weissagung in die Niederlande geschickt, um dort einen Apostelarbeitsbereich aufzubauen. Das war auch nicht weiter auffällig, denn bereits vor Berufung in das Apostelamt hatte die Allgemeine Apostolische Gemeinde die drei Sendungsevangelisten Hübner, Meyersahm und Ahlin in die Niederlande geschickt, um dort Gemeindegründungen vorzubereiten. Schwarz selbst kommentierte den Vorgang später lakonisch *„Es wurde mir Holland, Amsterdam angewiesen und ich reiste von Hamburg allein ab, traf Ende September in Amsterdam ein und wirke hier mit Segen seit der Zeit."*

Tatsächlich konnte er sehr schnell eine entsprechende Anzahl Interessenten werben und eine blühende Gemeinde gründen, die unter dem Namen „Apostolische Zending" (Apostolische Mission) firmierte; der spätere Name der Hamburger Gemeinde (All-gemeine Christliche Apostolische Mission) kommt dem ziemlich nahe. Es muss aber betont werden, dass Schwarz' Gemeindegründungen nicht formell mit der AcaM verbunden waren. Schwarz selbst hielt jedoch eine lockere Verbindung nach Hamburg.

Einstweilen fehlten der AcaM (ich bleibe der Einfachheit halber bei dieser Bezeichnung) aber noch eine Reihe weiterer Apostel, denn Geyer hatte – wie im vorigen Kapitel geschrieben – „eine ganz neue Reihe" deutscher Apostel in Aussicht gestellt. Die allgemeine Erwartung war nun, dass die Zwölfzahl wieder hergestellt würde. Zunächst nahm Geyer jedoch lediglich vier Rufungen vor, zusammen mit den beiden bereits eingesetzten Aposteln und den sechs verbliebenen Aposteln der KAG war damit aus seiner Sicht wohl wieder die Zahl von zwölf lebenden Aposteln erreicht.

Am 30. Oktober 1864 wurden der Kohlenmakler Peter Wilhelm Louis Stechmann zum Apostel für Ungarn, der Schlosser Johann Christoph Leonhard Hohl zum Apostel für Hessen, der Korbmacher, Lehrer und Polizeiwächter Heinrich Ferdinand Hoppe zum Apostel für die USA

AcaM-Apostelversammlung im Jahr 1864
1 – Stechmann / 2 – Geyer / 3 – Bösecke
4 – Hoppe / 5 – Preuß / 6 - Hohl

und der Schuhmacher und Porzellanhändler Johann August Ludwig Bösecke zum Apostel für Schlesien berufen

Nur zwei von diesen vier „Aposteln", nämlich Hohl und Bösecke, konnten tatsächlich einige Gemeinden gründen, Hoppe und Stechmann sind mehr oder weniger sang- und klanglos in der Geschichte verschwunden.

Auch von Hamburg aus kam es zu neuen Gemeindegründungen, nämlich in Berlin, Winneburg, Edela, Osterode, Braunschweig und Wolfenbüttel. Eine vor allem für die Ausbreitung der Gemeinden in Mitteldeutschland bedeutsame Neugründung war die der Gemeinde Schladen (Harz) im Jahr 1864.

Am 25. Juli führte Apostel Preuß dort die ersten Versiegelungen der AcaM durch. Um nicht gegen das geltende Recht zu verstossen, verlegte er dazu den Gottesdienst in ein Waldstück jenseits der Grenze auf preußischem Territorium. Bei dieser Handlung wurden auch Friedrich Krebs, H. Friedrich Niemeyer und Heinrich Wachmann versiegelt, drei für die Geschichte des neuen Apostolizismus wichtige Personen.

In den Niederlanden scheint Schwarz, „sein eigenes Süppchen gekocht" zu haben. Seinen persönlichen Aufzeichnungen ist jedenfalls zu entnehmen, dass es auch in seinem Arbeitsbereich zu Apostelrufungen gekommen ist. Den Notizen zufolge wurden dort 1872/73 noch drei Männer, offenbar als Ersatz für die zwischenzeitlich ebenfalls verstorbenen KAG-Apostel Tudor, Sitwell und King-Church zu Aposteln gerufen, nämlich ein Diakon der Gemeinde Amsterdam für Italien, der Aufseher der Gemeinde Enkhuizen für Frankreich und der Aufseher der Gemeinde Bielefeld für Deutschland.

Besonders die letztgenannte Personalie ist interessant, es handelte sich dabei nämlich um Friedrich Wilhelm Menkhoff, einen gebürtigen Westfalen. Der war 1848 als Mitglied des Missionsvereins Quelle (bei Bielefeld) im Alter von 22 Jahren als reformiert-protestantischer Prediger in die Freie Evangelische Gemeinde in Ouderkerk bei Amsterdam entsandt worden. 1863 bekam er Kontakt zur Schwarz' Apostolisch Zending und ließ sich dort nach anfänglichem Zögern aufnehmen. 1867 wurde er von Schwarz versiegelt, was zu seiner Amtsenthebung in der Freien evangelischen Gemeinde führte. Aber bereits im Juni 1868 wurde er zum Evangelisten gerufen im September wurde er ordiniert und zur Mission in seine westfälische Heimat gesendet. Dort gründete er sehr bald eine Gemeinde in Steinhagen (bei Bielefeld) und Schwarz konnte dort bei seinem ersten Besuch 100 neue Mitglieder versiegeln. 1869 erhob Schwarz Menkhoff zum Bischof.

Randbemerkung: Zu den ersten in Steinhagen Versiegelten gehörte auch der damals 21-jährige westfälische Bauer Hermann Niehaus, der bereits eine Woche später zum Diakon, und im Jahr 1869 zum Evangelisten ordiniert wurde. Von ihm wird noch zu reden sein.

Alles das lief parallel zur Entwicklung der AcaM und hatte im Prinzip nichts mit ihr zu tun! Im Gegenteil – es bildete sich durch Menkhoffs Zutun sogar eine Kluft. Schon bald nach seiner Aufnahme in die Apostolische Zending warb er bei Schwarz für eine Liturgiereform.

Seiner Meinung nach stieß die katholisch-apostolische Liturgie mit ihren umfangreichen Ritualen und Gewändern, an der die AcaM und die Apostolische Zending festgehalten haben, bei reformierten Christen calvinistischer Prägung (Pietisten, Puritaner, Hugenotten, ...) eher auf Unverständnis. 1870 führte Schwarz deshalb die wortlastige trockene Liturgie und die schlichte schwarze Amtskleidung der reformierten Kirchen, so, wie sie in den NAKn auch heute noch bekannt ist, ein, was zu Spannungen mit der AcaM führte.

Dann kam es zu den von Schwarz erwähnten Apostelrufungen in seinem Amtsbereich. Am 19. Juli 1872 wurde Menkhoff vom „Propheten" Edzard Willem Ansingh zum Apostel berufen und bereits kurz darauf von Schwarz ordiniert. Menkhoffs Einsatzbereich war dann in etwa das Gebiet des heutigen Nordrhein-Westfalens.

Die NAK-Geschichtsschreibung behauptet zwar, Menkhoff sei das noch von der KAG eingeteilte und durch den Tod des KAG-Apostels John-Henry King-Church († 16. September 1865) verwaiste, Gebiet des „Stammes Isaschar" zugeteilt worden, was aber insofern unglaubwürdig ist, als damit das Territorium der Staaten Dänemark, Nie-

Friedrich Wilhelm Schwar(t)z,
(* 11. Apr. 1815; † 6. Dez. 95)
spiritus rector des neuen Apostolizismus

derlande und Belgien bezeichnet wurde. Damit wäre Menkhoff seinem Freund Schwarz ins Gehege gekommen. Zu dessen Arbeitsgebiet gehörten nämlich jedenfalls auch die Region des früheren Herzogtums Jülich, also das belgische und niederländische Limburg sowie das gesamte nunmehr deutsche Niederrhein-Gebiet

Auf jeden Fall sind die Anfänge der apostolischen Bewegung in Nordrhein-Westfalen auf die Apostolische Zending von Schwarz zurückzuführen und nicht auf die AcaM, die faktisch von Geyer und Preuß geführt wurde. Die in Schlesien und Hessen tätigen AcaM-

Apostel Hohl und Bösecke traten eigentlich erst nach dem endgültigen Bruch zwischen Geyer und Schwarz in Erscheinung. Eine Legitimation der Neuapostolischen Kirchen unter Berufung auf eine angebliche Neuausgießung des Heiligen Geistes 1863 in Hamburg (die die NAKn erst seit 2013 behaupten!) ist damit nicht haltbar. Aber weiter in der Chronologie der Ereignisse:

Die beiden Gemeinschaften AcaM und apostolische Zending und deren Leitungsfunktionäre arbeiteten zunächst einige Jahre zwar relativ friedlich, aber nicht kooperativ, nebeneinander. Zu einer tatsächlichen Konfrontation und dem daraus resultierenden Schisma kam es 1878:

Der AcaM-Apostel Carl Wilhelm Louis Preuß war schwer erkrankt, es war abzusehen, dass er bald sterben würde. Um keine Vakanz entstehen zu lassen, berief der Prophet Heinrich Geyer am 31. März 1878, also noch zu Preuß' Lebzeiten, aber in bekannter Manier in dessen Abwesenheit und ohne dessen Kenntnis, den Hamburger Kohlenhändler Johann Friedrich Güldner zu dessen Nachfolger.

Preuß, der am 25. Juli 1878 im Alter von erst 51 Jahren (kurz nach dem Tod seiner Ehefrau) an Magenkrebs starb, hatte aber der neuapostolischen Geschichtsschreibung zufolge in den letzten Jahren ohnehin Probleme mit Geyer, über die er offenbar mit dem Eisenbahn-Streckenwärter Friedrich Krebs gesprochen hatte. Krebs, war zu dem Zeitpunkt AcaM-Ältester in der von ihm aufgebauten Gemeinde Wolfenbüttel; zuvor hat er in seiner Heimatregion, dem Harz, missioniert.

Man kann davon ausgehen, dass er tatsächlich engen Kontakt zu Preuß hatte, und möglicherweise hatte er auch selbst die Hoffnung, dessen Nachfolger zu werden. Jedenfalls ist Krebs die Quelle für die Mutmaßung, dass es eine über die Umstände von Preuß' Ordination hinausgehende Kontroverse zwischen Geyer und Preuß gab. Außerdem muss man berücksichtigen, dass Krebs durch die später von ihm propagierte *„Lehre vom Neuen Licht"* seinerseits ein Problem mit Geyer hatte. Jedenfalls schrieb er rückblickend

(Zitat) *„[...] Apostel Preuß sorgte sich aus gutem Grund. Heinrich Geyer, der Prophet, hatte in den letzten Jahren einen Weg eingeschlagen, der ihn vom Werk Gottes fortführte. Dieser Mann, dem der liebe Gott eine so wertvolle Gabe anvertraut hatte, war zu-nehmend hochmütig geworden und meinte, vieles anders und besser machen zu können als sein Apostel. Er hielt Louis Preuß´ Duldsamkeit für Schwäche, seine Demut und Bescheidenheit für mangelndes Durchsetzungsvermögen, seine gläubige Einfalt für ein Zeichen geringen Verstandes. Heinrich Geyer war schließlich zu der Ansicht gelangt, er als Prophet müsse über einem solchen Apostel stehen, da nur ihm allein die Macht gegeben sei, Ämter zu berufen - eine Meinung, die leider auch vor und nach ihm etliche Propheten teilten. Gewiß wird der Apostel immer wieder versucht haben, Heinrich Geyer von diesem gefahrvollen Weg abzubringen. Aber die Kluft zwischen ihnen wurde noch tiefer und Geyer begann, gegen seinen Apostel zu intrigieren. So suchte er Gleichgesinnte, die in seiner Prophetengabe das wichtigste Amt innerhalb der Gemeinde sahen [...] Vor seinem Tod hatte Apostel Preuß noch einmal alles versucht, um die Einheit der Hamburger Gemeinde zu erhalten (aber das ist ihm nicht gelungen). Auf seinem Sterbelager rief er den Ältesten Wichmann zu sich, um ihm, wenn er selbst nicht mehr sein sollte, die Leitung der Gemeinde zu übertragen. [...]"* (Zitatende)

Quelle:

> ➢ Alfred Krempf, Bodo Iloff et al.: „Friedrich Krebs", ersch. 1993 im Friedrich Bischoff Verlag, Frankfurt/Main

Als nun Geyer nach Preuß' Tod, den Kohlenhändler Güldner als Apostel vorstellte, bildete sich eine starke Oppositionsgruppe und es begannen heftige Auseinandersetzungen zwischen den beiden Lagern. Am 4. August 1878 kam es zu einem Tumult in der Gemeinde Hamburg, Rädelsführer war der in Krebs' Memoiren erwähnte Älteste Eduard Wichmann, der sich darauf berief, von Preuß selbst als Nachfolger bestimmt worden zu sein.

Der Tumult ging so weit, dass Wichmann, dem dafür allerdings sämtliche Kompetenzen fehlten, Geyer und Güldner für abgesetzt erklärte... Und das wiederum führte zur Spaltung der Gemeinde Hamburg: Der größte Anteil der seinerzeit etwa 300 Mitglieder blieb auf der Seite von Geyer und Güldner bei der AcaM, Wichmann und eine Handvoll weiterer Mitglieder machten sich selbstständig...

Die Situation war für Schwarz wie geschaffen, um eine Klärung über die Stellung des Prophetenamts herbeizuführen. Jedenfalls mischte er sich in den Streit innerhalb der AcaM ein und rief zu einer Versammlung in Braunschweig, um die Frage, ob die Apostelrufung von Johann Friedrich Güldner gültig sei oder nicht, zu klären. Die NAK-Geschichtsschreibung gibt die Ereignisse auf dieser Versammlung in ihrem ApWiki zu Johann Friedrich Güldner wie folgt wieder:

(Zitat) *„[...] Apostel Friedrich Wilhelm Schwarz fragte Gott am 26.07.1879 in Anwesenheit der Apostel Friedrich Wilhelm Menkhoff, Johann Christoph Hohl und Johann August Ludwig Bösecke: ‚Ist Güldner durch dich Herr berufen als Apostel für diesen Stamm?'*

Daraufhin sprach der Prophet Rudolf Marticke aus Berlin: ‚O führet mich nicht in Versuch, spricht der Herr. Ich bin der Heilige, Allmächtige und Allgegenwärtige, o lasset euch an meiner Gnade genügen.'

Diese prophetische Weissagung wurde aber durch Apostel Schwarz verworfen, weil er den Propheten Marticke zum Lager von Heinrich Geyer zählte. [...]" (Zitatende)

Daraus ist klar zu entnehmen, dass Schwarz von Anfang an vorhatte, Geyers Prophezeiung zu verwerfen und das Prophetenamt ein für alle Mal dem Apostelamt unterzuordnen. Eine Sichtweise, die auch von der Neuapostolischen Kirche übernommen wurde. In der Broschüre „Unterwegs zur Neuapostolischen Kirche" bedient man sich dazu einer merkwürdigen Beweisführung:

(Zitat) *„[...] Bei der ‚Aussonderung der Apostel' am 14. Juli 1835 gab es niemanden, der im Amt über dem Apostel stand. Die Engel der Sieben Gemeinden legten den Aposteln die Hände auf und zeigten damit, dass sie und alle anderen Engel und Gemeinden sich den Aposteln unterstellten. [...]"* (Zitatende)

Angesichts dieser Formulierung darf man sich fragen, wie die Handauflegung eines NAK-Apostels bei der Ordination eines subalternen Amtsträgers zu verstehen ist, oder bei der sog. „Versiegelung"...

Und man fragt sich ebenfalls, warum man Schwarz eigentlich reinzuwaschen versucht, da der ja dem Prophetenruf in den Fällen, in dem er ihm zu Diensten war – man denke an die Rososchacky und an die Apostelrufungen in der apostolischen Zending – Folge leistete und die Ordination durchführte.

In diesem Fall passte ihm der Prophetenruf nicht, und deshalb verwarf er ihn... - Im ersten Schritt! Im zweiten Schritt verleibte er sich die führungslose Hamburger Teilgemeinde mit ihrem Ältesten Wichmann ein und unterstellte sie Menkhoff. Ebenso die von Friedrich Krebs beeinflussten kleineren Harzgemeinden und Wolfenbüttel.

Ob Hohl und Bösecke tatsächlich bei der Versammlung in Braunschweig anwesend waren, halte ich übrigens für fraglich. In einem Brief aus dem Jahr 1880 (also ein Jahr nach der Braunschweiger Versammlung) schrieb Schwarz nämlich an einen seiner Bischöfe:

(Zitat) *„[...] Bruder Hohl hat sich uns angeschlossen, so auch der Bruder Bösecke nähert sich uns, und die Aussicht scheint Wahrheit zu werden, dass wir eins werden miteinander. [...]"* (Zitatende)

Wenn sie sich Schwarz erst 1880 angeschlossen haben, wieso haben sie ihm, falls sie anwesend waren, in Braunschweig nicht widersprochen? – Oder wenn sie in Braunschweig anwesend waren und Schwarz zugestimmt haben, warum haben sie sich ihm nicht unmittelbar in Braunschweig angeschlossen?

Dass Hohl und Bösecke samt ihren Gemeinden sich Schwarz aber nicht unmittelbar nach der Versammlung in Braunschweig angeschlossen haben, bedeutet, dass es keinesfalls um eine Spaltung mit Geyer und Güldner auf der einen Seite, sowie Schwarz und Menkhoff auf der anderen Seite ging; es blieb also bei der Abspaltung eines Teils der Hamburger Gemeinde unter Wichmann, sowie eines Teils der Wolfenbütteler Gemeinde unter Krebs und der kleineren von Krebs beeinflussten Gemeinden im Harz.

Der weitaus größere Teil der Gemeinden und ihrer Mitglieder blieb in der AcaM. Und damit ist die NAK-Lesart, derzufolge sich Geyer und Güldner mit ihren Anhängern unter Beibehaltung ihres Namens von den anderen getrennt hätten, schlicht lächerlich!

Es ist also eine lächerliche Behauptung, mit der die NAK ihre Entstehung auf ein AcaM-Schisma zurückführte. Die Behauptung eines Schisma ist unwahr!

Wahr ist hingegen, dass Schwarz sich in die Belange der AcaM eingemischt hat, und einen geringen Teil der AcaM-Mitglieder für seine „Apostolisch Zending" gekapert hat!

Der große Wurf, mit dem Schwarz sich an die Spitze der apostolischen Bewegung in BeNeLux und Deutschland stellen konnte, war ihm also einstweilen misslungen. Aber er versuchte weiter, einen Zusammenschluss aller Apostel zu erreichen, was ihm misslang. Tatsache ist, dass nach 1878 in Deutschland weiterhin drei verschiedene apostolische Gemeinschaften aktiv waren:

- Die KAG unter Woodhouse
- Die AcaM unter Geyer, Güldner, Hohl und Bösecke
- Die Apostolisch Zending unter Schwarz und Menkhoff

Von einer apostolischen Gemeinde, die sich irgendwann in Neu-Apostolische Gemeinde und noch später in Neuapostolische Kirche umbenannt hat, war zu dem Zeitpunkt nichts zu erkennen. Folglich kann also, genau wie in 1863, auch im Jahr 1878 nicht von einer Geburtsstunde der NAK die Rede sein!

Am ehesten lässt sich eine Entstehung der NAK nach dem Schisma und der Auflösung der Apostolisch Zending im Jahr 1897 verorten, weil von da an die unter ihrer Aufsicht stehenden deutschen Gemeinden „ungebunden" waren.

Mit viel gutem Willen ließe sich auch das Datum der Apostelordination von Friedrich Krebs, nämlich der 27. Mai 1881, als Geburtszeitpunkt der späteren NAK bestimmen. Da begann nämlich die Zusammenarbeit von zwei eigentlich unter Aufsicht der Apostolisch Zending stehenden deutschen Apostelstämme.

Interessanterweise haben auch die beiden KAG-Sekten AcaM und Apostolisch Zending die 1836 von Drummond „erfundene" Benennung der Arbeitsgebiete mit den israelischen Stammesnamen beibehalten.

Um das Kapitel AcaM abzuschließen:

Wie bereits gesagt, wurde die "AcaM" unter Geyer und den von ihm berufenen Aposteln Johann Güldner, Johann Christoph Leonhard Hohl und Johann August Ludwig Bösecke fortgeführt. Von den Aposteln Hoppe und Stechmann ist weder in der AcaM noch in der Apostolisch Zending weiter die Rede. Für den weiteren Verlauf zitiere ich die zumindest für diesen Zeitabschnitt zutreffende Schilderung aus dem „AcaM-Eintrag" des Netzwerks apostolische Geschichte in ihrem „apwiki":

(Zitat) *„[...] Geyer starb 1896 und Güldner 1904, die Gemeinde wurde von Bischof Heinrich Walter Lehsten fast zehn Jahre ohne apostolisches Amt geleitet, ab dieser Zeit nannte sich die Gemeinde ‚Allgemeine apostolische Mission' (AAM). Im Oktober 1909 schloss sich ihr eine Abspaltung der Alt-Apostolischen Gemeinde unter Robert Geyer an. 1913 wurden durch den Propheten Jakob Westphaln aus den USA Robert Geyer als Apostel für Amerika und Titus Kopisch als Apostel für Deutschland und berufen. Titus Kopisch scheint später eigene Wege eingeschlagen zu haben. Robert Geyer blieb wegen des Ersten Weltkrieges in Deutschland und leitete alle Gemeinden der ‚AAM' von Jena aus. Nach dessen Tod (1957) verwaisten die Gemeinden und wurden schließlich aufgegeben. [...]"* (Zitatende)

Apostolisch Zending und NAK

Wie im vorigen Kapitel dargelegt, hatte Schwarz die von der AcaM abgefallenen und führerlosen Gemeinden 1878 seiner Apostolisch Zending einverleibt und unter die Verwaltung von Menkhoff gestellt. Einen eifrigen Helfer in seinem großen Arbeitsgebiet fand Menkhoff im Ältesten der Gemeinde Wolfen-büttel, dem Bahnstreckenwärter (irgendwann wurde er Bahnmeister, also eine Art Ober-Streckenwärter) Friedrich Krebs, der am 27. Juni 1880 zum Bischof befördert wurde und am 27. Mai 1881 zum Apostel. – Der NAK-Geschichtsschreibung zufolge führten diese beiden ihre Gemeinden unter der gemeinsamen Bezeichnung „apostolische Gemeinde", es gibt aber wohl keine Belege für einen Zusammenschluss in rechtlicher Selbstständigkeit. Etwa zum Zeitpunkt von Krebs' Ordination zum Apostel (einen exakteren Zeitpunkt habe ich nicht ausmachen können) müssen dann auch die AcaM-Apostel Hohl und Bösecke zu Schwarz übergelaufen sein.

Von den 1878/79 lebenden sog. Aposteln ist Johann Friedrich Güldner an der Seite Geyers in der AcaM verblieben. - Es kann als sicher angenommen werden, dass auch der in den USA tätige AcaM-Apostel Heinrich Ferdinand Hoppe NICHT zu Schwarz übergelaufen ist, denn er unterstützte Geyer während eines Deutschlandbesuches im Jahr 1889 bei Gottesdiensten in Schlesien.

Der gemeinsam mit Hoppe ordinierte und in Ungarn und Rumänien tätige Apostel Peter Wilhelm Louis Stechmann scheint zum Zeitpunkt des Schismas seine Apostletätigkeit stillschweigend aufgegeben zu haben. – Von den ehemals zwölf KAG-Aposteln lebte 1879 lediglich noch Francis Valentine Woodhouse, der jedoch jeglichen Kontakt zu den Amtsträgern um Geyer und um Schwarz ablehnte.

Mit der Ordination Krebs' zum Apostel waren auf der Seite von Schwarz fünf Apostel tätig, die, wie immer sie ihre Gemeinden in Deutschland nannten, unter der Aufsicht der Apostolisch Zending standen und Schwarz als eine Art „primus inter pares" verstanden. Damit hatte er sich in eine Position manövriert, wie sie Cardale, der Pfeilerapostel der KAG, innehatte. Formell wurde die Bezeichnung

„Pfeilerapostel" oder irgendeine andere Bezeichnung, die auf eine herausgehobene Stellung Schwarz' hindeutete aber zu keinem Zeitpunkt eingeführt. Es war wohl eine stillschweigende Übereinkunft, die von Krebs forciert wurde, der von Anfang an Verfechter einer hierarchischen Ordnung war und ein Oberhaupt unter den Aposteln für notwendig erachtete.

Am 25. Juli 1886 ordinierten Menkhoff und Krebs den in Australien lebenden Heinrich Friedrich Niemeyer zum Apostel.

Niemeyer stammte aus dem Harz, gehörte zu den ersten dort von Preuß versiegelten AcaM-Mitgliedern und war zum Zeitpunkt der Ordination zu Besuch in der alten Heimat. – Bemerkenswert ist, dass dieser Ordination angeblich eine prophetische Rufung vorausging, und dass Schwarz diese Rufung und die daraufhin erfolgte Ordination akzeptierte!

Friedrich Wilhelm Menkhoff, (*2. Juni 1826; †21. Juni 95)
Namensvetter und enger Mitarbeiter von Schwarz

Jedenfalls gehörte auch Niemeyer zu dem Apostelkreis um Schwarz, er muss zu den Aposteln der Apostolisch Zending gerechnet werden. Als ein solcher war er dann neben Krebs auch Mitunterzeichner eines Schreibens, mit dem Menkhoff um Anerkennung bei Woodhouse warb. Dieses Schreiben, das die NAK in der 1982 von Hans Urwyler herausgegebenen „Neuen Apostelgeschichte" wiedergibt, ist insofern von besonderem Interesse, als darin die wesentlichen Unterschiede zwischen der KAG sowie der sich an ihr orientierenden AcaM (von Menkhoff „alte Abteilung" genannt) einerseits und der Apostolisch Zending (Menkhoff spricht von der „neuen Abteilung") aufgelistet werden:

„[...] Die ältere Abteilung lehrt, daß nach der im Jahre 1832 erfolgten Wiederaufrichtung des Apostolats in Zukunft keine weitere Berufung zu Aposteln stattfinden werde, weil die damals berufenen Männer da-

zu bestimmt seien, die Gemeinde dem Herrn entgegenzuführen. Diese Lehre bewirkte, daß die später berufenen Apostel keine Anerkennung fanden, sondern für falsch erklärt wurden [`Pseudo-Apostel`]; und das war die Ursache jener bedauernswerten Trennung.

Die neue Abteilung dagegen hält jene erstgerufenen Männer, von denen nur Sie noch am Leben sind, auch für wahre Apostel des Herrn, zugleich aber erkennt sie auch die an, welche später gerufen wurden [...] Der Herr fragte auch die ersten Apostel nicht, ob er Paulus und Barnabas zu Aposteln rufen dürfe, sondern er rief sie, und sie gingen als Apostel in die Welt, erfüllt mit der Kraft des Heiligen Geistes, so wie die erstgerufenen [...] Hätten jene drei (Jacobus, Petrus und Johannes) ihre (Paulus´ und Barnabas´) Aussonderung zu Aposteln nicht angenommen, so würden sie zwar töricht gehandelt haben; Paulus und Barnabas aber wären dennoch Apostel des Herrn geblieben [...]"

Der zweite Unterschied lag in den liturgischen Gewändern:

„[...] Man teilte uns mit, daß die erstgerufenen Apostel in England acht Jahre lang in gewöhnlicher Kleidung in den Gottesdiensten erschienen wären [...]"

Ein weiterer Unterschied lag in der Versiegelungs-Praxis:

„[...] Die ältere behauptet wie noch jetzt, daß unter 20 Jahren keiner versiegelt werden dürfe. Die jüngere lehrt dagegen, daß selbst kleinen Kindern die Versiegelung zuteil werden dürfe. Warum lassen wir unsere Kinder taufen mit Wasser und wehren ihnen die Taufe mit dem Heiligen Geist? [...]"

Zuguter Letzt warben die Unterzeichner für eine Einigung oder doch wenigstens Akzeptanz:

„[...] Predigen Sie, lieber Bruder, versöhnliche Liebe zu uns, die wir bisher umsonst um seines Werkes willen bei Ihnen gesucht haben. Lassen Sie diese Predigt der Liebe in allen Ihren Gemeinden erschallen; denn auch wir lieben Sie und bitten zu Gott, daß er Sie mit reichem Segen überschütten wolle, weil wir Sie für einen von Jesu gesandten Apostel halten, wie wir aber auch uns für solche ansehen,

die, nach dem Willen Gottes vereint, mit Ihnen das Werk des Herrn bis zur Vollendung treiben sollen. [...]

Ihre in der Liebe Jesu verbundenen Brüder und Mitapostel Jesu Christi: Menkhoff, Krebs und Niemeyer."

Was immer die Unterzeichner erwartet haben mögen, es trat nie ein. Woodhouse hat die Apostel der „neuen Abteilung" (die NAK spricht heute von der „neuen Ordnung") nicht einmal einer Antwort gewürdigt.

Niemeyer reiste nach Unterzeichnung des Briefes zurück nach Australien, Krebs und Menkhoff arbeiteten in Deutschland weiter Hand in Hand. Durch Menkhoffs Nähe zu Schwarz konnte auch Krebs seine Ideen „an den Mann" bringen. Ihm ging es um eine weitere Reformation der zwar irgendwie hinter Schwarz, und damit unter dem Dach der Apostolisch Zending, versammelten apostolischen Bewegung, die aber organisatorisch und rechtlich in keiner Weise verfasst war. Im Wesentlichen ging es ihm um folgende Punkte:

1. Die Gemeinden sollten unter einer klar strukturierten Organisation zusammengefasst werden.
2. Die Gemeinden sollten eine klar definierte einheitliche Lehre vertreten.
3. Die Teilung der Ämtercharaktere von Licht und Schwert sollte zugunsten des Schwertes aufgehoben und damit der Einfluss der Propheten beseitigt werden.
4. Das Kollegialitätsprinzip unter den Aposteln sollte beseitigt und eine klare Hierarchie unter einem Oberhaupt der Apostel eingeführt werden.

Da das Prophetenamt Schwarz selbst ein Dorn im Auge war – er hatte ja selbst Apostelordinationen ohne vorherige prophetische Rufungen durchgeführt –, ist nachvollziehbar, dass Krebs seine „Lehre vom Neuen Licht" erfolgreich bei ihm vertreten konnte.

Im Detail beinhaltete diese Lehre folgende Punkte:

- **Das Prophetenamt wird abgelehnt und geht im Apostelamt auf (Licht und Schwert in einem Amt).**
- **Prophetische Rufungen sind unwirksam.**
- **Die Entscheidungskompetenz bei Widersprüchen liegt bei einem Hauptamt im Apostelkreis.**
- **Der Apostelkreis bildet in seiner Einheit die Realpräsenz Christi in der Gegenwart.**
- **Autonome Apostel, wie die in der KAG, werden abgelehnt, da ausschließlich die mit der Einheit verbunden Apostel Christus repräsentieren.**
- **Sich unter die Wirksamkeit der Apostel zu stellen, bedeutet eine feste Heilszusage.**

Friedrich Krebs
(*30. Juli 1832; †20. Jan. 1905)
Er führte die „Lehre vom neuen Licht" in den Apostolizismus ein

Die konsequente Hinwendung zu einer neuen Ordnung führte 1886 zu einer ersten Abspaltung von den deutschen Gemeinden der Apostolisch Zending. Es entstand die Alt-Apostolische Gemeinde die sich klar zu einer messianischen Eschatologie bekannte und die Krebs'sche realpräsentische Eschatologie ab-lehnte. Ein Teil der Alt-Apostolischen Gemeinde trat später der AcaM bei, ansonsten ging sie im 1902 gegründeten Apostelamt Juda auf.

Dem Neuen Licht zum Trotz wurde am 29.05.1887 mit Ernst Obst ein weiterer Apostel durch einen Propheten berufen, die Ordination und Aufnahme in den Apostelkreis erfolgte allerdings erst 1888. Ebenfalls aufgrund von Weissagungen wurde am 3. Juni 1888 der Maschinenbauingenieur Georg Gustav Adolf Ruff zum Apostel ordiniert.

Erst 1891 legte Schwarz fest, dass „nicht die Rufung, sondern die Aussendung durch Apostel jemand zum Apostel macht". Und genau das sollte zur Spaltung der Apostolisch Zending, die ab 1893 unter „Hersteld Apostolische Zendingkerk" firmierte, führen.

Krebs' „große Stunde" schlug, als er 1994 als Bahnmeister (d.i. so eine Art Ober-Streckenwärter) mit dem „nur" 60.231x verliehenen Kronenorden IV. Klasse dekoriert und pensioniert wurde. Von da ab hatte er nämlich richtig Zeit, sich um die apostolischen Belange zu kümmern und seine Ziele voranzutreiben. Die erste Gelegenheit dazu bot sich bereits im gleichen Jahr: Da Menkhoff dienstunfähig erkrankt war (er starb nur wenige Monate später am 21. Juni), beförderte er mit Hermann Niehaus einen Mann seines Vertrauens zum Bischof und ließ ihn Menkhoffs Arbeit machen.

Am 6. Dezember 1895 starb auch Friedrich Wilhelm Schwarz, das Oberhaupt der Hersteld Apostolische Zendingkerk und Integrationsfigur unter den apostolischen Führungsfunktionären. Er hatte testamentarisch verfügt, dass seine Nachfolge erst 12 Wochen nach seinem Tod bestimmt werden dürfe.

3 Monate waren für Krebs aber eine zu kurze Zeit um seine Truppen in Position zu bringen und Schwarz' Nachfolge als Führer der Apostel anzutreten, er verlängerte daher die Trauerzeit auf 12 Monate und setzte sich selbst als Amtsverweser ein. In dieser Zeit förderte er den erst 36-jährigen Ältesten Luitsen Hoekstra und brachte ihn als designierten Nachfolger Schwarz' im Stamme Juda in Stellung.

In der Zwischenzeit bemühte sich Krebs, seine Idee von der Aposteleinheit unter einem Oberhaupt (abgeleitet von der KAG-Einteilung der Apostelbezirke in „Stämme", und vielleicht auch, um nicht den KAG-Begriff Pfeilerapostel zu verwenden, benutzte er den Begriff „Stammapostel") und der Lehre vom neuen Licht in den Gemeinden zu implementieren. Eifriger Helfer bei diesen Bemühungen war Hermann Niehaus, den er am 21. Juli 1896 zum Apostel beförderte und mit der Amtsnachfolge von Menkhaus betraute.

Wie Krebs gehofft hatte, sammelten sich die aktiven Apostel der apostolischen Gemeinden und der Hersteld Apostolische Zendingkerk unter seiner Führung. Zwar nannte man ihn nicht Stammpostel, gab ihm aber einsteilen den Namen „Vater Krebs". Er konnte also davon ausgehen, dass er die, wenn auch rechtlich jeweils selbstständigen, aber letztlich unter Aufsicht von Schwarz' Apostolisch Zending stehenden apostolischen Gemeinden in Deutschland und die Hersteld Apostolisch Zendingkerk zu einer organisatorischen Einheit unter seiner Führung zusammenfassen konnte. – Aber es kam anders:

In einigen Gemeinden machte sich Unmut darüber breit, dass Krebs mit Hoekstra einen ihm ergebenen und untertänigen Apostel als Nachfolger von Schwarz einsetzen wollte. Es gab einen Rumor, der in der Forderung nach einem Rufungsgottesdienst gipfelte. Einige Amtsträger der Zentralgemeinde in Amsterdam wurden zu Wortführern der Empörer und verlangten, dass der „Rufungsgottesdienst" bald entsprechend den vorgeschriebenen Richtlinien gehalten werden würde.

Als Termin für den Gottesdienst wurde der 17. Januar 1897, etwa 6 Wochen nach Ablauf der 12-monatigen Trauerfrist, angesetzt. Die beiden Apostel Krebs und Niehaus, die den Gottesdienst leiteten, erlitten eine Niederlage. Noch bevor sie ihren Favoriten Luitsen B. Hoekstra präsentieren konnten, wurde durch lautstarke Prophezeiungen und Visionen, bei denen sich C. J. Vleck, der „Prophet" der Amsterdamer Gemeinde, besonders hervortat, der Diakon Martinus van Bemmel zum Apostel proklamiert und eingesetzt. - Es ist zwar nicht ausdrücklich überliefert, aber man kann davon ausgehen, dass Krebs sich der meuternden Gemeinde gebeugt und gemeinsam mit Niehaus van Bemmel zum Apostel ordiniert hat.

Es wurde sehr schnell klar, dass es van Bemmel und den Meuterern darum ging, sich aus der Aposteleinheit unter Krebs zu lösen und vor allem darum, die neuen von Krebs propagierten Lehren abzulehnen. Daraufhin informierte Krebs van Bemmel am 28. Februar 1897 schriftlich darüber, dass er vom Amt des Apostels abgesetzt sei, was von van Bemmel (wie zu erwarten) ignoriert wurde. – Vielmehr betrachtete er die Hersteld Apostolisch Zendingkerk als eigenständige Gruppierung außerhalb der Einheit der Apostel.

Um den totalen Abfall der Holländer zu vermeiden, setzte Krebs gleichzeitig mit der Absetzung van Bemmels den Ältesten Jakob Kofmann als Verwalter der Kirche ein. - Kofmann konnte etwa die

Hälfte der Mitglieder hinter sich und damit hinter Krebs' neuer Lehre versammeln, es kam noch im gleichen Jahr zum Schisma:

Van Bemmel führte die Hersteld Apostolisch Zendingkerk (HAZK) weiter und Kofmann gründete die „Hersteld Apostolische Zendinggemeente in de Eenheid der Apostelen" (Erneuerte Apostolische Sendungsgemeinde in der Einheit der Apostel) eine rechtlich und organisatorisch eigenständige Organisation die nicht offiziell Teil der neuen apostolischen Kirche unter Krebs wurde, sondern erst 1964 mit der 1954 verfassten Neuapostolischen Kirche (Nieuw Apostolische Kerk in Nederland) fusionierte.

Interessanterweise hat Krebs Kofmann erst am 12.06.1898 (also erst nach dem Schisma in den Niederlanden) zum Apostel ernannt. – Dies, obwohl er sich bereits seit dem Pfingstgottesdienst 1897 als Oberhaupt der neuen apostolischen Gemeinden verstand, da die anderen Apostel in diesem Gottesdienst seinen Führungsanspruch bestätigten und ihm damit quasi den Titel „Stammapostel" der Neuapostolischen Gemeinden verliehen.

Meines Erachtens ist dieser Pfingstgottesdienst auch als tatsächliche Geburtsstunde der Neuapostolischen Kirche festzumachen, da erst zu diesem Zeitpunkt das Kollegialitätsprinzip aufgehoben wurde und die neue Lehre und Ordnung verbindlich in allen Gemeinden galt.

Die ersten Apostel, die Krebs in seiner Funktion als Oberhaupt der Apostel ordinierte, waren mein Urgroßonkel Luitsen Hoekstra, der in die USA entsendet wurde, und Ernst Traugott Hallmann, der dem Bezirk Ostpreußen vorstehen sollte. Die Ordination der beiden fand am 19. September 1897 statt.

Werfen wir noch einen Blick auf die apostolische Bewegung in den Niederlanden und deren Führungsfigur Friedrich Wilhelm Schwarz:

Schwarz war maßgebliche Figur bei den Schismata von 1863 und 1878 und er trug auch die Schuld am niederländischen Schisma von 1897. Alle drei Schismata waren meines Erachtens der Durchsetzungsschwäche und Inkonsequenz Schwarz' geschuldet.

Er hat sich zwar leicht beeinflussen lassen – durch Geyer, Menkhoff und Krebs – aber ist dann nicht 100%ig zu der von ihm unterstützten Sache gestanden, oder wenigstens immer nur so weit, wie es seinen Zwecken dienlich schien. Die gesamte Geschichte der apostolischen Bewegung in Westeuropa wäre anders verlaufen, wenn Schwarz 1863 nicht zu Geyer gestanden hätte.

Nachdem er aber die (sich nachträglich als falsch herausstellende) Rufung Rosochackys unterstützt hatte, hätte er auch die Rufung Güldners anerkennen müssen, wodurch das Schisma von 1878 vermieden worden wäre. Letzteres ging aber nicht, da er da schon die von Menkhoff initiierten Liturgie und Lehränderungen akzeptiert hatte.

Zuguter Letzt hätte er vor seinem Tod noch verhindern können, dass es zum Schisma von 1897 kommen würde, wenn er sich voll hinter die von Krebs initiierten Lehr- und Organisationsänderungen gestellt hätte. Wäre Schwarz wirklich vollinhaltlich hinter den Ideen Krebs' gestanden, hätte er sich, so wie es Krebs 1897 getan hat, als offizielles Oberhaupt der apostolischen Bewegung bestätigen lassen müssen, was ihm mit der Unterstützung von Krebs und Menkhoff mit Sicherheit gelungen wäre; außerdem hätte er für die Niederlande eigens einen Apostel einsetzen und Krebs offiziell als seinen Nachfolger als Oberhaupt der apostolischen Bewegung benennen müssen.

Dass die apostolische Bewegung in Westeuropa eine Geschichte von zahlreichen Schismata wurde, allein seine Apostolisch Zending ist bis heute in 24 verschiedene Splittergruppen zerfallen, kann man eindeutig auf das fehlende Rückgrat von Friedrich Wilhelm Schwarz zurückführen!

Die NAK unter Krebs und Niehaus

Der Pfingstsonntag, 6. Juni 1897, ist wie weiter oben bereits festgestellt, der Tag, der am ehesten als Geburtstag der Neuapostolischen Kirche, die sich allerdings erst 1905 auch offiziell so nannte, bezeichnet werden kann. An diesem Tag wurde das Kollegialitätsprinzip der „Apostel" der apostolischen Gemeinden in Deutschland zugunsten eines monarchischen Führungsprinzips unter der Herrschaft eines sog. Stammapostels aufgegeben, und mit der Bestätigung von Friedrich Krebs in dieser Funktion galt auch die Lehre vom neuen Licht in allen Gemeinden derjenigen Apostel, die Krebs als „Vater der Einheit" bestätigten.

Die so zu Pfingsten 1897 entstandene Gemeinschaft unterschied sich damit sowohl lehrmäßig als auch organisatorisch von den vorher entstandenen und weiter existierenden apostolischen Gemeinden. Eine Legitimation unter Berufung auf diese vorherigen Gemeinschaften ist meines Erachtens insofern unzulässig.

Krebs, der den besagten Pfingstgottesdienst selbst leitete, stellte diesen unter das Bibelwort aus 2. Mose 20, 3: „Ich bin der Herr, dein Gott, du sollst keine anderen Götter haben neben mir" und übertrug dann dieses Zitat auf das Natürliche: **Nur ein Gott - und nur ein Haupt in der Familie, im Staat, in der Kirche! Und dieses eine Haupt sei der Stammapostel...**

Das mit dem „Haupt in der Familie" mutet allerdings merkwürdig an, wenn man weiß, dass weder Krebs' Frau noch auch nur eines seiner Kinder Mitglied in seiner Kirche wurden. Eine Tatsache, die Krebs in eine Art Märtyrertum umgemünzt hat. In der von Krempf, Iloff et al. beim Verlag Friedrich Bischoff herausgegebenen Biografie „Fritz Krebs" wird er dazu wie folgt zitiert:

„[...] Außer der Presse im Natürlichen, worin ich in meiner Lehrzeit vollendet habe, stehe ich ohne Weib und Kind, ohne Verwandten, wo ich von diesem Lehrstuhle die (in der Welt) fremd gewordenen Sprüche 'Liebe deinen Nächsten und trage in Geduld' gründlich lernen mußte. Unter all dieser gewaltigen Hand Gottes mußte ich mich beugen, ob ich wollte oder nicht. [...]" (Zitatende)

Und weiter heißt es in dieser in schwülstiger NAK-Prosa gehaltenen Biographie:

(Zitat) *„[...] Bei mancher Heiligen Versiegelung mag er mit traurigem Herzen an die Seinen daheim gedacht und sich gefragt haben: Warum stehen nicht auch sie, meine vier Mädchen und zwei Buben mit ihrer Mutter vor dem Altar, um durch den Apostel den Heiligen Geist zu empfangen und Gotteskinder zu werden? [...]"* (Zitatende)

Wie er angesichts dieser persönlichen Tragik des Scheiterns auf den Gedanken verfallen sein mag, bei seinem Inaugurationsgottesdienst ausgerechnet **diese** Predigt zu halten bleibt rätselhaft. – Sein Co-Zelebrant, seine rechte Hand und späterer Amtsnachfolger Hermann Niehaus, hielt sich wohl auch für den Größten, denn er führte in seiner Co-Predigt aus

(Zitat) *„[...] Gott will, daß alle Herzen und Augen auf ihn, den Einen, Wahrhaftigen, gerichtet sein sollen, der keine Nebengötter duldet. So wurde das Volk Israel, zu welchem zuerst diese Worte gesprochen wurden, als eine Einheit, als ein Leib bezeichnet. Das eine sichtbare Haupt dieses Leibes war Mose [...]*

Christus ist das Haupt des Leibes, der Gemeinde, in ihm gipfelt die Einheit seines Leibes. Da aber die Gemeinde als ein Körper sichtbar ist, so ist auch das Haupt sichtbar in dem gesandten Apostelamte, worin die Einheit der Gemeinde offenbar wird, in dem Jesus sich repräsentiert. [...] Wollen alle herrschen, dann ist Unordnung, Verwirrung und Untergang des Familienlebens die Folge davon. So wie im Familienleben, so ist es auch im Kirchlichen. [...]" (Zitatende)

Einem so engen Mitarbeiter, wie es Niehaus war, konnte aber nicht verborgen bleiben, dass Krebs im Privatleben ein Versager war. Aber er strickte schon früh mit an dem „Mythos Krebs", die auch in den genannten NAK-Publikationen zum Vorschein kommt, und in denen „seine alle anderen Apostel weit überragenden Gaben und Fähigkeiten" gerühmt werden:

(Zitat) *„[...] Groß von Wuchs besaß er nicht nur große körperliche Kräfte, er war auch ein Mann, der kein Blatt vor den Mund nahm, wenn es ihm erforderlich erschien. Seine physische Kraft wurde nur* *noch von seiner seelischen übertroffen. Wie sonst hätte er all die Kämpfe und Anfeindungen, selbst im eigenen Familienkreis, die Enttäuschungen und Rückschläge und nicht zuletzt die vielen Anstrengungen, die mit seinem Amt verbunden waren, bestehen und verkraften können? Kühnheit und Tatkraft sind Eigenschaften, die gleichfalls sein Wesen kennzeichnen. [...]*

Die überwältigende Leistung des Stammapostels Krebs ermöglichte es, die Einheit des Werkes zu schaffen. Sie war die Ursache, daß er von allen ohne Vorbehalte als das sichtbare Haupt, als Stammapostel, anerkannt würde. [...]" (Zitatende)

Personenkult in Reinform, wie er übrigens auch heute noch mit den NAK-Stammaposteln getrieben wird. Den Gipfel der Beweihräucherung lieferte Niehaus jedoch in seinem Nachruf auf Krebs:

„[...] Es ist nicht so leicht, in die Nähe des von Gott gesandten Apostels zu kommen; denn er ist nicht mein Kollege, auch nicht mein Gespiele, auch nicht mein Bruder - sondern mein Herr und Meister! Ich schämte mich immer, wenn ich in seinen Briefen an mich lese, wo er sich 'mein Bruder' nennt und sich zu mir elendem Menschen erniedrigt [...] Weinend und flehend stand Vater Krebs vor seinem Gott für uns Menschen, und ein heißer Blutstrom Christi quoll aus seinem Munde [...] Das war kein Mensch mehr, der da sprach, das konnte nur Christus sein, wie Vater Krebs das auch beim Abendmahl vorbrachte: Das ist mein Fleisch, denn ich habe die Welt überwunden, obwohl ich noch lebe. [...]" (Zitatende)

Ganz anders der neutrale Blick von Kurt Hutten auf Krebs:

„[...] **Er war organisatorisch begabt und besaß Führungsqualitäten, aber er war auch herrschsüchtig und gewalttätig.** *[...]"* (Zitatende)

Lesetipp und Quelle:

> ➢ Kurt Hutten: „Seher, Grübler, Enthusiasten", 12. Aufl. ersch. 1982 bei Quell-Verlag, Stuttgart, ISBN: 978-3791821306

Auf jeden Fall ging Krebs zügig daran, seine Kirche auszubauen und weitere Männer seines Vertrauens zu Aposteln zu befördern. Die ersten in der Reihe waren am 22.5.1899 sein langjähriger Weggefährte und Adlatus aus Braunschweig Wilhelm Sebastian, Heinrich Christian Friedrich Wachmann – ebenfalls ein früher Gefährte Krebs' noch aus den Zeiten im Harz, sowie den Javanesen Sadrach Soeropranoto als Apostel für Indonesien. Zur Unterstützung Soeropranotos ordinierte er noch im gleichen Jahr Johan Gerard Robert Jacobs als Apostel für Indonesien.

Mit Sijtze Faber ordinierte er ein Jahr später einen Apostel für Argentinien und mit Friedrich Eduard Mierau am 14.4.1901 einen Apostel für die USA. – Der letzte von Krebs ordinierte Apostel war Ernst Heinrich Bornemann, ein Weggefährte bereits zu Menkhoffs Zeiten und ein guter Freund von Hermann Niehaus. Krebs beförderte Bornemann am 6.4.1902 in den Apostelrang, in dem er als wichtigster Mitarbeiter von Niehaus fungierte.

Krebs holte sich also – und das ohne Prophetenruf – einerseits zuverlässige Weggefährten an seine Seite, stellte aber auch die Weichen für die Internationalität seiner Kirche. Und eine weitere wichtige Maßnahme: Um ein ähnliches Debakel wie nach dem Ableben von Schwarz zu vermeiden, setzte er bereits 1898 seine rechte Hand Hermann Niehaus zu seinem Nachfolger als Stammapostel ein.

Seine letzte Amtshandlung kurz vor seinem Tod, war die Abschaffung des Prophetenamtes im Jahr 1905...

Krebs starb am 20. Januar 1905 in Braunschweig im Alter von 72 Jahren an den Folgen einer Lungenentzündung. Sein Nachfolger wurde der westfälische Kleinbauer Hermann Niehaus, dessen Biographie von Alfred Krempf, Susanne Scheibler et al. ebenfalls im Friedrich Bischoff Verlag erschienen ist. Soweit nicht anders gekennzeichnet stammen die Zitate zu Niehaus' Amtszeit aus dieser Biographie.

Spaßigerweise nahm Niehaus, typischer westfälischer Spökenkieker der er war, prompt wieder die Dienste eines Propheten in Anspruch! Bei diesem handelte es sich um den seit Juli 1889 als Priester tätigen Ernst Schärtlein, der durch seine Weissagungen bald zu Niehaus' engsten Mitarbeitern und Ratgebern gehören sollte! - Obwohl „Vater Krebs" das Prophetenamt doch abgeschafft hatte, ordinierte Stammapostel Niehaus Schärtlein dann 1915 zum Stammpropheten.

Schärtlein starb 1920 als angeblich letzter ordinierter Prophet im Alter von 54 Jahren an einer schweren Krankheit. Es existieren aber Aufzeichnungen, denen zufolge es auch danach noch NAK-Propheten gab, und dass mit Walter Heubach sogar noch in der zweiten Hälfte des vorigen Jahrhunderts ein ordinierter Prophet in der Neuapostolischen Kirche für einige Bezirks- und Stammapostel aktiv war. In diesem Zusammenhang werden die Namen
-Walter Schmidt,
-Ernst Streckeisen,
-Eugen Startz und
-Gottfried Rockenfelder
genannt....

Hermann Christoph Niehaus
(*28. Juli 1848; †23. Aug. 1932)
Auf ihn geht das NAK-Lehrheft „Fragen und Antworten" zurück
und er reformierte das NAK-Entschlafenenwesen...

Niehaus, ein tumber westfälischer Bauer? Ja – er war einfältig, verfügte aber über eine gewisse Bauernschläue und über Organisationstalent. Außerdem war er Okkultist und er hatte ein enormes Sendungsbewusstsein. Die Vorgänge, die später zu seinem Tod führten (wir werden darauf zurückkommen), legen den Gedanken nahe, dass er tatsächlich davon überzeugt war, dass Christus sich in ihm offenbare. Anders als vor ihm Schwarz und Krebs, bzw. nach ihm Bischoff war Niehaus also wohl ein Überzeugungstäter, der wirklich glaubte, „das Werk des Herrn" voranzutreiben. Und das tat er mit äußerster Konsequenz, ein westfälisch-bäuerlicher Sturschädel eben – und das mit Ansage:

„[...] Die Rottengemeinschaften werden an meiner Dickfaust und eisernen Stirne zerschellen! [...]"

waren seine eigenen Worte bei seiner Amtseinführung. Eine Kampfansage an alle diejenigen, die eigene Ideen in das (unter Krebs noch unfertige) Lehrgebäude einbringen wollten.

Seit Gründung der AcaM ist der neue Apostolizismus ja sowieso vom Spaltpilz befallen; in seiner im Jahr 2000 veröffentlichten Arbeit

„Gott hat Wege in der Wüste - Die verstoßenen Kinder der Neuapostolischen Kirche"

hat der Autor Hans Eduard Winter, ein Prophet und Vorstandsmitglied des Allgemeinen-Apostolischen-Gemeinde e.V., nicht weniger als 120(!!) durch Abspaltungen und Trennungen entstandenen Gruppierungen aufgelistet. Die Neuapostolische Kirche ist selbst eine davon, und unter der Führung von Niehaus entstanden so viele Abspaltungen wie nie zuvor.

Andererseits wuchs die Neuapostolische Gemeinde, wie sich die Organisation seit 1905 nannte, unter Niehaus Führung Jahr für Jahr um tausende Mitglieder. Das erforderte klare Organisationsstrukturen, die Niehaus energisch plante und umsetzte, sowie eine klare Vereinheitlichung der Lehre, die Niehaus 1916 mit Herausgabe des Lehrbüchleins „Fragen und Antworten über den neuapostolischen Glauben" erreichte. Diese Broschüre wurde zwar mehrfach überarbeitet, sie blieb aber bis zum Erscheinen des NAK-Katechismus im Jahr 2012 das Standardwerk zur Lehre der Neuapostolischen Kirche.

Eine weitere maßgebliche Arbeit von Niehaus war sein im Mai 1907 herausgegebenes Büchlein „Lichtblicke in das Totenreich", mit dem er das Entschlafenenwesen der NAK in geordnete Bahnen lenkte.

Bereits Schwarz hatte sich aus grundsätzlichen Überlegungen über das Seelenheil eines totgeborenen Kindes intensiv mit der Frage beschäftigt, ob dieses sozusagen als Heide in „die Ewigkeit" gehen würde. Und er kam zu dem Schluss, dass dieses Kind nachträglich versiegelt werden könnte. In Anlehnung an 1. Kor. 15, 29 führte er die Praxis von Taufen und Versiegelungen an Toten ein, die die Sakramente über Lebende Stellvertreter empfangen sollten.

Und damit nicht aus Versehen einige Entschlafene mehrfach versiegelt würden, und damit keine unreinen Geister auftauchen und die Handlung stören könnten, war es übliche Praxis, dass die jeweiligen Toten namentlich gerufen wurden. Das geht auch aus einer noch von Krebs herausgegebenen Handreichung für Amtsträger hervor in der es heißt

„[...] Da den Aposteln die Schlüssel der Hölle und des Todes mit der Macht zum Auf- und Zuschließen gegeben ist, so ist doch wohl klar, daß durch die Taten im Totenreiche alles bewegt wird, wie es hier geschieht, wo sich das Licht zeigt und damit auch unreine Geister sich mit vordrängen, aber von dem Geiste Gottes nicht bestehen können und offenbar werden müssen. [...]"

Die namentliche Nennung führte zu einigen – aus heutiger Sicht – sehr skurrilen Begebenheiten. So wurden bald Melanchthon, Zwingli, Calvin und andere bekannte historische Persönlichkeiten versiegelt, und zu Ostern im Jahr 1874 ereignete sich die folgende Rufung:

„Ich, der Herr [...] gedenke heute an meinen Knecht Martin Luther, damit er zu meiner Braut gehöre. Mein Knecht Verkruisen, gehe zu meinem Knecht, dem Apostel, und lasse dich taufen für meinen Knecht Martin Luther!"

Und obwohl sich das eigentlich in der „Apostolisch Zending" abspielte, ist man in der NAK noch heute davon überzeugt, dass also Martin Luther neuapostolisch sei! Und alles, Dank der Schlüsselgewalt der Apostel, über die Niehaus in den *„Lichtblicken ins Totenreich"* schrieb:

(Zitat) *„[...] Wie einst Jesus alles Licht in sich, als den Sonnenkörper vereinigte, so stellt er nach seinem Fortgange die Einheit der Apostel an seinen Platz als Körper, mit dem Worte: „Ihr seid das Licht der Welt! Wie ich war, so seid ihr", in dieser Welt usw., weil sie das Licht* *von Jesus in sich aufnahmen, auch seine Taten, und darin das Licht waren in der Welt, und für die Welt. [...]*

Aber ins Gottesreich ist nur ein Eingang möglich dadurch, dass das Himmelreich aufgeschlossen wird, so auch kann das Reich der Toten nun nicht anders aufgeschlossen werden, als durch die Macht, den Schlüssel. [...]

Ich achte, daß es gut ist, auch für die Entschlafenen im Dienste zu bitten, aber auch in sonstigen Gebeten, damit auch die noch gerettet werden, die nicht glauben konnten, die Satan gebunden hat mit Stricken der Finsternis. [...]

In der Hand von Christo Jesu, als in seinen Aposteln, ist der Schlüssel zum Himmelreiche, aber auch in derselben Hand der Schlüssel zur Hölle und dem Tode, und wo mit dem Schlüssel die Erkenntnis aufgeschlossen wird, wer will da zuschließen? [...]" (Zitatende)

Wie absurd diese Idee mit dem Auf- und Zuschließen ist, und zu welchen verrückten Auswüchsen diese geführt hat, will ich mit dem Einschub eines Textes meiner Ehefrau Beatrix Tamm verdeutlichen. Der Text stammt von unserer Website CANITIES-News und sie bezieht sich darin auf die NAK-Schrift „Das Entschlafenenwesen", sowie auf eine Ausgabe der „Leitgedanken" aus dem Jahr 1991 zum Thema „Schlüsselgewalt des Stammapostels" (beide liegen hier vor):

Im Entschlafenen-Gottesdienst im März 1959 macht Niehaus' Amtsnachfolger J.G. Bischoff zum ersten Mal öffentlich von dieser Schlüsselgewalt Gebrauch. In der Schrift „Das Entschlafenenwesen" werden die Worte von Stammapostel Bischoff wie folgt zitiert:

(Zitat) *„[...] Im Namen Jesu, des Auferstandenen, schließe ich hierdurch zunächst die jenseitigen Bereiche auf, damit die bereiteten Seelen zum Altar des Herrn gelangen können. Den Engeln sei Auftrag gegeben, die Tore zu besetzen, damit kein Unreiner hindurchgehe. So wollest du, guter Vater, auch denen gnädig sein, die in Hoffnung gefangen gelegt sind, und wir bitten dich, daß du uns als Werkzeuge in deiner Hand vollendest, um den Seelen helfen zu können. [...]"* (Zitatende)

Zur Erklärung dieser neuen Praxis äußert sich Stammapostel Bischoff in einem Rundschreiben vom 20. August 1959:

(Zitat) „[...] Jesus hat deshalb in weiser Voraussicht die Schlüsselgewalt in die Hände des jeweiligen Stammapostels gelegt, um entsprechend handeln zu können. Es hat lange Zeit gedauert, bis es dem Geist des Herrn möglich wurde, die Erkenntnis zu bewirken, daß die Schlüsselgewalt auch angewandt werden soll.

Die Dienste für die Entschlafenen wurden ja früher auch im Segen durchgeführt, aber da mußte der Herr Jesu die Tore auftun; denn er hat ja, wie wir in Offenbarung 1,18 lesen, die Schlüssel der Hölle und des Todes. Also er konnte aufschließen, wann er wollte. Dies war jedoch nicht seiner Anordnung entsprechend; denn die Arbeit an den Seelen der Lebenden und Entschlafenen sollte auf Erden geschehen. Dazu hatte er seine Apostel mit allem, was zur Erlösung an Menschenseelen erforderlich war, ausgerüstet. [...]" (Zitatende)

Die Erklärung „... Es hat lange Zeit gedauert, bis es dem Geist des Herrn möglich wurde, die Erkenntnis zu bewirken, daß die Schlüsselgewalt auch angewandt werden soll. ..." muss nun den Gläubigen reichen. – In dem Stammapostel ist diese Erkenntnis „gewirkt worden" und damit ist die neue Praxis ausreichend begründet. In der Folge wird die Schlüsselgewalt zu Beginn des Entschlafenen-Gottesdienstes eingesetzt und dadurch sind die Ewigkeitsbereiche für 24 Stunden aufgeschlossen.

Noch unter Stammapostel Urwyler wurde die Anwendung der Schlüsselgewalt so ernst genommen, dass er sich zu einer kleinen Änderung genötigt sah: Wegen der Zeitverschiebung in den verschiedenen Ländern verlegte er das Öffnen der Jenseits-Tore auf den vorhergehenden Abend!!

Eine Differenzierung des Begriffs der Schlüsselgewalt erfolgte durch Ausführungen in einer Ausgabe der Leitgedanken mit dem Titel „Die Schlüsselgewalt des Stammapostels" von 1991. Dort heißt es:

(Zitat) „[...] Da auch den Toten das Evangelium verkündigt wird [1. Petrus 4, 5 (- klick)], gemäß Matthäus 16, 18 (- klick) Jesus im Himmel anerkennt, was auf Erden gelöst und gebunden wird, umfaßt die Schlüsselgewalt des ersten Knechtes Jesu auf Erden auch die Macht, den Gnade suchenden Seelen in der jenseitigen Welt die Tür zum Reich Christi zu öffnen. Die Einrichtung der Gottes-dienste für die Entschlafenen zeugt davon.

Jesus hat die Schlüssel zum Tod und zur Hölle (Offenbarung 1, 18) Ihm ist alle Gewalt im Himmel und auf Erden gegeben (Matthäus 28, 18). Darum öffnet er in der jenseitigen Welt jenen Seelen, die auf Erlösung warten, *die Bereiche (= Gefängnisse) und führt sie zu der Stätte der Hilfe, die auf Erden im Stammapostel und den Aposteln aufgerichtet ist.*

Durch den Stammapostel wird ihnen kraft seines Amtes die Tür zum Reich Gottes geöffnet. Je nach ihrem Seelenzustand empfangen sie aus dem Apostelamt, das die Löse- und Bindegewalt zur Anwendung bringt, die Sakramente.

- *Das Öffnen der Gefängnisse ist Sache Jesu –*
- *das Öffnen des Reiches Gottes obliegt dem Stammapostel. […]"* (Zitatende)

Zum besseren Verständnis(?!) wird in diesen Leitgedanken auch extra ein Gebet des Stammapostels wörtlich wiedergegeben:

(Zitat) *„[…] Als Beispiel diene das Gebet des Stammapostels am Samstag, 30. 6. 1990, in Marseille/ Frankreich, in dem die Zugänge zum Altar geöffnet wurden:*

'Himmlischer und guter Vater, wir kommen abermals zu Dir in einem besonderen und heiligen Augenblick, wo ich als Knecht und Diener Gottes von den Schlüsseln Gebrauch machen will, die mir übertragen worden sind kraft des Amtes und Auftrages. So öffne ich nun im Namen Gottes des Vaters, des Sohnes und des Heiligen Geistes mit dem Schlüssel des Himmelreichs die Zugänge zum Hause und Werke Gottes. Ich öffne die Zugänge zum lebendigen Altar und damit zu der Quelle des Wortes und zu dem Ort, wo die Sakramente gespendet werden.

An allen Orten, wo morgen Entschlafenendienste sind, eine betende Gemeinde arbeitet und priesterliche Ämter wirken, da sei der Zugang geöffnet. Kein Teufel und kein Geist kann eine verlangende Seele abhalten, weil der Zu-gang geöffnet ist. Wir bitten Dich, Vater der Liebe, gib Deinen Engeldienst, daß diese Zugänge offenbleiben, bis alle Erlösungsarbeit getan ist. Mit dem Schlüssel des Himmelreichs öffne ich den Zugang zum Apostolat Jesu Christi. Über 200 Apostel Jesu Christi wirken auf Erden in so verschiedenen und vielen Ländern. Sie haben die Macht, zu lösen und zu binden, auf Erden und im Himmel. Mit dem Schlüssel des Himmelreichs sind die Zugänge zum Apostolat geöffnet.

Ja, wir freuen uns auch, alle unsere Lieben aus der Welt des Geistes willkommen zu heißen, die im Bereich der Erlösten sind, der Versiegelten und Wiedergeborenen. Mit dem Schlüssel des Himmelreichs ist auch ihnen der Zugang geöffnet ins Heiligtum, und sie seien uns willkommen.

Nun bitte ich Dich, Herr Jesus, unser Meister und Seelenbräutigam, öffne mit Deinen Schlüsseln, mit den Schlüsseln des Todes und der Hölle, alle Gefängnisse in jener Welt, all die vielen Bereiche. Einige können wir uns im Geiste vorstellen. Wie muß es aussehen im Bereich der Lügner, wo jeder den andern anlügt. Wie muß es sein im Bereich der Heuchler, wo gar nichts Ehrliches ist. Aber es gibt Hunderte, ja vielleicht Tausende solcher Bereiche. Du kennst sie, denn Dein Weg ging nach Deinem Opfer zuerst in die untersten Örter.

Und darum bitten wir Dich, öffne diese Bereiche, Türen und Tore, daß alle hinzutreten können zum Gnadenstuhl. Lege Dein Wohlgefallen auf die betende Gemeinde und auf die Arbeit der Apostel Jesu, und lege Deinen Segen auf alles, was wir tun.

Lieber Vater, wir bitten Dich nun, erhöre uns um Deines lieben Sohnes Willen. Amen.' […]" (Zitatende)

Joooo… also… dieses Schlüsselwirrwarr krieg ich jetzt nicht sinnvoll auseinanderklamüsert. Ich wage mal zu behaupten, dass es der Mehrheit der Amtsträger der NAK ähnlich ging und sie diese Leitgedanken nicht zum Inhalt von Predigten und intensiven Belehrungen gemacht haben, an die ich mich erinnern würde, denn ich habe zu der Zeit treu „jede Stunde im Hause Gottes ausgekauft" und war auch an der Thematik durchaus interessiert.

An die nächste Lehränderung erinnere ich mich jedoch genau: Wie bereits oben erwähnt, gab es zu meiner großen Verblüffung seit März 2001 plötzlich keine Schlüsselgewalt im bisherigen Sinne mehr – selbst der Begriff wurde praktisch abgeschafft, kurzerhand durch „Schlüsselvollmacht" ersetzt und der Bezug zum Entschlafenen-wesen wurde völlig aufgehoben!!!

Soweit der Einschub und wir springen zurück in die Amtszeit von Hermann Niehaus:

Sein Verdienst aus NAK-Sicht war die Einrichtung einer klar gegliederten Organisationsstruktur und die Vereinheitlichung der Lehre durch sein FAQ-Lehrbüchlein „Fragen und Antworten zum Neuapostolischen Glauben". Auch die Eucharistiepraxis der NAK wurde durch ihn geändert:

In seine Amtszeit fiel der Erste Weltkrieg, und dem vorherigen Wachstum der NAK entsprechend, wurden auch viele NAK-Mitglieder und –Amtsträger zum Militärdienst eingezogen. Da hatte es sich bald eingebürgert, dass die Amtsträger mit ihren Glaubensbrüdern kleine Andachten hielten und die Eucharistie feierten.

Es war aber damals so, dass der Wein entsprechend dem Kelchwort bei der Aussonderung („… trinket daraus…") im Kelch gereicht und getrunken wurde. Aber Wein ließ sich nur schwer an die Front verschicken, und deswegen verfiel Niehaus auf den Gedanken, die Hostien mit je drei Tropfen Wein zu beträufeln und so an die Soldaten im Felde zu schicken.

Und da Wein ohnehin knapp und entsprechend teuer war, führte er diese Praxis in seiner gesamten Organisation ein. Seitdem feiert die NAK die Eucharistie statt in den beiden Gestalten Brot und Wein für Leib und Blut Christi lediglich in einer Gestalt, nämlich der des Brotes - die zweite Gestalt wird in Form von drei fabrikmäßig auf die Hostien aufgebrachten roten Tropfen (Wein?) lediglich angedeutet.

Was auch in Niehaus' Amtszeit fiel: Die schriftliche Fixierung des NAK-Glaubensbekenntnisses:

„Glaubensartikel" heißt man dieses Bekenntnis im Neuapostolizismus und bringt damit den Gesetzescharakter dieses weit über das allgemeine christliche Glaubensbekenntnis hinausgehende Credo der Neuapostoliken zum Ausdruck. – Zehn Glaubensartikel sind es, wobei die ersten drei mit dem allgemein bekannten Apostolicum übereinstimmen. Die Glaubensartikel Vier und Fünf zementieren die Heilsex-klusivität des NAK-Apostolats, sie bringen klar zum Ausdruck, dass die Kirche Christi ausschließlich unter der Führung von Aposteln zum Ziel führt, und dass ohne Apostel weder Sakramente gespendet noch geistliche Ämter ordiniert werden können, weil Jesus selbst im Apostelamt regiert. In den Glaubensartikeln Sechs bis Neun werden die drei Sakramente des Neuapostolizismus, deren Abhängigkeit vom NAK-Apostolat und deren absolute Heilsnotwendigkeit zum Ausdruck gebracht.

Diese neun Glaubensartikel gelten mit vernachlässigbaren textlichen Anpassungen ununterbrochen bis heute. Anders der zehnte Glaubensartikel, der aktuell folgendermaßen lautet:

(Zitat) *"Ich glaube, dass ich der weltlichen Obrigkeit zum Gehorsam verpflichtet bin, soweit nicht göttliche Gesetze dem entgegenstehen."* (Zitatende)

In der ursprünglichen Version, also so, wie sie 1908 in den „Allgemeinen Hausregeln ..." veröffentlicht wurden und noch bis 1992 Geltung hatten, lautete dieser „Obrigkeits-Paragraph" aber:

(Zitat) ***"Ich glaube, dass die Obrigkeit Gottes Dienerin ist, uns zu Gute, und wer der Obrigkeit widerstrebt, der widerstrebt Gottes Ordnung, weil sie von Gott verordnet ist."*** (Zitatende)

Und noch eine Besonderheit gibt es bei diesem Glaubensartikel:

Für die konservativen kaisertreuen Funktionäre in der NAK-Führung war es völlig normal, von den Mitgliedern ihrer Organisation Kadavergehorsam zu verlangen – solange der Kaiser regierte. Nach dessen Abdankung und Ausrufung der (Weimarer) Republik wurde diese Gehorsamsverpflichtung aber aus dem Glaubensbekenntnis gestrichen! Das hätte natürlich alle möglichen Gründe haben können und es müsste nicht zwingend auf die Demokratiefeindlichkeit der Neuapostoliken zurückgeführt werden, wenn nicht...

Mit Auftreten des Nationalsozialismus, gerade rechtzeitig vor der Machtergreifung Hitlers, wurde der Obrigkeitsparagraph nämlich wieder in das Glaubensbekenntnis aufgenommen. Nach dem Ende der Hitlerdiktatur und der Geburt der Bundesrepublik Deutschland und der Deutschen Demokratischen Republik konnte man (schon wegen des der NAK nahestehenden diktatorischen Regimes im Osten) diesen Glaubensartikel nicht noch einmal entfernen... man ließ ihn stehen.

Darüber hinaus lehrte die NAK mindestens noch bis weit in die 60er, meines Wissens sogar noch in den 70ern, des vorigen Jahr-hunderts eine gewisse Demokratiefeindlichkeit. Unter Bezug auf die Bibel natürlich – um genau zu sein: auf das siebte Sentschreiben laut Offenbarung 3,14-22. Das war an die Gemeinde Laodicea gerichtet, und Laodicea wurde mit erhobenem Zeigefinger als „des Volke Wille" übersetzt. Man sah im herrschenden Zeitgeist die in diesem siebten Sentschreiben beschriebenen negativen Zeichen der Endzeit erfüllt und betete umso intensiver um die Wiederkunft Jesu! Wir werden darauf zurückkommen.

Wir waren bei Niehaus... - Zu den Dingen, die er in der NAK verfestigt hat, gehörten aber eben auch Okkultismus und Spökenkiekerei – darunter die Ordinierung von Toten zu Amtsträgern für Tote – und das sollte in Verbindung mit zwei falschen Personalentscheidungen die weitere Entwicklung der NAK maßgeblich beeinflussen:

Carl August Brückner
(*7. März 1872; †8. Apr. 1949)

Ursprünglich designierter Nachfolger Niehaus', dann Gründer des Reformiert-Apostolischen Gemeindebundes

Am 22.10.1905 ordinierte Niehaus neben zwei weiteren Männern den erst 33-jährigen Kaufmanns- und Rechtsanwaltsgehilfen Carl August Brückner zum Apostel, und 10 Monate später, am 18.6.1906, den zu diesem Zeitpunkt erst 35-jährigen Schuhmacher und Zigarrenhändler (er betrieb einen kleinen Tabakwarenladen) Johann Gottfried Bischoff.

Die beiden jungen Männer besaßen das besondere Vertrauen und die Wertschätzung Niehaus'. Das galt insbesondere für Brückner, den er bald zu seinem Stellvertreter erhob und zu seinem Nachfolger bestimmte. Außerdem betraute Niehaus Brückner nach dem Tod Bornemanns mit der Betreuung der „hauseigenen" Druckerei und der Herausgabe der Kirchenmedien, darunter die

Rundschreiben mit Predigtanleitungen an die Amtsträger (das sog. Amtsblatt) und die Neuapostolische Rundschau.

Aber auch die beiden jungen Apostel verstanden sich sehr gut und pflegten ein vertraulich-freundschaftliches Verhältnis, in dem aber auch eine übertriebene gegenseitige Hochachtung zum Ausdruck kam. Ein Beispiel dafür ist in dem Respekt zu sehen, den Brückner für den militärischen Rang Bischoffs hatte...

Dazu muss man wissen, dass Bischoff es während seines freiwilligen Militärdienstes zum etatmäßigen Sergeanten gebracht hatte. Das war ein Rang für Funktionssoldaten, z.B. im Sanitätsdienst oder der Kleiderkammer – vergleichbar dem eines Unteroffiziers ohne Portepee – zwischen Corporal und Vizefeldwebel, aber ohne weitere Beförderungsmöglichkeiten. Etatmäßige Sergeanten hatten meist einen Druckposten in der Etappe inne.

Als nun Bischoff während des ersten Weltkriegs am 1. Oktober 1916 zur Truppe einberufen wurde, äußerte sich Brückner derart übertrieben lobhudelnd, dass man meinen könnte, Bischoff hätte als oberster Feldherr die Führung der Truppe übernommen:

(Zitat) *„[...] o wehe den Feinden Deutschlands, nun aber war die Bundeslade des Herrn ins deutsche Heerlager gekommen, nun aber war das Schicksal der Feinde besiegelt. [...]"* (Zitatende)

Das war natürlich völliger Quatsch! Bischoff rückte in seinen Schreibstubenjob, in dem er mit dem Krieg gar nichts zu tun hatte, ein. Und er wurde bereits am 12. Mai 1917, also keine acht Monate später wegen Erreichen der Altersgrenze wieder entlassen.

Die beiden Freunde pflegten aber auch einen kritischen Austausch über die „Lehre des Neuen Lichts" und über die ihrer Meinung nach zu hohe Wertschätzung des Apostelamtes. Beispielsweise schrieb Bischoff in einem Brief an Brückner:

(Zitat) *„[...] Es ist ein Wahn zu glauben, Jesus wohne nur im Fleisch des Apostels ... Wie hart war man gegenüber Andersgläubigen! Wie hat man die oft verdammt?! Aber – man hat nicht bedacht, daß in des Vaters Hause viele Wohnungen sind und daß der liebe*

Gott viele Lehrkörper auf Erden hat ... Es kommt leider nur zu oft vor, daß den Gesandten mehr Ehre gezollt wird als dem Sender, und dahin müssen wir kommen, daß der Herr als Grund und Eckstein an den richtigen Platz kommt in seinem Werk. [...]" (Zitatende)

- vgl. Kurt Hutten: „Seher – Grüber – Enthusiasten", 12. Aufl. ersch. 1982 bei Quell-Verlag, Frankfurt/Main, ISBN: 978-3791821306

Außerdem waren sich die beiden mit weiteren Aposteln darüber einig, dass die Spökenkiekerei ihres Oberhauptes – Niehaus ließ sich immer häufiger durch Propheten beeinflussen und von Träumen und Visionen leiten – von Übel sei. Gleichwohl unterstützten sie aber den immer weiter ausufernden Personenkult um den Stammapostel. Dabei tat sich Bischoff besonders hervor, der sich immer mehr von Brückner ab und Niehaus zuwandte; letztlich verriet er seinen Freund und die kritischen Gedanken, was zu seinem letzten Karrieresprung führte.

Niehaus distanzierte sich von Brückner und machte Bischoff zu seinem Stellvertreter, am 10. Oktober 1920 ordinierte er ihn zum Stammapostelhelfer – einem völlig neu geschaffenen Amt.

Brückner opponierte aber weiterhin gegen Niehaus – und jetzt auch gegen Bischoffs Beförderung zum Stammapostelhelfer. Unter dem Einfluss Bischoffs wurde Brückner am 17. April 1921 von Niehaus aus der Kirche ausgeschlossen. – Klar: Das führte zu einer weiteren Spaltung, denn Brückner gründete am 5. Mai 1921 mit einem weiteren Apostel, 88 Amtsträgern und ca. 6.000 Mitgliedern den Reformiert-Apostolischen Gemeindebund.

Für Bischoff war das übrigens die Grundsteinlegung zum Reichtum seiner Familie, denn mit dem Rauswurf Brückners geriet der Hausverlag der Neuapostolischen Kirche in seine Hand. 1928 verlegte er ihn nach Frankfurt/Main. Der Druck erfolgte dort zu-nächst durch die Druckerei Paul Giese in Offenbach, dort hatte Bischoffs Sohn Friedrich wohl eine Buchdruckerlehre machen sollen, aber er verließ den Betrieb ohne Berufsabschluss. - Seine Situation änderte sich jedoch mit dem Jahreswechsel 1928/29:

Mit Stichtag 1.1.29 wurde auf Betreiben Bischoffs die „Hausdruckerei der vereinigen neuapostolischen Gemeinden Süd- und Mitteldeutschlands e.V." gegründet. Über die Zusammensetzung des Vorstands dieses Vereins habe ich keine weiteren Informationen, aber Niehaus stellte den Verein unter die Leitung von Bischoff, dessen damals 19-jährigen Sohn Friedrich setzte er zum Geschäftsführer ein.

Einen Blick auf den Dank des immer fließenden Zehnten steigenden Reichtum der NAK ermöglicht die Tatsache, dass noch im gleichen Jahr „ein großer Neubau mit Druckerei-, Verlags- und Wohnräumen in der Sophienstraße 75 in Frankfurt/M." errichtet werden konnte. Für den Reichtum der Organisation und die Spendenfreudigkeit der Mitglieder spricht auch die Tatsache, dass Bischoff im Prinzip für seinen persönlichen Bedarf ein auf den Verein zugelassener Luxuswagen (der als das teuerste Fahrzeug auf Frankfurts Straßen galt) zur Verfügung stand.

Und nun kommen wir an den Punkt, an dem wir uns fragen müssen, wie die aus ärmlichen Verhältnissen kommende Familie Bischoff in den Besitz erheblicher privater Geldbeträge gekommen sein kann!

Dabei hat die Tatsache, dass J.G. Bischoff zu dem Zeitpunkt bereits Oberhaupt der Neuapostolischen Kirche war, einen „unangenehmen Beigeschmack"! Ich zitiere aus den Veröffentlichungen auf ***http://nakinews.blogspot.de/2014/01/de-familie-jg-bischoff-een-firma-van.html***:

(Zitat) *„[...] 1932 wurde die Hausdruckerei [...] in ein Unternehmen der Familie Bischoff umgewandelt. Wie genau, ist bisher nicht bekannt. Ein Rechtsanwalt Friedrich Bischoffs schreibt dazu 1933, die Druckerei sei aufgelöst „und die gesamte Einrichtung von Herrn Bischoff angekauft" worden. [...]*

Der Rechtsanwalt Bischoffs begründet die Umwandlung wie folgt: „Da jedoch der Neuapostolischen Gemeinde häufig der Vorwurf gemacht wurde, einen Regiebetrieb zu unterhalten, wurde die Haus-

druckerei aufgelöst. Die gesamte Einrichtung wurde von Herrn Friedrich Bischoff angekauft und ein Mietverhältnis mit dem Verein bezüglich der Räumlichkeiten abgeschlossen.

Herr Friedrich Bischoff übernahm auch den Verlag der Zeitschriften seines Vaters ..." Auch Friedrich Bischoff selbst gibt dies als Grund für die Umwandlung an.

Im Impressum der Zeitschrift „Wächterstimme aus Zion" wird ab der Ausgabe vom 1. Juli 1932 unter „Druck und Versand" nicht mehr die „Vereinigte Neuapostolische Gemeinden Süd- und Mitteldeutschlands e.V., Abt. Hausdruckerei" aufgeführt, sondern: „Friedrich Bischoff, Buchdruckerei".

Der Umwandlung liegt auch ein Beschluss des Apostelkollegiums vom 29. April 1932 zugrunde. In diesem wird Johann Gottfried Bischoff der Auftrag erteilt, „die Herstellung und den Versand der Schriften für die Neuapostolischen Gemeinden dem Herrn Friedrich Bischoff, Frankfurt a.M., Sophienstrasse No. 75 bis auf Weiteres zu übertragen und die dazu erforderlichen Verträge abzuschliessen." Mit Datum vom 20. Juni 1932 kommt es zu einem solchen Lieferungsvertrag zwischen Vater und Sohn Bischoff über die „Herstellung" und den „Versand aller von mir, sowie dem Apostelkollegium der Neuapostolischen Gemeinden Deutschlands e.V. oder deren Rechtsnachfolger herausgegebenen Druckschriften, worunter sämtliche Zeitschriften, Formulare, Gesang und Notenbücher sowie religiöse Literatur zu verstehen sind." Der Lieferungsvertrag beginnt mit dem 1.7.1932 und soll am 31.12.1940 enden, wenn er 1939 gekündigt wird, ansonsten läuft er jeweils fünf Jahre weiter. [...]

Folgt man einem Zeitungsbericht von 1933, dann blieb bei der Umwandlung Widerspruch aus den Reihen der Mitglieder nicht aus, als sie davon erfuhren:

„Ohne die Eigentümerin der Abteilung ‚Hausdruckerei', die Neuapostolische Gemeinde e.V. zu befragen, ging die ‚Hausdruckerei' als sogenannte ‚Lohndruckerei' am 1. Juli auf Beschluss des Apostelkollegiums in den Besitz des etwa 23jährigen Fritz Bischoff über. Erst als Mitglieder davon erfuhren und es aus dem Kampfblatt des radikalen Mittelstandes ‚Der Parole' ersichtlich wurde, fühlte sich der

Stammapostel Bischoff in einer Aemterversammlung am Montag, den 29. August 1932 veranlasst, einige ‚Aufklärungen' zu geben. Damit konnte er aber das Missfallen vieler Mitglieder, die die Buchdruckerei als ihr Eigentum ansahen, nicht beseitigen."

Derselbe Artikel behauptet, im Zuge dieser Auseinandersetzung habe Friedrich Bischoff am 7. September 1932 in der Gemeinde Eschersheim ausgerufen: **„Unser Schwert ist geschärft, und da kann es mal was um die Ohren geben, wenn jemand den Stammapostel angreift!"** *Infolge dieses Verhaltens, so der Artikel weiter, habe sich Friedrich Bischoff „so missliebig gemacht, dass er von seinem bisherigen Wirkungskreis abgelöst werden musste und für seine seelsorgerische Tätigkeit ein etwas weiter entfernt liegendes Arbeitsfeld zugewiesen bekam. [...]"* (Zitatende)

Dieser Einschub soll nur kurz zeigen, welche enormen Vorteile Bischoff der Verrat an seinem vorherigen Freund Brückner gebracht hat. Wir werden später noch einmal darauf zurückkommen, wenn es um weitere finanzielle Mauscheleien von Vater + Sohn Bischoff geht.

Niehaus ließ sich nach der Abspaltung von Brückners Gemeinschaft von allen verbliebenen Aposteln ausdrücklich das Vertrauen aussprechen und gründete mit ihnen gemeinsam den Verein „Apostelkollegium der Neuapostolischen Gemeinden Deutschlands". Das war sozusagen ein abgeschotteter Verein innerhalb der Glaubensgemeinschaft der neuapostolischen Christen und der Vorläufer des heutigen Apostelvereins in Zürich, der den irreführenden Namen „Neuapostolische Kirche International e.V." trägt.

Eine Ereignis, das bis in 1970er Jahre noch kolportiert wurde, sollte ich zum Abschluss dieses Kapitels noch erwähnen: Mitte der 20er Jahre besuchte Niehaus der Legende nach die Gemeinde Lüdenscheid und rief dort einen Unterdiakon zur Co-Predigt auf. Dieser Unterdiakon war nicht sehr groß von Gestalt, und Niehaus sagte über ihn: „Das ist noch eine kleine Mühle, aber sie hat einen großen Mehlvorrat!" – Dieser Unterdiakon war Walter Schmidt, der spätere Stammapostel der NAK, über den aber bereits im nächsten Abschnitt (über die Zeit des dritten Reichs) im Zusammenhang mit Kriegsverbrechen ausführlich die Rede sein wird.

Am 25. Januar 1930, dem Vorabend der Feiern zu seinem 25-jährigen Stammaposteljubiläum, stellte Niehaus bei einem Spiel in privatem Kreis pantomimisch die Präsenz Jesu Christi im Stammapostel (also sich selbst) dar, und stürzte dabei unglücklich. Da die Folgen dieses Unfalls ihn gesundheitlich massiv beeinträchtigten, musste er sich von der Amtsausübung zurückziehen. Das von ihm geschaffene Apostelkollegium beschloss daraufhin am 25. August 1930, ihn in den Ruhestand zu versetzen. Am 21. September 1930 trat Bischoff in einem Festgottesdienst in Berlin-Südost das Stammapostelamt an. „Vater Niehaus", wie er kirchenintern genannt wurde, verstarb zwei Jahre später am 23. August 1932 im Alter von 84 Jahren.

Die NAK und das Dritte Reich

Am 21. September 1930 übernahm Johann Gottfried Bischoff im Alter von 59 Jahren die Macht als Oberhaupt der Neuapostolischen Kirche. Ein Kleinbürger wie seine Amtsvorgänger Krebs und Niehaus und politisch ebenso stramm rechts und monarchistisch wie diese beiden, war er der richtige Mann am richtigen Platz, um seine Kirche unbeschadet durch den heraufziehenden Nationalsozialismus zu führen.

Allerdings muss man dazu anmerken, dass der NAK keine Gefahr durch den Nationalsozialismus drohte, sondern eher durch andere religiöse Organisationen, die sich insofern den Nationalsozialismus zu Diensten machen wollten, wie es auch die NAK tat. - Die evangelische Kirche z.B.:

1933 kommentierte das in einer Auflage von 20.000 Exemplaren erscheinende Blatt des Evangelischen Pressedienstes das Verbot der Zeugen Jehovas durch die Nationalsozialisten:

(Zitat) *„[...] Die Kirche wird dankbar anerkennen, dass durch dieses Verbot eine Entartungserscheinung des Glaubens beseitigt worden ist [...]. Damit ist jedoch noch keine vollständige Bereinigung der Sekten erreicht. Erwähnt seien nur die Neuapostolischen. [...]"* (Zitatende)

Lesetipp und Quelle:

> ➤ Detlef Garbe: „Zwischen Widerstand und Martyrium – Die Zeugen Jehovas im Dritten Reich", 4. Aufl. ersch. 1998 bei De Gruyter Oldenbourg, München, ISBN: 978-3486564044

Ob die NAK aber jemals in tatsächlicher Gefahr stand, verboten zu werden, kann man guten Gewissens anzweifeln, denn Bischoff diente sich bereits sehr früh dem Regime an, und nutzte auch sei-ne Macht als Verleger, um die Mitglieder seiner Kirche auf Linie zu halten. – Dass sich die NAK eng an die Machthaber des Dritten Reiches geschlossen hat, ist eine altbekannte und gut dokumen-tierte Tatsache. Insbesondere auf den Internet-Seiten

- http://waechterstimme.orgfree.com/in-nazi.html
- http://nak-quo-vadis.blogspot.de/
- http://www.apostolischekritiek.nl/hitler_was_apostolisch.htm

Schwester Berta Jung, 74 Jahre alt, umgeben von 11 Kindern und Enkelkindern, die das Ehrenkleid Adolf Hitlers tragen. Sie kann seit 7 Jahren nicht mehr die Gottesdienste besuchen.

Zeitschrift „Unsere Familie" Nr. 25, 5. Dezember 1934, Seite 1119

wird eine Vielzahl von Dokumenten und Artikeln der Zeitschrift der Neuapostolischen Kirche „Unsere Familie" (die existiert unter gleichem Namen übrigens heute noch!) veröffentlicht, die verdeutlichen, wie intensiv der Hitlerkult und die Bindung an die NSDAP in der Neuapostolischen Kirche war.

Aber auch das von der NAK mitfinanzierte „Netzwerk Apostolische Geschichte (NAG)" räumt ein, dass die NAK sich dem System freiwillig angepasst hat:

Auf seiner Internetpräsenz zitiert das NAG aus einem Rundschreiben Bischoffs vom 25. April 1933 an die Amtsträger, demzufolge die Personalien von Personen, die Mitglied der NAK werden wollten, erst

Glückwunsch an den „Führer" in „Unsere Familie" Nr. 8, April 1938

der zuständigen Ortsgruppe der NSDAP zur Nachprüfung vorzulegen seien, und deren Aufnahme erst nach dem Vorliegen einer Unbedenklichkeitserklärung der NSDAP zu vollziehen sei. – Weiter gibt das NAG auf seiner Internetseite zu, dass sich bereits in den Anfangsjahren der Nazi-Zeit bis Mitte der 1930er Jahre etliche Anhänger des Regimes in der NAK gefunden haben. Bis in die Reihen der höheren Amtsträger hinein fanden sich dem NAG zufolge Mitglieder der NSDAP, darunter waren mindestens 13 (z.T. spätere) Apostel:

Friedrich Bischoff, Gurtner, Hahn, Herrmann, Knobloch, Köhler, Kuhlen, Oberländer, Rockenfelder, Rockstroh, Wilhelm Schmidt, Tiedt und Volz.

J.G. Bischoff selbst ging so weit, dass er am 21. März 1933, in einem Festgottesdienst anlässlich der Machtübernahme Hitlers eine Predigt über Sirach 10,5 hielt, in der er zum Ausdruck brachte, dass jetzt der von Gott gesandte Führer gekommen sei. Den Text der Ansprache ließ er samt vielen weiteren Unterlagen in die Reichskanzlei schicken.

Im *Bundesarchiv Vol. III vom Juni 1924-1941, Generalia 23418, Sekten, 25 III, Bl. 114-127: hier Blatt 126.* wird ein Schreiben Bischoffs wiedergegeben, in welchem er Hitler die Piloten-Dienste seines Sohnes Friedrich Bischoff samt Benutzung eines Flugzeugs anbietet. In diesem Schreiben an das Preußische Kultusministerium, Abteilung für Kirchenwesen, Berlin 2. aus dem August 1933 heißt es:

(Zitat) *„[...] Der sogenannte Wagenpark meines Sohnes besteht den Geschäftsverhältnissen entsprechend aus einem Lieferwagen und einem Personenwagen. Das erwähnte Flugzeug gehört nicht zum Besitz meines Sohnes, sondern ist Eigentum des deutschen Buchverlages G.m.b.H., an dem mein Sohn beteiligt ist. Außer rein geschäftlichen Zwecken findet das Flugzeug im hiesigen SA-Fliegersturm I, dessen Mitglied mein Sohn als SA-Mann ist, Verwendung. [...]"* (Zitatende)

Als rein freiwillige Anpassung an das Regime kann auch die Arisierung der kircheneigenen Zeitschrift „Wächterstimme aus Zion" betrachtet werden, bei der man die Worte „aus Zion" aus dem Titel strich. Die NAK argumentiert heute noch so, als sei das notwendig gewesen, um einem drohenden Verbot zu entgehen. Aber das stimmt so nicht, da Dokumente existieren, die belegen, dass der NAK kaum eine Gefahr durch das NS-Regime drohte!

In *„Unsere Familie", 6. Jahrgang, Nummer 10, vom 20. Mai 1939*, heißt es auf den **Seiten 368-369** unter dem Titel „Stettin - Hier weihte Apostel Landgraf ein neues Gotteshaus":

(Zitat) *„[...] Mit dieser Einweihung ist die Zahl der in letzter Zeit neuentstandenen Kirchen unserer Gemeinde in Deutschland wiederum erhöht worden, und wenn wir ein wenig zurückblicken, brachten uns gerade die letzten Jahre eine ganze Anzahl neuer und schöner Kirchen. Überall dort, wo es notwendig geworden war, wurde gebaut oder ein geeignetes Gebäude übernommen und entsprechend seinem gottesdienstlichen Zweck umgestaltet und eingeweiht. Und immer wieder ist der Gemeinde bei der Errichtung ihrer Kirchenbauten seitens der Behörden Entgegenkommen und freundliche Hilfsbereitschaft bewiesen worden. Es ist dies im Dritten Reich eine Selbstverständlichkeit, für die wir aber nichtsdestoweniger dankbar sind. Und diese Tatsachen, über die wir in Wort und Bild seit Jahr und*

„Unsere Familie" Nr. 4 vom 21. Januar 1934, S. 165:

Foto von einer S.A.-Hochzeit in Darmstadt

Hinter dem Brautpaar Bezirksapostel Arthur Landgraf.

Tag berichten, sind wohl die wirksamste Zurückweisung der im Auslande verbreiteten jüdischen Hetzpropaganda, die märchenhafte Dinge von Kirchenzerstörungen oder Christenverfolgungen in Deutschland zu berichten weiß, Behauptungen, die uns neuapostolischen Christen nur ein Lächeln abnötigen." (Zitatende)

Man könnte natürlich denken, dass diese enge Bindung an die politische Führung im sog. Dritten Reich lediglich ein Gehorsamsakt von erst wenige Jahre der Monarchie entkommenen Deutschen war. Damit wäre dann vielleicht sogar der von Stammapostel Bischoff ergangene Auftrag zu gezielter Denunziation verdächtiger Elemente, die evtl. Unterschlupf in der NAK suchen könnten, zu erklären.

Aber die Unterordnung unter das Regime ging viel weiter:

Antisemitismus, Anti-Bolschewismus – ja, geradezu Fremdenhass – waren in der Neuapostolischen Kirche äußerst ausgeprägt, wie die damaligen Beiträge des Chefredakteurs der Kirchenzeitschrift „Unsere Familie", Erich Meyer-Geweke, zeigen. Exemplarisch dafür hier ein Auszug aus seinem Artikel *„Deutschland erkämpft die Freiheit Europas"* aus **„Unsere Familie", 8. Jahrgang, Nummer 16, vom 5. September 1941, Seite 278**:

(Zitat) *„[...]Dort in diesen Kämpfen aber sehen unsere Soldaten und die Soldaten unserer Verbündeten gegen die Sowjets aber auch Bilder, die sie nie vergessen werden. Bilder des Entsetzens und einer Grausamkeit, die kein Mensch, der den Anspruch auf die Bezeichnung "Mensch" erhebt, zu begreifen vermag.*

Diese Bilder von zu Tode gemarterten, also auf die entsetzlichsten Arten gemordeten, unschuldigen Männern, Frauen und Kindern jeglichen Alters, diese blutigen Zeugen einer ganz und gar entmenschten bolschewistisch-jüdischen Führung zeigen unseren Soldaten aber auch mit geradezu schrecklicher Unmittelbarkeit ihre hohe Aufgabe in diesem Ringen: Deutschland und Europa ein für allemal von dieser furchtbaren Ungeheuerlichkeit des Bolschewismus zu befreien.

Und wir, wir wollen immer daran denken, wir wollen es nie vergessen: ohne den großen Entschluss des Führers, den russischen Bolschewismus zu vernichten, sähe es in Deutschland und in grossen

Teilen Europas heute bereits so aus, wie in der Sowjet-Union! Als der Führer die bolschewistische Kriegsbereitschaft zerschlug, da bannte er im gleichen Augenblick die Gefahr, die jedem Deutschen in dem Verlust seiner persönlichen Existenz drohte! Und was das heißt, dass erzählen die Berichte und Bilder der Kriegsberichter, dass erzählen die, die aus irgendeinem dienstlichen Anlass einmal kurz von der Front im Osten in die Heimat wechseln mussten, und das werden sie alle erzählen, wenn der Bolschewismus zerschlagen und ein für alle Mal gewesen sein wird. Dann erst wird man in vollem Umfange begreifen können, was uns erspart geblieben ist! Und nicht nur uns, sondern Europa und der übrigen Welt, soweit sie von Nationen bewohnt wird, die Zivilisation und ein Leben in Ruhe und Frieden jüdisch-bolschewistischer Unkultur und Untermenschentums vorziehen.

Alle europäischen Nationen brachten zum Kriegsausbruch zwischen Großdeutschland und der Sowjet-Union einhellig zum Ausdruck, dass Deutschlands Abwehrmaßnahmen gegen die "rote Flut" Europa vor dem Untergang rettet. Die Presse Italiens, Rumäniens, Finnlands, Norwegens, Schwedens, Dänemarks, Hol-lands, Belgiens, der Türkei, der Balkanstaaten, Spaniens und Portugals war sich klar darüber, dass diese ungeheure Gefahr radikal beseitigt werden müsse. Es ist nicht nur bei Pressestimmen geblieben, Freiwilligen-Verbände marschieren gegen Sowjetrussland, gegen das heute die europäische Einheitsfront steht.

Deutschland kämpft nicht nur um des Krieges willen, sondern um den Frieden Europas. Deutschland wird kämpfen bis zum totalen Siege, d.h. bis zur Befreiung Europas und der Welt von bolschewistischen Mördern, von der britischen Plutokratie und von Juden und Freimaurern. Und in der Sowjet-Union wird Deutschland Großbritannien schlagen!" (Zitatende)

Und um diese hasserfüllten Tiraden zu ergänzen, noch ein paar Schmankerl, die die kircheneigene **Zeitschrift „Unsere Familie" am 5. April 1940** anlässlich eines Reiseberichtes von Friedrich Bischoff (dem Sohn von Stammapostel J.G. Bischoff und Schwiegervater des späteren Stammapostels Dr. Leber) gedruckt hat:

(Zitat) *„[…] Schwarze und Juden steigen auf der sozialen Leiter immer höher, sie verdrängen mit ihrer billigen Arbeitskraft den besser bezahlten Weißen auch aus Stellungen, die dem Weißen allein zustehen sollten. […] Das farbige Element ist zum Angriff übergegangen […] Mit Berechtigung haben wir alles das, was dem Volke im Kino, Theater und Literatur als das Produkt einer jüdisch-marxistischen Clique geboten wurde, abgelehnt. […]"* (Zitatende)

Und später, in der **Ausgabe vom 20. April 1940**, hieß es:

(Zitat) *„[…] Wohl hat sich der Weiße noch eine bestimmte Vorherrschaft erhalten können, sie ist aber stark ins Wanken geraten, und sie wird noch immer mehr ins Wanken kommen, je mehr der Jude Einfluss gewinnt, denn es ist sein Ziel, die Völker zu zersplittern, sie niederzuhalten und sie auszubeuten. […]"* (Zitatende)

Erschreckend, der Antisemitismus, der hier von dem NSDAP-Mitglied Friedrich Bischoff, dem Sohn des Hitlerverehrers und damaligen Hauptleiters aller Neuapostolischen Gemeinden, Johann Gottfried Bischof, der übrigens der Onkel und Ziehvater von Wilhelm Lebers Mutter war) offenbart wird. Und in der Ausgabe der **„Unsere Familie" vom 5. Juli 1941** wird der neuapostolische Antisemitismus noch einmal deutlicher:

(Zitat) *„[…] Die Tempel- und Synagogenbräuche der Juden sind […] für den, der sie – etwa in Warschau - einmal in Reinkultur gesehen hat, nur ein peinliches Schauspiel. Das wissen die Juden. Sie sind daher nicht darauf aus, ihre altjüdischen Legenden und die „Weisheiten" des Talmud unter die Völker zu bringen, in deren Lande sie wohnen, sondern sie versuchen auf andere Weise, kulturellen und damit politischen Einfluss zu gewinnen: durch Zersetzung, Verwüstung und schließlich Zerstörung der Kultur ihres Gastlandes. […]"* (Zitatende)

Schon mit den Zitaten bisher sind die ebenfalls im ApWiki der NAG zitierten Ausführungen des „Kirchensprechers" Peter Johanning von 2003 als Lüge entlarvt:

(Zitat) **„[…] Weder Stammapostel Niehaus noch sein Nachfolger, Stammapostel Bischoff, waren politisch arbeitende Kirchenführer. Sie haben keinerlei Einfluss auf Staatsbelange genommen – und** *hätten einen solchen wie auch immer gearteten Versuch wegen der geringen Größe der Kirche wohl kaum unternehmen können –, sie waren weder Judenhasser noch Brandstifter, allerdings auch keine Widerstandskämpfer. Sie haben vor allem die theologische und seelsorgerische Betreuung der Gemeinden im Blickfeld gehabt. Sie haben zwar mit strenger Zucht einer Demokratisierung der Kirche widerstanden, dies jedoch stets biblisch legitimiert.*

Die Neuapostolische Kirche in jenen Jahren war keine Staatskirche, kein Politikum. Sie war deutsch, aber nicht antisemitisch, sie war national, aber nicht nationalistisch, sie war fundamental, aber nicht fundamentalistisch. […]" (Zitatende)

Die NAK war sehr wohl eine fundamentalistisch-nationalistische, antisemitische und rassistische Organisation! Und da sie nach wie vor diese Tatsache lediglich zu vertuschen (oder, wie Johanning, zu relativieren) versucht, statt für ihre Verfehlungen um Verzeihung zu bitten und sich von den Kirchenführern der entprechenden Epoche zu distanzieren, muss sie es sich gefallen lassen, wenn sie heute noch von jemandem als Nazi-Kirche bezeichnet wird.

Weil es zeitlich und thematisch gerade so gut passt, will ich auch gleich noch auf die Verbrechen des Mannes eingehen, der Bischoffs Nachfolger als Stammapostel werden sollte. – Walter Schmidt, der Unterdiakon, den Niehaus angeblich einmal als „kleine Mühle mit großem Mehlvorrat" bezeichnet hatte. 1943 war der mittlerweile 52-jährige in den NAK-Rang eines Bezirksevangelisten aufgestiegen, bis zum Ende der nachstehend geschilderten Ereignisse wurde er zum Bezirksältesten befördert.

Zu der Zeit war er Mitinhaber der Firma „Carl Krampe Wwe." einer Fabrik für die Herstellung von Breitewaren (Schaufeln, Hacken und Spaten). Es war ihm gelungen, dieses Unternehmen als „kriegswichtig" deklarieren zu lassen – was ihm selbst einen militärischen UK-Status einbrachte. Er galt also als unabkömmlich und wurde nicht zum Dienst in der Wehrmacht eingezogen. Dafür wurden ihm zur Aufrechterhaltung der Produktion Zwangsarbeiter zur Verfügung gestellt.

Gebäudekomplex der „Firma Carl Krampe Wwe." am Roland im Volmetal. gezeichnetes Postkartenidyll aus den 30ern...

Das NAG schreibt in seinem ApWiki zu Walter Schmidt:

(Zitat) „[...] *Die Firma beschäftigte im zweiten Weltkrieg russische Zwangsarbeiter. Weitere Erwähnungen finden sich in den Erinnerungen der Arbeiter:*

‚Ich arbeitete zuerst auf einer Baustelle in Hagen. Danach arbeitete ich im Werk von Schmidt. Ich bediente eine Fräse und fertigte Teile. In der Werkhalle arbeitete ein Vorarbeiter, ein Deutscher. Er war ein sehr guter Mensch, sehr menschlich. Er schrie nie, schimpfte auf keinen. Er zeigte Mitleid. Ich war sehr dünn. Der Vorarbeiter beauftragte mich, in der Küche zu arbeiten. Ich weiß nicht, ob der Mann noch lebt. Ich habe seinen Namen vergessen.'
Iwan Dmitrijewitsch Solonowitsch,

Februar 2007, siehe Artikel in Die Zeit, Januar 2015 [...]" (Zitatende)

Diese Darstellung ist fast ein Betrug, da man ganz offen versucht, Schmidt einen Persilschein auszustellen. Aber eben nur „fast"..., denn der NAG-Schreiber behauptet nicht ausdrücklich, dass das „Werk von Schmidt" mit der Firma Wwe. Krampe identisch ist, und er behauptet nicht, dass der erwähnte Vorarbeiter mit dem Firmeninhaber identisch sei. – Übrigens taucht der Name Solonowitsch bei den Dokumenten zu Schmidts Kriegsverbrechen nicht auf...

Aber um ein Kriegsverbrechen ging es auf jeden Fall! Die Schmidt zur Verfügung gestellten Zwangsarbeiter waren nämlich russische Kriegsgefangene!

Und die Zwangsarbeit von Kriegsgefangenen (noch dazu in einem kriegswichtigen Betrieb) war bereits zu dieser Zeit durch die Haager Landkriegsordnung sowie durch das Genfer Abkommen über die Behandlung der Kriegsgefangenen von 1929 verboten! Und erst recht war es verboten, Kriegsgefangene derart zu drangsalieren und zu malträtieren, wie es in der Firma Wwe. Krampe unter deren Herrn Schmidt tatsächlich geschehen ist.

Das Archiv des historischen Zentrums der Stadt Hagen[1] gibt in einer Reihe von Dokumenten einen Einblick in die tatsächlichen Verhältnisse. Ich werde hier den Inhalt von sieben Schreiben aus dem Zeitraum vom 1.6.43 bis zum 5.4.45 wiedergeben.

<u>1.6.43:</u> Die Firma des NAK-Bezirksevangelisten Walter Schmidt fragt bei Stalag VI-D nach, ob Zwangsarbeiter, die offensichtlich während ihres Einsatzes in diesem Unternehmen so krank geworden sind, dass sie zur Wiederherstellung ihrer Gesundheit an das Gefangenenlager zurücküberwiesen wurden, nicht zwischenzeitlich wieder arbeitsfähig seien – Man benötige diese Leute außerordentlich dringend.

<u>25.6.43:</u> *„Ihr Schreiben wurde mir zuständigkeitshalber überreicht. Nach den getroffenen Feststellungen sind die in Ihrem Schreiben aufgeführten sowj. Kr.-Gef. auf lagerärztliche Anordnung inzwischen als aufpäppelungsbedürftig landwirtschaftlichen Betrieben zugeführt worden, da sie körperlich derart herunter waren, dass sie für Industriearbeiten nicht mehr in Frage kommen. Mit einer Rückkehr ist damit nicht zu rechnen.*

---

[1] http://www.historisches-centrum.de/zwangsarbeit/ - dort i.d. Menüspalte links „Editionen" aufrufen und auf der sich öffnenden Seite nach Stichwort „Krampe" suchen

Ersatzgestellung ist von hier aus nicht möglich, da volleinsatzfähige sowj. Kr.-Gef. im Stalag VI-D nicht mehr zur Verfügung stehen. Ich empfehle Ihnen daher, sich wegen Gestellung anderer Arbeitskräfte an das für sie zuständige Arbeitsamt zu wenden. [...]" (Zitatende)

Diese Zeilen bieten einen interessanten Blick auf die Art und Weise, wie in der Firma des späteren NAK-Stammapostels mit den Zwangsarbeitern, für deren Wohlbefinden das Unternehmen schließlich verantwortlich war, umgegangen wurde! – Für mich besonders augenfällig die Menschlichkeit des Verantwortlichen in der Vermittlungsstelle des Stalag VI-D, der sich weigerte, Ersatzkräfte an das Unternehmen Schmidts zu „liefern".

<u>7.2.44:</u> Ein Schreiben der Fa. Krampe an die 1. Kompanie des Landesschützenbataillons 617 in Hagen wegen drei namentlich genannten „entwichenen" russischen Kriegsgefangenen des Kr.Gef. Arb.Kdo. 2061, Rummenohl. Man bezieht sich auf ein Gespräch zwischen Schmidt und einem Hauptmann Hähnel und schreibt

„[...] Ich lege Wert darauf, dass diese Gefangenen hier vorgeführt werden, um den übrigen zu zeigen, dass man sie wieder aufgefangen hat. Bis jetzt haben die übrigen Gefangenen nur ein Lächeln dafür gezeigt, wenn ihnen gesagt wurde, dass ihre Kameraden verhaftet seien. Gerade aufgrund dieser Anzweiflung halte ich die Vorführung dieser drei Kriegsgefangenen für so wertvoll, weil ich überzeugt bin, dass das auf die übrigen Kriegsgefangenen abschreckend wirkt. [...]"

Abschließend legt man gesteigerten Wert darauf, dass diese Leute wieder an die Fa. Krampe zurücküberstellt würden, da man sie „unter Aufbietung größter Anstrengung und Kosten" zu Facharbeitern angelernt habe.

Auffällig an diesem Schreiben ist die Skrupellosigkeit, mit der Menschen als Mittel zum Zweck missbraucht werden. Inhumanität in Vollendung!

<u>17.2.44:</u> Ein Schreiben der Fa. Krampe an das Kriegsgefangenen-Mannschafts-Stammlager VI-D mit der Frage, ob ein namentlich genannter Kriegsgefangener der krankheitshalber dorthin zurückgegeben wurde wieder einsatzfähig sei

„[...] bitte ich um Mitteilung, ob derselbe nunmehr an mich überwiesen werden kann. [...] Ich bin auf diesen Mann dringend angewiesen. [...]"

Walter Schmidt 1949 (als BezAp) beim NRW-Jugendtag.
Trotz der schlechten Bildqualität kann man in ihm hier noch den Täter aus der Kriegszeit erkennen

Kein Mitleid, kein Interesse am Wohlbefinden des zur Arbeitsleistung gezwungenen Kriegsgefangen! Keine Frage danach, wie es dem Mann geht. – Nur eines ist interessant: Eine „gut angelernte Arbeitskraft" baldestmöglich weiter ausbeuten zu können! - Die Antwort aus dem Stalag VI-D vom

01.03.44 legt nahe, wie nachhaltig in der Firma des späteren Stammapostels Walter Schmidt die Arbeitskräfte ausgebeutet wurden:

„[...] Nach den getroffenen Feststellungen ist der oben genannte Kr.-Gef. inzwischen auf Veranlassung des Lagerarztes wegen dauernder Arbeitsunfähigkeit nach Bocholt abgeschoben worden. [...]"

22.7.44 (Walter Schmidt ist inzwischen zum NAK-Bezirksältesten für Dortmund befördert worden):

Ein Schreiben der Fa. Krampe an das Stalag VI-D mit einer Anzeige gegen einen der Zwangsarbeiter wegen Arbeitsverweigerung

„[...] Um 11,30 Uhr gab ich Ihnen telefonisch [...] bekannt [...] Die Arbeitszeit des Samstags geht bis 11,45 Uhr. Um 11,15 Uhr stand G. schon vor dem Umkleideraum [...] Jetzt bis 12,40 Uhr ist von Ihnen noch kein Wachmann erschienen und sehe ich mich deshalb veranlasst, Ihnen diese Meldung noch einmal schriftlich durchzugeben [...]

Ich wünsche, dass Sie G. entsprechend zur Rechenschaft ziehen, damit derselbe in Zukunft weiß, wozu er da ist. Bemerken möchte ich noch, dass auch ein größerer Teil der bei mir beschäftigten Kriegsgefangenen in ihrer Produktion in letzter Zeit sehr zurück-gegangen sind, sodass es wohl angebracht ist, wenn Sie von dort aus eine energische entsprechende Belehrung vornehmen. [...]"

Wenn irgendetwas davon, was später als Legende über Walter Schmidt, den Wohltäter eines Deserteurs überliefert wurde, wahr gewesen wäre, müsste man davon ausgehen, dass Walter Schmidt so eine Art „Schindler für Arme" war. - Aber nein: Es geht nicht darum, Kriegsgefangene vor einem schlimmen Schicksal zu bewahren, sondern darum, ihre Arbeitskraft so effektiv wie möglich auszubeuten!

<u>5.4.45:</u> Das Kriegsende rückte näher und mittlerweile war dann wohl auch dem strammsten „HEIL-HITLER-RUFER" klar, dass das sogenannte 3. Reich dem Untergang geweiht war. Damit, dass der Feind in absehbarer Zeit an die Firmentür klopfen würde, dürften auch die Inhaber der Firma Carl Krampe Wwe., also auch der spätere Stammapostel Walter Schmidt, rechnen. Was liegt in dieser Situation näher, als sich schleunigst der zur Zwangsarbeit gepressten zwölf Kriegsgefangenen zu entledigen? Schmidt schreibt:

„[...] In Verfolg meines vorgenannten Schreibens [Anm.: vom 21.3.45] muss ich Ihnen ab 1.4.45 sämtliche von mir noch beschäftigten Kriegsgefangenen, wie unten aufgeführt, zur Verfügung stellen. Ab 1.4.45 kann ich für dieselben keinerlei Kosten mehr übernehmen. [...]"

Interessante Begründung, nicht wahr?! „Ich kann keine Kosten mehr übernehmen" – Und das von einem Mann, der im Krieg reich geworden ist. Kriegsgewinnler nennt man solche Leute wohl. Und an seinem Reichtum hat er die NAK mit regelmäßigen Opfern und Spenden teilhaben lassen. Es wäre interessant, herauszufinden, wie groß der auf Walter Schmidt zurückgehende Anteil des Vermögens der NAK-NRW ist...

Schmidt wurde jedenfalls zügig in der NAK-Hierarchie weiter befördert: Am 26.5.45 zum NAK-Bischof, am 29.9.46 zum NAK-Apostel und am 19.9.48 zum NAK-Bezirksapostel...

Aber Antisemitismus und Fremdenfeindlichkeit innerhalb der NAK blieben auch in Schmidts späteren Jahren als Stammapostel und NAK-Oberhaupt erhalten. Ich erinnere mich an eine Familienfeier, bei der neben einer Reihe weiterer NAK-Amtsträger auch der frisch zum Bezirksältesten von Köln beförderte spätere NAK-Bischof Hans Zier zugegen war. Das dürfte Ende der 60er-Jahre gewesen sein. Dabei kam es zu folgender Begebenheit:

Einer der anwesenden, ein pulverdampf-ergrauter NAK-Priester, fragte in die Runde: „Habt Ihr schon gehört? Dem Eichmann sein Sohn ist in Deutschland aktiv..." – Erstaunte Blicke rundum, und er ergänzte: „Der experimentiert mit Gasöfen!" – Der eine oder andere begann zu schmunzeln und er fuhr fort: „Aber nur mit so kleinen" und deutete mit dem erhobenen rechten Arm (Hitlergruß) eine Höhe von etwa 1,70 m an. – Nach einer Kunstpause sagte er dann „Die Italiener sind ja auch alle nicht größer!"

Brüllendes Gelächter in der Runde.

Wer mehr Detailinfos über die NAK während der Zeit des sog. Dritten Reiches sucht, sollte einmal in Antiquariaten nach folgen-dem Titel stöbern... dem Leser werden die Augen übergehen:

> Michael König, Jürgen Marschall: „Die Neuapostolische Kirche in der N.S.-Zeit", 2. Aufl. ersch. 1994 im Selbstverlag, Feldafing

Bischoff und die Botschaftszeit

Wie bereits weiter oben, bei der Schilderung der dubiosen Vorgänge, mit der die aus ärmlichen Verhältnissen kommende Familie Bischoff in den Besitz eines florierenden Verlages samt Druckerei und repräsentativem Fuhrpark gelangt ist, muss es J.G. Bischoff gelungen sein, in den zwanziger Jahren trotz Inflation und Wirtschaftskrise, irgendwie in den Besitz eines erheblichen Vermögens zu gelangen. – Entweder das, oder aber die Übernahme des Verlags erfolgte mit kriminellen Methoden.

Wie angekündigt, will ich in dem Zusammenhang noch auf einen weiteren Vorgang aufmerksam machen, von dem ich aus meinen Jahren im Usinger Land und verschiedenen Kontakten zu NAK-Mitgliedern im Hintertaunus weiß…

Es geht um den Ankauf eines ziemlich großen Grundstücks mit einem großzügigen Wohnhaus in Altweilnau, der auch in der „Frankfurter Laterne, Ausgabe 27. April 1933, Nr. 17" thematisiert wird, und das ich durch persönliche Inaugenscheinnahme kenne. Über seinen Rechtsanwalt Dr. jur. Waldemar Eberhardt äußerte sich J.G. Bischoff persönlich, wie folgt, dazu:

(Zitat) *„[…] Im Jahre 1928 faßte ich den Gedanken, für versorgungsbedürftige Personen ein Versorgungsheim zu errichten. Ich gab dies durch ein Rundschreiben bekannt und forderte zu einer freiwilligen Spende auf. […]*

Die zunächst eingegangenen Beträge reichten zur Anschaffung eines geeigneten Anwesens nicht aus. Da aber die Dringlichkeit zu helfen durchaus gegeben war, entschloß ich mich, aus eigenen Mitteln ein mir dazu geeignet erscheinendes Anwesen in Altweilnau (Taunus) zu erwerben und es an die Neuapostolische Gemeinde, welche die Mittel zum Kauf nicht aufbringen konnte, zu vermieten. […]

Als der Verein im Laufe der Zeit die Mittel aufbringen konnte, das Gebäude zu erwerben, wurde der Ankauf aus meinen Händen zu dem von mir angelegten Preis vorgenommen. […]

Die Räume konnten aber wegen der schlechten Wirtschaftslage nicht voll ausgenützt werden. Ich entschloß mich daher, um einen

Mietausfall für die Gemeinde zu verhindern, den Dachstock des Hauses, der aus einer Küche mit 2 ½ kleinen Zimmern besteht, zu mieten. [.../sic!]" (Zitatende)

Ansicht von Altweilnau zum Ende der 30er Jahre
Bildquelle: Archiv eines Freundes aus Schmitten/Hts

Die Frage, woher Bischoff das Geld für den Ankauf der Immobilie hatte, bleibt damit unbeantwortet. Es ist aber auf jeden Fall auffällig, dass Bischoff zunächst Käufer, dann Vermieter, dann Verkäufer und danach Mieter des Objekts war, ohne dass auch nur im Ansatz zu erkennen wäre, ob irgendjemand sonst als Entscheidungsträger an den Vorgängen beteiligt war. – Der Verdacht der persönlichen Bereicherung zulasten der Neuapostolischen Kirche ist nicht von der Hand zu weisen. Und das lässt die Behauptungen in der 1997 im Verlag Friedrich Bischoff erschienenen Bischoff-Biographie von Alfred Krempf, Bodo Iloff und Susanne Scheibler als sehr zweifelhaft erscheinen. Scheibler schreibt nämlich im Zusammenhang mit der Immobile in Altweilnau:

(Zitat) *„[...] Sein Feriendomizil befand sich in Altweilnau im Taunus. Dort hatte sich Stammapostel Bischoff noch zu Lebzeiten seiner ersten Frau ein bescheidenes Häuschen gebaut, in das er sich gern zurückzog [...].*

Es war wirklich nur ein ‚Häuschen', dessen Wert später auf etwa zehntausend Mark geschätzt wurde. Es steht heute noch; eine Zeitlang fanden sogar Gottesdienste darin statt, nachdem ein Bruder es gekauft und sich verpflichtet hatte, einen kleinen Vorbau zu errichten, der als Kirchenraum diente. [...]" (Zitatende)

Ich kenne das Objekt, und kann deshalb sagen, dass die Bezeich-nung „bescheidenes Häuschen" als maßlose Untertreibung gelten kann! Es fragt sich, wie Scheibler es erklären will, dass Bischoff selbst von einem Kauf schrieb, sie aber einen Bau behauptet, und wie sie zu der Tatsache steht, dass dieses kleine bescheidene Häuschen die Bezeichnung „Villa Albrecht" trug und nach 1945 als Hotel genutzt wurde! Noch dazu weil es in einem Artikel der **Zeit-schrift „Unsere Familie", 45. Jg. Nr. 5, vom 5.3.1985, S. 124 ff** (das war der U.F.-Beitrag, durch den ich mit „Geschwistern" vor Ort ins Gespräch über die Vorgänge kam) hieß:

(Zitat) *„[...] Er* [Anm.: J.G. Bischoff] *beschäftigte sich in den damaligen Jahren oft mit der Absicht, für die betagten Glaubensgeschwister ein Altenheim einzurichten. Ein geeignetes Grundstück in Altweilnau im Weiltal wurde von ihm dafür erworben. Es war die Villa Albrecht. Der Stammapostel hat sie zum Teil* [!!] *mit eigenen Mitteln herrichten und ausstatten lassen. [...]*

Im Jahre 1932 hatte Stammapostel Bischoff einige Wiesengrundstücke in der Gemeinde Altweilnau gekauft, die an das Anwesen des Altenheims grenzten. Auf diesen Grundstücken erbaute er in den Jahren 1932/33 ein kleines Einfamilienhaus, in dem er in den darauffolgenden Jahren seinen Urlaub verbrachte. Der Stammapostel hatte während des Zweiten Weltkrieges und auch danach kaum die Möglichkeit, das Haus zu nutzen. Infolgedessen kam es 1955 zu einem Verkauf des Anwesens an die Familie Kurand, die das 1936 geschlossene Altersheim inzwischen schon zu einem Hotel umgebaut hatte. [...]" (Zitatende)

Das ist eine dritte Variante – und die zweite von der von Bischoffs eigener Darstellung abweichende. Deutlich wird bei den Vorgängen nur eins: Der aus ärmlichen Verhältnissen kommende Stammapostel

Johann Gottfried Bischoff muss schon in den zwanziger Jahren privat über erhebliches Kapital verfügt haben.

Mit Blick auf die Vorgänge in der NAK nach 1945 stellt sich da die Frage: Hat der persönliche Reichtum in Verbindung mit dem NAK - eigentümlichen Kult um das Stammapostelamt Bischoff größenwahnsinnig werden lassen?!

Tatsache ist jedenfalls, dass Friedrich Bischoff bereits Mitte der dreißiger Jahre an der späteren Legende seines Vaters strickte. ***Peter Kuhlen*** (wir werden noch auf ihn zu sprechen kommen) schrieb dazu 1955 in seinen Aufzeichnungen *„Ereignisse in der Neuapostolischen Kirche die zur Gründung der Apostolischen Gemeinde geführt haben"*:

(Zitat) *„[…] bereits in den Jahren, als Apostel Landgraf in Frankfurt wirkte – 1933 bis 1936 – hat der Stammapostel oftmals Gesichte und Träume, die das Kommen des Herrn zu einem bestimmten Zeitpunkt angaben, als von Gott kommend, angesehen und erzählt. So hat der Stammapostel damals dem Apostel Landgraf kurz nach dem Tode des Priesters Hoffmann in Frankfurt (des Bruders der jetzigen Frau des Stammapostels) berichtet, daß sein Sohn Fritz geträumt habe, der vor wenigen Tagen entschlafene Priester Hoffmann sei bei ihm gewesen und habe gesagt, daß der Herr Jesus am nächsten Weihnachten käme. […/sic!]"* (Zitatende)

In der 1938er Ausgabe des NAK-Lehrbuchs „Fragen und Antworten zum Neuapostolischen Glauben" wurden erstmals die für die Entwicklung der Neuapostolischen Kirche maßgeblichen Männer aufgelistet. In diesem So-Quasi-Katechismus heißt es in dem Zusammenhang:

„[…] seit 1930 Stammapostel, durch dessen Amtstätigkeit das Glaubensleben der Neuapostolischen Kirche zu einer nie vorher erreichten Vollkommenheit gelangte. […] Nach den gegeben Verheißungen wird die Kirche Christi in naher Zukunft den Grad der Vollendung erreicht haben, der die Voraussetzung zur Wiederkunft Christi ist." (Zitatende)

Weitere verherrlichende Passagen und Endzeitvorhersagen finden sich im „Unsere Familie Kalender" für 1983 und 1941 sowie im

Vorwort der Zeitschrift *__Unsere Familie" 6. Jg. Nr 10, 20. Mai 1939__*.
Ich stelle sie hier als Zitatesammlung ein:

„Möge der treue Gott den Gesalbten seines Sohnes erhalten bis zur herrlichen Vollendung seines Werkes."

„Wir alle stehen in dankbarem Aufschauen zu unserem himmlischen Vater, daß er uns zur Führung und Pflege unseres Glaubenslebens einen Mann gab, der erfüllt ist mit der Weisheit von oben, mit einer unsagbaren Liebe und einem unwandelbaren Glauben an den, der ihn sandte."

„Unsere ernste und tiefe Bitte zu unserem Gott und Vater ist, daß er uns seinen Gesalbten erhalten möge bis zur Vollendung seines Werkes, wo er den Erfolg seiner Mühe und wir den Sieg unseres Glaubens an sein Wort in Besitz nehmen dürfen."

„Aber auch der Spatregen wird aufhören. Wie der Frühregen aufgehört hat. Nur ist dies kein Grund zur Trauer für uns, sondern ganz im Gegenteil: es ist für uns das Zeichen der dann unmittelbar bevorstehenden Wiederkunft unseres Herrn und Meisters."

Das war – wohlgemerkt – deutlich vor Beginn der eigentlichen Botschaftszeit, von der jetzt die Rede sein wird. Warum also diese frühen eschatologischen Aussagen Friedrich Bischoffs, der mit der Medienmacht seines Verlages offenbar das Ansehen seines Vaters beim Kirchenvolk aufbessern wollte? Und daher stellt sich die Frage, ob möglicherweise die Position des Stammapostels innerhalb des „Apostelkollegiums der Neuapostolischen Gemeinden e.V." umstritten war.

1941 ist J.G. Bischoff 70 Jahre alt geworden, und das Apostelkollegium hatte bereits früher über eine Begrenzung des Dienstalters diskutiert. – Zudem dürfte auch den Mitgliedern des Apostelkollegiums nicht entgangen sein, dass etwas mit den Finanzen der Familie Bischoff fragwürdig war. Die schlechte Presse im Zusammenhang mit der „Frankfurter Laterne" und dem Unmut innerhalb der Frankfurter NAK-Gemeinden kann den Aposteln jedenfalls nicht entgangen sein. Und der Gedanke, diese belastete Personalie loszuwerden, ist naheliegend.

Johannes Hendrik van Oosbree
(*1. Apr.1862; † 20. März 1946)

Einer der frühen Gegner Bischoffs

Durch die Einschränkung seiner Reisefreiheit während des Naziregimes war J.G. Bischoff selbst noch dazu gezwungen, sich potenzielle Amtsnachfolger auf die Spur zu setzen, bzw. dort zu halten. Zum einen war da der noch von Niehaus eingesetzte Stammapostelhelfer Johannes Hendrik van Oosbree, der sich Bischoffs Stammapostolat von Anfang an widersetzte und den Bischoff doch während der Kriegszeit dulden musste, zum anderen gab es Heinrich Franz Schlaphoff, den Bischoff selbst als Stammapostelhelfer für Afrika, Australien und Asien einsetzte.

Gegen Widerstände hatte Bischoff auch in der Schweiz zu kämpfen. – Bereits 1939 geriet der Schweizer Bezirksapostel Ernst Güttinger mit der Familie Bischoff in Konflikt, weil er sich einem entsprechenden Beschluss der Schweizer NAK-Bezirksvorsteherversammlung anschloss und sich weigerte, weiterhin die durch NS-Propaganda verseuchten NAK-Medien in der Schweiz abzunehmen. Vielmehr erklärte er, dass die Schweizer Neuapostolische Kirche eigene Druckerzeugnisse herstellen würde.

Friedrich Bischoff hätte das abwenden können, wenn er, wie es der NS-Staat ausdrücklich erlaubte, von Propaganda bereinigte Versionen der Zeitschriften in die Schweiz geliefert hätte. Es ist bezeichnend für Bischoffs politische Gesinnung, dass er dieses Entgegenkommen verweigerte! – So kam es, dass Ernst Güttinger den Bischoffs in ihr wirtschaftliches und politisches Süppchen spuckte, was neben den kirchlichen Querelen auch zu juristischen Auseinandersetzungen um Urheber- und Markenrechte führte.

Mittelfristig ärgerlich waren allerdings auch die kirchlichen Querelen: Ernst Güttinger gehörte zu den Aposteln, die für eine Begrenzung der Amtszeit des Stammapostels und der Apostel eintraten. Außerdem plädierte er für ein demokratisches Rotationsprinzip bei gleichzeitiger Aufwertung des "normalen" Apostelamtes. Ein wieterer Stein im Schuh der Bischoffs dürfte auch gewesen sein, dass Ernst Güttinger schon früh für eine Verlegung des Hauptsitzes der Neuapostolischen Kirche in die neutrale Schweiz eintrat.

Als Erklärung für den bereits frühen Anspruch, das Amt (und die Einnahmequellen der Familie!) zu behalten, dürften die genannten Widerstände allemal reichen. Zumal J.G. Bischoff in seinem am 02.08.1933 an das Preußische Kultusministerium gerichteten Lebenslauf betonte, er sei auf Lebenszeit zum Hauptleiter aller Neuapostolischen Gemeinden auf der Welt gewählt worden.

Sein lautester Widersacher wurde dann zunächst der bereits erwähnte niederländische Stammapostelhelfer Johannes Hendrik van Oosbree. Ein Mann um den in den Niederlanden ein ähnlicher Kult getrieben wurde, wie in Deutschland um den Stammapostel.
Bischoff hatte ihm zwar bereits 1939 vertraglich „die Flügel gestutzt" und ihm quasi geringere Rechte zugebilligt als einem Bezirksapostel, aber das hinderte van Oosbree nicht daran, weiterhin gegen Bischoff zu argumentieren. Van Oosbree löste sich überhaupt vom „Glauben an die leibhaftige Wiederkunft Christi". Die Vorstellung, dass Christus „in den Wolken wiederkommen" würde, bezeichnete er als kindisch, vielmehr vertrat er die Ansicht, dass die Wiederkunft bedeute, der „Christus-Geist" würde durch die Arbeit der Apostel immer mehr in der Welt zum Tragen kommen.

Das Problem „van Oosbree" erledigte sich durch dessen Tod am 20. März 1946 quasi von selbst. Der von van Oosbree bestimmte Nachfolger wurde in der NAK nie anerkannt. So wurden die letzten Fäden zur Hersteld Apostolische Zendingkerk gekappt, die ein weiteres Schisma erlitt.

Die Bischoffs ließen in der Folge immer mehr durchblicken, „der Herr käme" womöglich noch zu Lebzeiten des Stammapostels Bischoff. 1947 äußerte der Stammapostel selbst in Dinslaken:

(Zitat) *„[...] Ich sage euch nicht zu viel, wenn ich erwähne, daß wir verschiedene Geschwister, selbst Amtsträger haben, die bereits die Verheißung des Herrn empfingen, daß sie nicht mehr sterben, sondern verwandelt werden. [...]"* (Zitatende)

Umso härter muss es ihn getroffen haben, als das Apostelkollegium in einer geheimen Abstimmung (bei nachträglicher schriftlicher Zustimmung der abwesenden Apostel aus Übersee) am 21.5.1948 beschloss, ihm Peter Kuhlen als Nachfolger und Helfer an die Seite zu stellen.

Bischoff versuchte dennoch weiterhin, klarzustellen, dass der Herr noch zu seiner Lebzeit käme, eine Nachfolgeregelung also überflüssig sei. Am 27. Juni 1948 (also etwa vier Wochen nach dem Beschluss des Apostelkollegiums) erklärte der Stammapostel bei einem Gottesdienst in Frankfurt-Südwest als Replik auf die Co-Predigt eines Bezirksältesten einmal mehr, dass er persönlich an die Wiederkunft Jesu Christi zu seiner Lebenszeit glaube:

(Zitat) *„[...] Nun freue ich mich ganz besonders, dass ihr das auch einmal aus dem Munde eines Bezirksältesten aus einem anderen Apostelbezirk gehört habt; denn wenn ich da und dort gesagt habe: ‚Jedes Gotteskind hat das Recht zu glauben, dass der Herr in der Zeit seiner Erdentage kommt,' dann hat man mir das verschiedentlich übel genommen und gesagt: Ja, wie kann denn der Stammapostel, wo er doch so alt ist, so etwas sagen als ob der Herr zu seiner Zeit kommen würde! Ich habe noch nie behauptet: Der Herr muss zu meiner Zeit kommen! sondern gesagt: Ich glaube und hoffe, dass er zu meiner Zeit kommt. – Diesen Glauben und diese Hoffnung darf jedes Gotteskind für seine Person haben. [...]"* (Zitatende)

Desungeachtet blieb ihm nichts anderes übrig, als sich dem Beschluss des Apostelkollegiums zu beugen: Am 1.8.1948 ordinierte er Peter Kuhlen in der Oetker Halle in Bielefeld in einem festlichen Gottesdienst unter Berufung auf den Auftrag des Apostelkollegiums zum Stammapostel. Wohlgemerkt: Ausdrücklich und im Namen der göttlichen Dreieinigkeit zum Stammapostel! Nicht, wie immer noch vielfach behauptet wird, zum Stammapostelhelfer – das wäre im

Übrigen auch damals bereits lediglich eine Beauftragung gewesen! Wörtlich lauteten die Ordinationsworte:

(Zitat) *„[...] Im Namen und Auftrag des Apostelkollegiums nimm hin das Stammapostelamt, dazu den Amtsgeist in dem Namen Gottes des Vaters, des Sohnes und des Heiligen Geistes! Dieser Geist mache in dir das Amt lebendig; er sei in dir die treibende und führende Kraft, um Vorgänger und Vorbild sein zu können. Trage die Schwachen in Geduld und Langmut, richte das Niedergebeugte auf, und stärke das, was schwach und hinfällig wird. Der Geist des Herrn, der dir zu diesem Amte gegeben ist, bewahre dich auf dem Wege, auf den der Herr dich gestellt hat, und der Engel des Herrn sei dein Schutz und Schirm und bewahre dich vor dem Verderben, was da überall in Erscheinung treten wird. Dazu nimm hin den Segen Gottes des Vaters, des Sohnes und des Heiligen Geistes. Der Friede von Christo Jesu sei mit dir! - Amen."* (Zitatende)

Peter Kuhlen
(*30. Sept. 1899; †17. Nov.1986)
letzter regelgerecht ordinierter Stammapostel der Neuapostolischen Kirchen

Und an die Gemeinde gewandt fügte Bischoff erklärend hinzu

(Zitat) *„[...] Als Vater Niehaus mich im Jahre 1924 als seinen Nachfolger eingesetzt hatte, war er noch sechs Jahre dienstfähig gewesen. So kann der liebe Gott auch mir noch Zeit zulegen zum Dienste; Apostel Kuhlen ist dann in dieser Zeit mein Helfer. Also das Stammapostelamt wird er übernehmen mit dem Augenblick, wo ich dienstunfähig werde, oder der Herr mich abberuft. [...]"* (Zitatende)

Es muss aber einem Jeden einleuchten, dass dies reine Spiegelfechterei war! Er wusste: Ordiniert ist ordiniert; und die Ordination ist rechtlich wirksam von dem Moment an, wo sie ausgesprochen ist. Er wusste also auch, dass er stets und ständig damit rechnen musste, dass Kuhlen an seine Stelle treten würde.

Die Folge war, dass Kuhlen ständig vom Stammapostel und dessen Vasallen gemobbt wurde. An erster Stelle sind da der damals mittlerweile zum NAK-Bezirksältesten beförderte Sohn des Stammapostels, Friedrich Bischoff, zu nennen und der in Hessen tätige NAK-Bischof Gottfried Rockenfelder. Zusätzlich ordinierte Bischoff in dieser Zeit besonders viele ihm treu ergebene Amtsträger zu Aposteln (z.B. am 5.2.1950 Gottfried Rockenfelder), um das Stimmverhältnis im Apostelkollegium zu seinen Gunsten zu verschieben.

Auch in Predigtkampagnen äußerte sich der Stammapostel gegen das Demokratieprinzip im Apostelkollegium. Im Amtsblatt (also der Predigtanleitung für die rangniedrigeren Amtsträger) ließ Bischoff am 15.9.50 verlauten:

(Zitat) *„[...] Eine Reihe von Menschen kann durch Mehrheitsbeschluss eine Meinung äußern, ohne dabei eins zu sein. Die Apostel des Herrn aber wollen mit dem ihnen von Gott gegebenen Haupt eins sein, so wie der Sohn mit dem Vater eins war und ist. Für sie gibt es keinen Mehrheitsbeschluss, keine Wahl und kein Stimmverhältnis. Auf solchen Voraussetzungen getroffene Entscheide hätten vor der Kraft des Glaubens keinen Bestand und müssten von allen Gläubigen und Getreuen verworfen werden.*
[...]
Völlig eins werden können nur solche Menschen, in denen ein und derselbe Geist herrscht. Ist man also mit den Gedanken, den Ausführungen und Anordnungen des Stammapostels nicht ganz einverstanden und hat noch seine eigene Meinung, dann – ja dann herrscht eben ein anderer Geist in den Betreffenden. Der Stammapostel ist eben nicht sein Haupt. Wäre es denkbar, dass ein gesundes Glied eines gesunden Körpers etwas anderes wollte oder tun würde, als was das Haupt will? Kann in einer Rebe ein anderer Saft sein, als im Stamm? – Das alles ist undenkbar im alltäglichen Erleben sowohl wie im Werk Gottes. [...]" (Zitatende)

Des Stammapostels Bild

In Andacht still versunken, mit Ehrfurcht angefüllt,
Betrachte ich besinnlich des Stammapostels Bild. –
Ein Leben voller Liebe, tiefes Geborgensein
Tritt hin vor meine Seele, vollendet, schön und rein.
Hier hat der Meister Jesu so liebreich und so mild
Sein Werk wohl recht vollendet nach seinem Ebenbild.
Die Seele ist ergriffen und von der Bitt' erfüllt:
O bilde du, mein Meister, auch mich nach deinem Bild!
Mach' mich, o Herr!, die ähnlich, daß ich vollendet bin
An jenem großen Tage nach meines Meisters Sinn.

Gleichzeitig forcierten Bischoff und seine Freunde in Predigten und Schriften die Überzeugung, dass Gott den amtierenden Stammapostel bis zum Tag der ersten Auferstehung am Leben erhalten würde. Zum Beispiel predigte der erst im Februar des gleichen Jahres ordinierte Apostel Gottfried Rockenfelder bei einem StAp-GD am 13. August 1950 in Bochum, dass er die felsenfeste Überzeugung hätte, „dass Gott, unser Herr, uns den Stammapostel bis zum herrlichen Morgen der ersten Auferstehung erhält."

Ab Oktober 1950 predigte Bischoff in zahlreichen Gottesdiensten seine Überzeugung, dass der Herr zu seiner Zeit kommen würde und dass ein Großteil der Gläubigen nicht mehr sterben würde. Man muss aber einräumen, dass Bischoff selbst zu dem Zeitpunkt öffentlich noch nicht ausdrücklich gepredigt hatte, er werde nicht sterben, dennoch hat er im direkten Gespräch exakt diese Wendung, „ich werde nicht sterben", zum Ausdruck gebracht. – Das geht aus einer 19-seitigen Aktennotiz Peter Kuhlens anlässlich seines Rücktritts hervor:

Kuhlen erläutert in dieser Notiz, wie es zu seiner Amtseinsetzung kam, und zu seinem „freiwilligen" Rücktritt. Interessant ist in diesem Schreiben die Rolle Walter Schmidts, der Dank Kuhlens Unterstützung am 29.9.1946 zum Apostel befördert worden war. Wenn man die Notiz liest und Schmidts Rolle mit den späteren Ereignisse und Schmidts spätere Positionierung zur Botschaft vergleicht, muss man an seiner Integrität zweifeln! – Das aber nur am Rande. – Tatsache ist, dass der Druck auf Kuhlen durch die Chargen um Bischoff jun. soweit erhöht wurde, dass er in persönlichem Gespräch in Frankfurt/M. am 24.11.50 dem Büroleiter J.G. Bischoffs, dem NAK-Bezirksältesten Weine, erklärte, er wolle von seinem Amt zurücktreten, er möge dazu einen Gesprächstermin mit dem Stammapostel vereinbaren, bei dem Gespräch werde er von Apostel Dehmel begleitet.

Der Termin wurde auf den 25.11.50 um 10:00 Uhr in Bischoffs Büro in der Sophienstraße anberaumt. In diesem Termin ist Bischoff dann wohl in einen emotionalen Ausnahmezustand geraten (Kuhlen schreibt von einem Tobsuchtsanfall), den Kuhlen auf Seite 17 der erwähnten Notiz

> Bild links: Ein Beleg für den extremen Kult um J.G. Bischoff

wie folgt wiedergibt:(Zitat) *„[...] Der Stammapostel verlor jede Haltung und verklagte in seinen weiteren Ausführungen auch besonders den Apostel E. Güttinger mit seiner demokratischen Gesinnung. Er habe aber kürzlich den Schweizer Aposteln bewiesen, daß die damalige Handlung [Anm.: Kuhlens Ordination zum Stammapostel] ungöttlich gewesen sei; denn der Herr habe ihm eine Offenbarung gegeben, daß er das Volk Gottes zur Vollendung führen würde. Er habe zu den Schweizer Aposteln gesagt, und das wiederhole er auch uns gegenüber ‚i c h w e r d e n i c h t s t e r b e n.'* Da hätten die Schweizer Apostel große Augen gemacht; aber er wüsste, was er sagte und er bliebe auch dabei. Er wüsste wohl, dass es viel gesagt sei, ‚ich werde nicht sterben' aber er werde es niemals anders sagen, denn wenn er es ja anders sagen würde, dann wäre das ein Abweichen von der Lehre. Die Wiederkunft des Herrn stehe nahe bevor und wer das nicht lehre, der stehe verkehrt. [...]"* (Zitatende)

Peter Kuhlen jedenfalls hielt den Druck nicht aus, und er formulierte noch in diesem Gesprächstermin ein Rücktrittsschreiben von

„25. November 1950

Herzlich geliebter Stammapostel!

Nachdem ich nunmehr über 2 Jahre als Stammapostelhelfer im Werke Gottes tätig war, habe ich Einblick in ihre Arbeit und auch in ihre Glaubenserkenntnis über die Vollendung des Werkes Gottes gewonnen.

Ich sehe mich der Schwere der zukünftigen Aufgabe eines Stammapostels nicht gewachsen und möchte hiermit den mir von dem Apostelkollegium durch Sie erteilten Auftrag, als Stammapostelhelfer und zukünftiger Stammapostel zu wirken, in Ihre Hände zurückgeben.

Nach der heute mit Ihnen gehabten Unterredung werde ich wie früher mich ausschließlich als Bezirksapostel des Apostelbezirks Düsseldorf in der Einheit mit Ihnen und den Aposteln betätigen.

In Verehrung, herzlicher Liebe und Verbundenheit

    Ihr ergebener
    P. Kuhlen"

Man kann den hinter dem alten Bischoff agierenden Kräften nicht vorwerfen, sie seien unintelligent gewesen. Also dürften sie begriffen haben, was Kuhlen als Rücktrittsgrund anführte:

Nämlich dass die Position Bischoffs zur Naherwartung einem künftigen Stammapostel die Arbeit nahezu unmöglich mache. **Zum Amtsantritt müsste Bischoff zunächst sterben, und <u>damit wäre klar gewesen, dass die Lehre, für die auch Kuhlen geradezustehen hätte, falsch war.</u>**

Wenn auch nicht auf den ersten Blick erkennbar, hatte Kuhlen zum Ausdruck gebracht, dass er nicht hinter Bischoffs spezieller Naherwartung stand. Seine Gegner hatten das begriffen, und es war klar, dass Kuhlen weiterem Mobbing ausgesetzt sein würde. Der nächste Schlag gegen ihn wurde dadurch vorbereitet, dass der Stammapostel am 5.8.1951 seinen zu dem Zeitpunkt 42-jährigen Sohn zum Apostel und nicht ganz zwei Jahre später zum Bezirksapostel beförderte. Der dazu nötige Apostelbezirk musst neu geschaffen werden, und das tat Bischoff sen. mit einer Zerschlagung von Kuhlens Apostelbezirk, indem er die südlichen Teile dessen rheinländischen Bezirks „Düsseldorf" dem neugeschaffenen Bezirk „Mainz (Rheinland-Pfalz)" zuschlug.

Das „Getrommele um die Naherwartung" in Wort und Schrift ging indes weiter. Daran änderte auch die Tatsache nichts, dass der Stammapostel am Nachmittag des 18.2.1951 in einem Ämtergottesdienst in Stuttgart-Süd einige Aussagen zu relativieren versuchte:

(Zitat) *„[...] Meine lieben Brüder und Schwestern, ich möchte hier kurz erwähnen: Tag und Stunde weiß niemand. [...]*

Weil wir aber das nicht wissen, darum habe ich mich, wenigstens für meine Person, an die Worte Jesu gehalten, in dem er sagte: ‚Wachet, denn ihr wisset nicht, welcher Stunde euer Herr kommen wird' (Matth. 24, 42). [...]

Ich erwarte den Herrn täglich! Das habe ich oft genug in den Gottesdiensten und auch in meinen Schriften bekanntgegeben, und das Recht hat jedes apostolische Gotteskind, das zu glauben.

Außerdem glaube ich, daß der Herr Jesus zu meiner Lebzeit kommt. Ich habe aber nicht gesagt, daß er in der Zeit kommen muss, sondern ich glaube, daß er in meiner Lebzeit kommt. Dies glaube ich nicht etwa auf Grund eines Traumes oder aus irgendeiner anderen Ursache, sondern auch hierin ist mir nur sein Wort maßgebend. [...]" (Zitatende)

links: Ernst Güttinger (*19. Aug. 1877; †6. Feb. 1960) - Vater
rechts: Otto Güttinger (*10. Jan. 1907; †5. Juli 1960) - Sohn
Bischoffs unterlegene Gegenspieler in der Schweiz

Das brachte die anhaltende Kritik, die gerade aus der Schweiz immer wieder laut wurde, nicht zum Verstummen. Deshalb holte Bischoff zu nächsten Schlag gegen seine Kritiker aus. - In der Apostelversammlung vom 27. März 1951 ließ er die Dienstaltersgrenze für Apostel auf 70 Jahre festlegen. Die beiden Schweizer Apostel Ernst Güttinger und Rudolf Schneider waren zu dem Zeitpunkt bereits 74 Jahre alt und wurden deshalb am 5. August 1951, gegen ihren Wunsch noch etwas länger im Amt zu bleiben, von J.G. Bischoff in den Ruhestand versetzt.

Unter Übergehung von Erst Güttingers Sohn Otto, dem einzigen dann noch in der Schweiz tätigen NAK-Apostel, setzte er den ihm genehmen NAK-Bischof Ernst Eschmann zum Bezirksapostel ein. Wahrheitswidrig behauptete Bischoff, dies geschehe auf ausdrücklichen Wunsch Ernst Güttingers, der sich in Wahrheit für seinen Sohn Otto als Bezirksapostel ausgesprochen hatte!

In einem Schreiben von Ernst Güttinger an J.G. Bischoff vom 26. Juni 1951 heißt es dazu:

(Zitat) *„[...] Betreffend Bischof Eschmann will ich Ihnen sagen, dass ich ihn von mir aus kaum vorgeschlagen hätte, denn ich sagte meinem Sohne schon lange: Bischof Eschmann kommt als Apostel nicht in Frage. Nun meinten aber die beiden anderen Apostel, man müsse ihn doch nehmen, denn wenn man ihm den Bezirksältesten Baur voranstellen würde, gäbe es Unfrieden. Daraufhin habe ich eingewilligt, dass er das Apostelamt erhalten soll, nicht aber als Bezirksapostel in Frage kommt. [...]"* (Zitatende)

Bischoff focht das nicht an! Die Personalfrage in der Schweiz war zu seiner Zufriedenheit geregelt. Und da er jede Gegenstimme für stumm hielt, nahm er seine frühere Relativierung der Botschaft zurück. Bereits in einem Gottesdienst am 14.10.1951 in München stellt er klar:

(Zitat) *„[...] Ich habe vor Monaten gesagt: Ich glaube, dass der Herr zu meiner Lebzeit kommt. Als ich das sagte, gingen die Wogen des Unglaubens hoch und wurde die Sprache laut: Wie kann er so etwas sagen, er ist doch auch ein sterblicher Mensch gleich wie die anderen! Das änderte aber meine Überzeugung nicht. Wenn es dem lieben Gott gefällt, dass er seinen Sohn zu meiner Zeit sendet, um die Seinen zu sich zu nehmen, wer will das hindern? [...]"* (Zitatende)

Und schon zum Weihnachtsgottesdienst 1951 räumte Bischoff alle Unklarheiten aus und sagte den Aufzeichnungen Peter Kuhlens zufolge

(Zitat) *„[...] Tag und Stunde, wann der Herr kommt, wissen wir nicht. Aber ich persönlich bin überzeugt, dass die Zubereitung des königlichen Priestertums in der Zeit erfolgt, in der ich noch vorhanden bin, und dass die Reichsgottesarbeit im Weinberg des Herrn mit mir ihr Ende erreicht, dass also der Feierabend kommt, wo Lohnzahlung stattfindet. Das Zeichen hierfür besteht darin, dass der Herr zu meiner Zeit in Erscheinung tritt und Abschluss seines Werkes macht [...]*

Für mich steht sicher, dass, wie angeführt, die Zeit der Zubereitung des königlichen Priestertums unter meiner Hand vollendet wird und dass die Reichsgottesarbeit im Weinberge des Herrn mit meinem Ende auch ihr Ende erreicht [...]

Abraham war der erste, dem Gott Offenbarungen gab. Er war das erste Tor, durch das der Herr den Segen gab. Ich stehe als Tor der Mitternacht [...]

Ob das jemand glaubt oder nicht, ändert an der Tatsache absolut nichts. Ich bin der Letzte, nach mir kommt keiner mehr. So steht es im Ratschluss unseres Gottes, so ist es festgelegt, und so wird es der Herr bestätigen! Und zum Zeichen sollt ihr das haben, dass der Herr in meiner Zeit kommt, um die Seinen zu sich zu nehmen. [...]" (Zitatende)

Vgl. dazu auch den folgenden **Lesetipp:**

- ➢ Helmut Obst: „Apostel und Propheten der Neuzeit – Gründer christlicher Religionsgemeinschaften des 19. und 20. Jahrhunderts"; 4. Aufl. ersch. 2000 bei Vandenhoeck & Ruprecht, Göttingen, ISBN 978-3525554395)

In der Schweiz verstarb am 30. März 1953 Bischoffs Statthalter Eschmann im Alter von nur 60 Jahren. Aber auch diesmal hatte Otto Güttinger keine Chance auf Beförderung.

Bischoff setzte ihm einen anderen der willigen Vollstrecker seines Willens, den Bezirksältesten Ernst Streckeisen, vor die Nase.

Natürlich hielt Otto Güttinger an seiner früheren Kritik, die durch die Kritik an der Botschaft verstärkt wurde, fest. Deswegen wurde er von Streckeisen und dessen Vasallen Joseph Baur und Hermann Hänni immer wieder gedrängt, sein Amt niederzulegen. Als er dies ablehnte wurde er am 10. Juni 1954 suspendiert!

Gemeinsam mit seinem Vater Ernst und weiteren etwa 1.000 ehemaligen NAK-Mitgliedern gründete Otto Güttinger dann eine apostolische Gemeinde, die aufgrund markenrechtlicher Regeln 1957 in Vereinigung Apostolischer Christen (VAC) umbenannt wurde. Ernst und Otto Güttinger wurden daraufhin von der NAK ausgeschlossen.

Heinrich Franz Schlaphoff
(*3. Aug. 1894; †20. Nov. 1965)
Er fiel Bischoffs Dolchstoss
in den Rücken zum Opfer

Auch in Südafrika kam es ab 1953 zu Ablehnungen der Botschaft. Allerdings schloss sich der Stammapostelhelfer (und als solcher „Dorn im Auge des Stammapostels") Heinrich Franz Schlaphoff der Kritik nicht an. - Aber die Apostel Philipus Jacobus Erasmus und Daniel Carel Smuts Malan wurden 1954 des Amtes enthoben und aus der Neuapostolischen Kirche ausgeschlossen. Sie gründeten daraufhin eine mit der „Apostolic Church of Queensland" zusammengehende neue Organisation, die bis heute bestehende „Apostolic Church of South Africa".

Ihr Vorgesetzter, der Stammapostelhelfer Schlaphoff, blieb jedoch „bei der Fahne". Er wurde bei einer 1954 unternommenen Europareise der Wertschätzung des Stammapostels versichert, auch durch JGB selbst – und sogar noch, als er zur Rückreise an Bord des Schiffes ging.

Als er nach seiner Ankunft in Südafrika in sein Büro zurückkehrte, erwartete ihn dort der telegrafisch ins Amt eingesetzte (1947 auf Schlaphoffs Betreiben eigentlich für Australien ordinierte) Apostel Arno Abicht und überreichte ihm die von Stammapostel Bischoff ebenfalls telegrafisch ausgesprochene Amtsenthebung.

Mehr Details zur Causa Schlaphoff sind dem von H.G. Ludwig nach persönlichen Gesprächen mit Arie Boer verfassten Lebensbericht Boers zu entnehmen. Ich habe mich hier lediglich auf die auch vom NAG übernommenen Angaben beschränkt, da ich weiterführende Passagen Ludwigs nicht auf ihre Authentizität hin gegenprüfen konnte.

Inzwischen wurde Bischoff sen. immer älter, aber der Herr ließ auf sich warten. Doch Bischoff und seine Helfershelfer hielten an der Botschaft fest, die in fast jeder Predigt auch von JGB selbst wiederholt wurde - über Jahre hinweg. Im Laufe des Jahres 1954 wurde sie sogar zum Dogma erhoben, der Glaube an die sogenannte „Botschaft" die der Stammapostel erhalten habe, wurde als Bedingung zur Aufnahme bzw. zum Empfang der „Heiligen Versiegelung" und zur Ordinierung als Amtsträger in der Neuapostolischen Kirche verknüpft.

Am 12.9.1954, mittlerweile war er schon 83 Jahre alt, sagte Bischoff bei einem Gottesdienst in Stuttgart:

(Zitat) „[...] Ich bin mir doch bewusst, dass wenn ich sterben würde - was nicht der Fall sein wird -, dann wäre Gottes Werk vernichtet. [...]
Falls ich tatsächlich heimgehen würde, was nicht geschehen wird, dann wäre das Erlösungswerk erledigt. [...]" (Zitatende)

Doch trotz des enormen Drucks, den Bischoff mit dieser Botschaft aufbaute, wurde sie von vielen Neuapostolischen nicht anerkannt. Peter Kuhlen machte sich zum Sprecher dieser Opposition. Er forderte mit Unterstützung seiner rheinischen Mitapostel Siegfried Dehmel und Ernst Dunkmann, die Annahme oder Ablehnung der „Botschaft" in die freie Entscheidung jedes Einzelnen zu legen.

Daraufhin eskalierte die Situation: Am 23. Januar 1955 wurden sämtliche Bezirksämter des Apostelbereichs Rheinland (drei Apostel, zwei Bischöfe und zehn Älteste) ihres Amtes enthoben und aus der Neuapostolischen Kirche ausgeschlossen. Mit ihnen verließ mehr als die Hälfte der zu diesem Zeitpunkt etwa 20.000 NAK-Mitglieder des Apostelbezirks Rheinland die Kirche.

In der von Wömpner, Krempf und Scheibner 1991 herausgegebenen Biografie von Walter Schmidt wird dieser zu dem Vorgang wie folgt zitiert:

„[...] Aber die Geschwister seines Bezirks, die bis zum Jahr 1955 in Peter Kuhlen ihren Apostel sahen, die ihn gewiß auch liebten, ihm glaubten und vertrauten, konnten damals noch nicht ahnen, daß er nun nicht mehr in der treuen Nachfolge zu seinem Vorangänger blieb. Natürlich waren dem Stammapostel Bischoff diese Bestrebungen bekannt. Fast alle Apostel - bis auf die vorhin erwähnten Ausnahmen - standen treu zu ihm und ließen es nicht an Warnungen fehlen. Doch der Stammapostel sagte nur: 'Das ist ein Geschwür, das wir herauseitern lassen müssen.`[...]
Herauseitern tut sehr, sehr weh. [...]" (Zitatende)

Und wie das „Geschwür herausgeeitert" wurde! - In der Folge zeigten sich in allen Arbeitsbereichen teilweise so ungute Verhältnisse, dass nach der inneren Trennung auch die äußere voll-zogen werden musste. Es kam zu einer Reihe weiterer Abspaltungen von der NAK und zu Neugründungen, die sich später zur „Vereinigung Apostolischer Gemeinden (VAG)" zusammen-schlossen. – Eine Spaltung in Württemberg konnte dadurch verhindert werden, dass die Apostel Friedrich Bischoff und Walter Schmidt dort am 18.11.1955 auf einer Ämterversammlung auftauchten und sämtliche Anwesenden auf Linie brachten, indem Schmidt einen Neuanfang forderte und ein Gelöbnis ablegen ließ:

„[...] Wenn ihr nun vor Gottes Angesicht bestätigt, dass ihr euch willig in den Dienst des Stammapostels der Bezirksapostel stellt und sie erhöht, mit ihnen Hand in Hand, Schulter an Schulter geht, und wenn ihr nun gelobt, das, was dahinten, das wird schwinden es soll nicht wieder berührt werden, und wenn ihr gelobt, dass diese Sache nie wieder angerührt wird, dann bestätigt es mit einem ‚Ja'!"

Der Druck wurde auf allen Ebenen erhöht. Hier als Zitate einige Veröffentlichungen in den NAK-Amtsblättern (Predigt-Leitfäden / Leitgedanken für den Gottesdienst) aus dem Jahr 1956:

- *„Wir haben erkannt, daß wir ohne die von Gott gegebene Führung im Stammapostel nicht das herrliche Ziel erreichen können."*
- *„In unserer Zeit verkündet der Stammapostel, daß er die Stimme des Vaters gehört hat, die dem Sohn sagte: ‚Nun kannst du dir deine Braut holen; sie hat die Prüfung bestanden!'"*
- *„Wir können den Weg nicht selbst finden, darum ist es so tröstlich für uns, daß wir nur darauf zu achten brauchen, wo das Lamm im Stammapostel hingeht."*
- *„Hier war es kein Engel, sondern Jesus selbst, der seinen treuesten Knecht und mit ihm alle getreuen Gotteskinder mit der herrlichen Botschaft stärkte: ‚Ich komme zu deiner Lebenszeit!'"*
- *„Gott hat uns zu unserer Vollendung den Stammapostel gegeben und ihn als Lebensbaum mitten unter sein Volk gestellt. Er gebot, von diesem Lebensbaum zu essen, also seinem Wort zu glauben. Als schönste Frucht haben wir durch ihn die Botschaft erhalten, daß der Herr in der Zeit seines Lebens wiederkommen werde, um die Seinen für immer zu sich zu nehmen."*
- *„Diese Botschaft zwingt jedes Gotteskind zu einer klaren Entscheidung, sich für oder wider sie zu stellen. Es werden jene Gotteskinder sein, die sich im gläubigen Vertrauen um den Stammapostel geschart haben und die, die er ihnen zum Segen und zur Hilfe gegeben hat. ... wir haben die Wahl zwischen ewigem Leben und ewigem Tod!"*

Ich selbst erinnere mich gut an die spätestens ab 1956 hysterisch aufgeladene Stimmung bei Apostelgottesdiensten und selbst bei den von Bischoff eingeführten Übertragungsgottesdiensten. Die Verehrung Bischoffs nahm bei den „Übriggebliebenen" teilweise absurde Ausmaße an, zum Beispiel wenn der Sprecher vor Beginn der eigentlichen Übertragung sich schier überschlug:

„Der Stammapostel ist mit seiner Begleitung in die Halle getreten. Wir können ihn noch nicht sehen, aber wir spüren, dass jetzt ein Er-

eignis von überirdischer Bedeutung seinen Anfang genommen hat. Eine einzige Bewegung liegt über der versammelten Schar, Himmelskräfte haben sich gelöst und fluten durch den Raum. – Der Gottesdienst beginnt"

Die Auswirkungen der Botschaft – die ja im Prinzip nach Bischoffs Tod durch Walter Schmidts Behauptung, Gott habe durch **„eine Planänderung alle Gläubigen heilsam aufschrecken wollen und ihnen noch eine Gnadenfrist für ihre Vorbereitung auf die Wiederkunft Jesu Christi gewährt"**, aufrechterhalten wurde – waren bis in die siebziger Jahre hinein teilweise furchtbar. Vor allem bei den Angehörigen der jungen Generation hatte die Naherwartung enorme gesellschaftliche Auswirkungen:

Kinder und Jugendliche wurden von Gleichaltrigen „aus der Welt" isoliert. - Alles im Leben hatte dem Erreichen der Würdikeit zu dienen. Das Wissen, dass Gott alles sehe, führte zu einer nahezu permanenten Angst, einen Fehler zu machen, der die Würdigkeit kostete und der dazu führte, dass der Herr einen nicht mitnähme.

Und was alles die Würdigkeit kosten konnte! Fernsehen, Kino, weltliche Vergnügungen wie Kirmes oder Karneval, sogar die Teilnahme oder auch nur der Besuch von Sportveranstaltungen konnte dazu führen, dass man am Tag des Herrn zurückbleiben musste. Das ging so weit, dass sogar der Besuch einer Speisegaststätte als Sünde galt; das war eben eine Gastwirtschaft, und Wirtschaften galten als Stätten des Teufels.

Eine facebook-Userin, die als Kind Mitglied der NAK war, schrieb vor ein paar Monaten über ihre Erinnerungen an die Kindheit:

„Ich wurde wenige Tage nach der Verkündung der Botschaft von Stammapostel Bischof geboren. Meine Mutter hat mir oft er-zählt, wie traurig sie über die Aussagen der lieben Geschwister war, sie bräuchte sich gar keine große Mühe mit mir zu machen, da sich ja bald die Botschaft erfüllen und ich nicht alt würde."

So ging es vielen meiner Generation. Schule und Ausbildung wurden als überflüssiges Pflichtprogramm betrachtet. In der Schule absolvierte man sein Pflichtprogramm, was hieß, dass man immer Vorbild zu sein habe und Spitzenleistungen abliefern sollte. Aber eben nicht zum „Selbstzweck", also zum Lernen, um sich weiterzubilden, zum Statusstreben – nein, der Weg war das Ziel bei Dingen des irdischen Lebens, und das Streben nach höheren Zielen galt als „eitel Haschen nach dem Wind".

Spaßigerweise haben aber gerade diejenigen, die sich nicht daran gehalten haben, dann später Karriere in der NAK gemacht... Die ab Mitte der Achtziger Jahre ordinierten NAK-Apostel in Mitteleuropa entstammten der ersten Nachkriegsgeneration, und fast alle waren vorher beruflich erfolgreich, viele (wenn nicht die meisten) waren Akademiker.

Zu Auswüchsen kam es aber auch bei den Angehörigen der älteren Generationen in der Botschaftszeit: Viele traten erst gar keine Ausbildung an, es wurde, gemäß den Worten an den reichen Jüngling, Hab- und Gut verschenkt. Ackerbau, Viehzucht, Hausbau und Zukunftsplanung galt Manchen als unnütz.

Dann kam das Jahr 1960!

Der Stammapostel ist tot – es lebe der Stammapostel

Von dem, was die NAK (und in deren Auftrag das NAG in seinem ApWiki und in den von ihm betreuten wikipedia-Einträgen) über das letzte Lebensjahr von J.G, Bischoff berichtet, stimmt gerade einmal die Tatsache, dass der mittlerweile 89-jährige hinfällige Greis am 18. April 1960 eine plötzliche Herzattacke hatte. Und dass er infolge dieser Herzerkrankung äußerster Schonung bedurfte und keine Reisen mehr unternehmen durfte.

Möglicherweise stimmt sogar die Legende, er sei ein sehr unbequemer, weil widerspenstiger, Patient gewesen, der sich den ärztlichen Anordnungen nicht fügen wollte.

Tatsache ist, dass J.G. Bischoffs Umgebung, trotz der Gewissheit seines baldigen Todes, die Botschaft aufrechterhielt. Noch vom Tag vor Bischoffs Tod wird berichtet, dass der Bezirksapostel Walter Schmidt zu Bischoff sagte: *„Aber es bleibt bei der Verheissung: ‚Der Herr kommt zu Ihrer Lebenszeit.'"* Und Bischoff antwortete: *„Ja, das ist gewiss!"*

Schmidt war sowieso eine der schillerndsten Figuren auch in der Zeit nach dem 2. Weltkrieg. Wie bereits erwähnt, machte er durch Kuhlens Protektion gegen Ende des Krieges und in der frühen Nachkriegszeit (obwohl er bei Kriegsende bereits ein Mittfünfziger war) rasch Karriere in der NAK. Im September 1946 wurde er Apostel und im September 1948 wurde er – ebenfalls auf Kuhlens Vorschlag hin – zu Kuhlens Entlastung Bezirksapostel und übernahm den Bezirk Dortmund.

Er stand an der Seite Kuhlens und gehörte zu denjenigen die die Ordination Kuhlens zum Stammapostel in die Wege leiteten, aber nachdem Kuhlen infolge der Botschaft von seiner Position zurücktrat, wechselte er auf die Seite Bischoffs und wurde zu einem der eifrigsten Verkünder der Botschaft (an die er, wie wir sehen werden, selbst nicht glaubte). Nach Kuhlens Rausschmiss beerbte er ihn dann als Bezirksapostel für den Bezirk Düsseldorf, womit er den so neu entstandenen Apostelbezirk Nordrhein-Westfalen mit Sitz in Dortmund in seine Hände bekam.

Weiter ist von Schmidt bekannt, dass sich die NAKn durch Annahme großzügiger Kredite und finanzieller Unterstützungen, z.B. für die Beschaffung von Gesangbüchern, von ihm abhängig machten. Und just dieser Walter Schmidt spielte bei den nachfolgend geschilderten Ereignissen, die dann im Tod des Kirchenoberhauptes mündeten, eine wesentlich Rolle...

Die Schilderungen beruhen auf den Erinnerungen des neuapostolischen Arztes, Naturmediziners und Krebsforschers Dr. med. Walter Gorenflos, der 1960 als NAK-Priester (später bekleidete er das NAK-Evangelistenamt) in Karlsruhe tätig war. Diese Erinnerungen kamen über seine 2. Ehefrau und Witwe Helga Gorenflos über freundschaftliche Kontakte zu Mitgliedern meiner Familie und zu einem gemeinsamen Freund. Meinem jüngeren Bruder (seine Schwiegermutter, die Ehefrau des seinerzeitigen Vorstehers der NAK-Gemeinde Karlsbad-Ittersbach, Karl Dietz, war eine enge Freundin von Helga Gorenflos) hat die Wwe. Gorenflos die Informationen bei einem Krankenbesuch weitergegeben. Sie weichen von den knappen NAK-offiziellen Schilderungen ab, sind aber wesentlich glaubwürdiger als diese, weil sie teilweise durch weitere NAKler aus dem Karlsruher Land bestätigt wurden – und vor allem auch deshalb, weil weder der (bis zum Schluss „treue") NAK-Evangelist noch dessen Witwe einen Grund hatten, diese Erinnerungen zu erfinden und weiterzugeben (zumal Walter Gorenflos noch lange an dem Schimpfnamen StAp-Mörder zu leiden hatte):

Die Erinnerungen setzen bei einem auch nach Karlsruhe übertragenen GD des StAp-Sohnes BezAp. Friedrich Bischoff ein. In seiner Predigt beklagte sich Friedrich Bischoff, dass der Stammapostel so viel für seine Anvertrauten, darunter auch viele Ärzte, tue, dass sich aber nicht einer davon in der Krankheit des StAp um ihn bemühe.

Tief beunruhigt machte sich Dr. Gorenflos wenig später (das muss am Morgen des 06. Juli 1960 gewesen sein) auf den Weg nach Frankfurt, um sich selbst ein Bild von der Krankheit und dem Allgemeinzustand des Patienten zu machen. Im Haus des Stammapostels war auch der BezAp Walter Schmidt anwesend. – Dr. Gorenflos stellte schnell fest, dass dem Patienten mit ärztlichen Mitteln nicht mehr zu helfen war, und dass mit dessen baldigem Tod zu rechnen war.

Um J.G. Bischoff das bald zu erwartende Terminalstadium leichter zu machen, riet er dazu, den Patienten an einen ruhigeren Ort zu bringen. Denn in Frankfurt und im Haus des Stammapostels war es doch zu unruhig. Zudem wurde das Haus von Anhängern Kuhlens, denen der schlechte Gesundheitszustand ihres Widersachers nicht entgangen war, beobachtet, was wiederum dem greisen Patienten nicht entgangen war.

Man kam überein, den Patienten in das auch klimatisch günstigere und wesentlich ruhigere Domizil von BezAp Gotthilf Volz zu bringen, wollte aber verhindern, dass die Kuhlen-Anhänger die Verfolgung aufnehmen und über den Umzug berichten würden. Deswegen erfolgte die Verlegung des Patienten unter geradezu konspirativen Bedingungen:

Ein zu Besuch im Hause Bischoff weilender NAK-Hirte sah dem Stammapostel, auch von der Statur her, sehr ähnlich. Den führte Friedrich Bischoff zu dem amerikanischen Straßenkreuzer des Stammapostels und fuhr mit ihm weg. – Der Trick gelang, und die Beobachter verfolgten die beiden. Damit hatten Dr. Gorenflos und Walter Schmidt die Gelegenheit den Hausherrn unbemerkt zum Volkswagen von Gorenflos zu bringen um ihn damit in den Schwarzwald zum Haus von BezAp Volz zu fahren.

Unterwegs verschlechterte sich der Zustand des Patienten aber so sehr, dass Dr. Gorenflos sich dafür entschied, die Fahrt in Karlsruhe zu unterbrechen und J.G. Bischoff erst einmal in sein Haus zu bringen und dann die weiteren Schritte zu entscheiden.

Während der Arzt sich um Bischoff kümmerte, fuhr Walter Schmidt mit dessen Auto zurück nach Frankfurt um mit Friedrich Bischoff zu beratschlagen, wie es nun, auch mit der Kirche, weitergehen sollte.

Gorenflos brachte den Patienten in seine über der Praxis gelegene Wohnung und verordnete strengste Bettruhe. Auch ein von Bischoff dringend gewünschtes Bad verbot der Arzt. Zur Betreuung des Patienten organisierte er einen NAK-Diakon, der ausgebildeter Krankenpfleger war. Der aber war für die medizinische Betreuung seines

Stammapostels denkbar ungeeignet, denn er beugte sich dessen Anweisung, ihm ein Bad einzulassen.

Sobald Gorenflos das gewahr wurde, eilte er hoch in seine Wohnung, kam aber zu spät, er konnte nur noch den Tod seines Patienten feststellen. Mit Hilfe des Diakons bettete er den Leichnam des Stammapostels im Schlafzimmer. Etwa zur gleichen Zeit rief Walter Schmidt an, um sich nach dem Stand der Dinge zu erkundigen, Gorenflos konnte ihm und dem mit Schmidt zusammensitzenden Friedrich Bischoff nur sagen, dass der Stammapostel tot war.

Daraufhin fuhr Schmidt, der ja sowieso noch mit dem Käfer Gorenflos' unterwegs war, stante pede nach Karlsruhe, während sein Freund Friedrich Bischoff, mittlerweile war es später Abend, sich um einen Bestattungsunternehmer bemühte...

Nachdem Dr. Gorenflos, den der Tod des Mannes, der nach seinem Verständnis der Stellvertreter Christi auf Erden war, wohl mehr erschüttert hatte als es bei seiner Profession zu erwarten gewesen wäre, sich etwas gefangen hatte, fragte er den mittlerweile eingetroffenen BezAp Schmidt, was denn nun mit der göttlichen Botschaft sei.

Aber Schmidt beschied ihm nur kurz, dass es keine göttliche Offenbarung gegeben habe, und dass man so etwas heute ganz anders machen würde.

Es sei so gewesen, dass der Stammapostel am Morgen vor einem Gottesdienst gut gelaunt in die Runde einiger Apostel gekommen sei und berichtete, er habe einen Traum gehabt, in dem der Herr ihm verkündete, dass er noch zu seinen Lebzeiten kommen werde. Daraufhin sei ein Teil der Runde ganz aufgeregt gewesen und habe gemeint, dass dies eine göttliche Offenbarung gewesen sei, die er unbedingt verkünden müsse. Der StAp selbst habe dies verneint und darauf bestanden, dass es sich lediglich um einen Traum gehandelt habe. Dennoch sei das durch die Indiskretion eines der süddeutschen Apostel, der in einem Gottesdienst darüber gepredigt habe, durchgesickert und dann habe sich die Geschichte verselbstständigt. Aber eine Botschaft habe es nie gegeben...

Soweit die Erinnerungen des Dr. Gorenflos, dem seine Selbstlosigkeit und Verschwiegenheit keinerlei Nutzen brachte. Im Gegenteil: Fragmente der Ereignisse sickerten (vermutlich durch den krankenpflegenden Diakon) doch nach außen, was dazu führte, dass Dr. Gorenflos von einigen Mitgliedern in Gemeinden von Karlsruhe und Umgebung, wie gesagt, als „Stammapostelmörder" betitelt wurde. Der Spitzname blieb ihm auch nach einem Umzug nach Bad Herrenalb erhalten. Zuguter Letzt verzog Dr. Gorenflos auf die andere Rheinseite ins pfälzische, wo er den Rest seines Lebensabends verbrachte und auch starb.

Aber der Krimi um Bischoffs Tod ging weiter: Bereits in der Nacht von Bischoffs Tod trommelte Walter Schmidt die kurzfristig erreichbaren Apostel für den nächsten Tag zu einer außerordentlichen Versammlung in Frankfurt zusammen. Es erschienen insgesamt 17 Mitglieder des Apostelkollegiums, darunter als einziger Nichtdeutscher der Franzose Chrétien Dauber.

Die für die Wahl von J.G. Bischoffs Nachfolger notwendige satzungsgemäße Versammlung des Apostelkollegiums, die dessen Schriftführer Gottfried Rockenfelder einberufen hatte, fand erst am 02. August 1960 in der Sophienstraße in Frankfurt/Main statt. Um beschlussfähig zu sein, hätten bei der Versammlung 36 der seinerzeit 48 aktiven Apostel (also 75%) anwesend sein müssen, und von diesen hätten sich wiederum 75% (also 27!!) für denselben Kandidaten entscheiden müssen. Das Apostelkollegium wurde bei dieser Versammlung jedoch vor vollendete Tatsachen gestellt:

Walter Schmidt hatte sich bereits am 07. Juli 1960 – am Tag nach Bischoffs Tod – von den bei der außerordentlichen Versammlung anwesenden Kollegen zum Stammapostel wählen lassen.

Jedenfalls hatten lt. Protokoll alle 17 (er selbst eingeschlossen) Versammlungsteilnehmer, die indes gerade einmal 35% der Kollegiums-Mitglieder stellten, der Wahl Schmidts zugestimmt.

Walter Schmidt ist also aufgrund eines nicht satzungsgemäßen Vorgangs – sozusagen in einer Nacht- und Nebelaktion – zum Stammapostel ausgeguckt worden, aber (und das ist beachtenswert) nicht ordiniert worden. **Zu keinem Zeitpunkt hat es eine ordentliche Ordination und Amtseinsetzung gegeben!**

Sonntag 10. Juli 1960 – Apostelversammlung

Das in der vom Verlag Friedrich Bischoff in der Biographie „Johann Gottfried Bischoff" herausgegebene Foto beweist:

Selbst am Sonntag waren lediglich 32 der für eine satzungsgemäße Wahl notwendigen mindestens 36 Apostel anwesend!

Bei der außerordentlichen Versammlung wurde außerdem darüber beraten, wie nun die Beisetzung des toten Stammapostels J.G. Bischoff erfolgen solle:

Die Apostel waren sich darin einig, dass das Begräbnis des toten Stammapostels vor allen Dingen unter Ausschluss der Geschwister und auch Fremden erfolgen sollte. Man befürchtete sicher nicht zu Unrecht, dass es bei einer angemessen großen Beisetzung zu turbulenten Szenen kommen könnte, und dass dann auch die Presse Wind von dem Debakel bekommen würde!

[Anm: Tatsächlich war es niemand von der NAK-Führung, der die Presse informierte, sondern der bekannte evangelische Theologe und Publizist Kurt Hutten]

Deshalb wurde die Beisetzung am 11. Juli 1960 bereits um 9 Uhr und nicht wie offiziell angekündigt um 11 Uhr durchgeführt.

Außer (dem bereits als Stammapostel auftretenden) Walter Schmidt, der als Trauerredner und Zelebrant fungierte, waren noch Friedrich Bischoff mit seiner Familie und etwa 20 weitere Apostel anwesend. – Zwar kamen zum eigentlich angesetzten Termin doch noch einige Gläubige, die den Termin rechtzeitig erfahren hatten, um ihrem Stammapostel das letzte Geleit zu geben, da war aber alles längst vorbei. Das Grab war geschlossen – viele fühlten sich genasführt.

Wie man der Wächterstimme 59. Jahrgang Nr. 16 vom 15. August 1960 entnehmen kann, handelte es sich bei der Beerdigung tatsächlich um eine sehr knapp gehaltene Veranstaltung ohne alle Schnörkel und mit Walter Schmidt als einzigem Redner.

Weitaus größeren Raum als der Bericht über die Beisetzung Bischoffs nimmt übrigens Schmidts Selbstdarstellung ein, mit der er sich als neuer Stammapostel vorstellt.

Fazit: Bischoffs Amtszeit als Stammapostel ist so zu Ende gegangen, wie sie begonnen hat: Er ist durch Verrat, List und Trug an die Macht gekommen, wobei es ihm, dass ist aus seiner Biografie deutlich erkennbar, von Anfang an um seinen persönlichen Reichtum ging...

Er und sein Sohn haben sich mit meines Erachtens erheblicher krimineller Energie die Hoheit über die NAK-Medien und deren Vertrieb gesichert, sowie undurchsichtige Immobiliengeschäfte getätigt. Und dabei sind sie reich geworden.

Um Geld und Macht zu erhalten, haben Sie mit dem braunen Teufel paktiert... - und sie haben die damals sehr spezielle Lesart der Naherwartung nur deshalb in die Welt gebracht, um die Macht bis zuletzt festzuhalten. Selbst die Tatsache, dass die Bischoffs die beiden Güttingers über die Klinge springen ließen, war im Prinzip der Rückgewinnung der Medienmacht geschuldet.

Dabei kam ihnen der NAK-Spätkarrierist Walter Schmidt, der als Kriegsgewinnler und Kriegsverbrecher seinen Reichtum erworben hatte, zu Hilfe. Und der hat beim Tod von J.G. Bischoff dann in einer Nacht und Nebelaktion die Führung der NAK an sich gerissen, und seine Lügen über die Botschaft - aus persönlichen Aufzeichnungen von Priester Gorenflos ergibt sich, das Schmidt nie daran geglaubt hat - in einer kleinen Wendung weiter zementiert...

Unterschiedliche Statur – gleicher Charakter:
Johann Gottfried Bischoff und Walter Schmidt

Ein würdiger Nachfolger im Amte, fürwahr!

Ein kleiner bescheidener Mann?

Eigentlich hätten sich die NAK-Mitglieder verwundert die Augen reiben müssen: Noch am 3. Juli 1960 wurde gepredigt, dass der Herr sie heimholen würde, bevor ihr herzlich geliebter Stammapostel das Zeitliche segnen müsste… - Aber kaum eines von ihnen hatte erfahren, auch nicht im Wochengottesdienst, dass dieser Stammapostel nur 3 Tage später genau das getan hat: Das Zeitliche gesegnet.

Und schon am nächsten Sonntag, also am 10. Juli 1960 wurde ihnen ein Brief vorgelesen, auf dessen Text sich die kurzfristig erreichbaren Apostel am 7. Juli – also am Tag nach dem Tod des obersten Kirchenführers – in einer außerordentlichen Versammlung des Kollegiums geeinigt hatten und in dem ihnen – unterzeichnet von einem Stammapostel, den kaum einer von ihnen kannte – der Tod des Mannes mitgeteilt wurde, von dem sie dachten, er werde niemals sterben.

In diesem Schreiben wurde allerorten für den 9. Juli 1960 zu Ämterversammlungen aufgerufen, damit die je örtlichen Funktionäre aktuell informiert seien. Und bereits in diesem Schreiben erging an die Amtsträger die Weisung unbedingt weiterzumachen, und nicht eine Sekunde zu zaudern! Das

„Wir schweigen und gehen unseren Weg"

war geboren – ein nur schlecht verbrämtes Verbot, die Ereignis-se anders, als es die Führung vorgab, zu kommentieren, ja die Ereignisse überhaupt zu thematisieren. Gleichzeitig lieferte das Schreiben, das, wie gesagt, am 10. in den Gemeinden verlesen wurde die Erklärung für das Unerklärbare: Gott hat seinen Ratschluss geändert, um seinen Kindern durch ein heilsames Erschrecken, dass sie zu ihm führen sollte, eine kleine Frist zu gönnen. – Im Prinzip wurde also die Botschaft aufrechterhalten, nur der Wiederkunftstermin wurde nicht mehr eingegrenzt… Im Schreiben hieß es

(Zitat) *„[…] Sowohl er wie auch wir und alle mit ihm treu verbundenen Brüder und Geschwister haben niemals daran gezweifelt, dass der Herr die ihm gegebene Verheißung zur gegebenen Zeit auch erfüllen würde. Wir stehen deshalb vor dem unerforschlichen Ratschluss unseres Gottes und fragen uns, warum* *er seinen Willen geändert hat. Der Stammapostel [...] kann sich nicht geirrt haben, weil er immer das Wort des Herrn zur Richtschnur seines Handelns gemacht hat. [...]"* (Zitatende)

Also klar, der liebe Gott ist schuld, und überhaupt sind Gott und seine Ratschlüsse ja unerforschlich!

Erstaunlicherweise wurde es allenthalben ebenso stillschweigend akzeptiert, dass sich da jemand im Prinzip selbst zum Stammapostel ernannt hat, kaum, dass der Leichnam des vorherigen Stammapostels erkaltet war. – Dabei war es ausgeschlossen, dass das mit rechten Dingen zugegangen sein kann!

Da Bischoff alles getan hatte, um eine Nachfolgeregelung zu verhindern, gab es keinen designierten Stammapostel. – Rein rechtlich hätte man sich derart kurzfristig allenfalls mit Kuhlen einigen können, der ja lediglich seine Aufgaben abgegeben hatte und aus der Kirche ausgeschlossen worden war, jedoch niemals exordiniert oder gar exkommuniziert wurde. Mit Kuhlen wäre ein regelgerecht ordinierter Amtsnachfolger vorhanden gewesen.

So aber entbehren die NAKn seitdem einer in neuapostolischer Sukzession stehenden Führung. Und weil gerade das so enorm wichtig ist, hier noch einmal die Faktenlage:

Schmidt hätte nur dann kirchenrechtlich korrekt zum Stammapostel gewählt werden können, wenn zu einer mit ordentlichen Fristen einberufenen Vollversammlung des Apostelkollegiums mindestens 75% der aktiven Apostel anwesend gewesen wären, und wenn von diesen wiederum 75% der Wahl Schmidts zugestimmt hätten.

Schmidt wurde aber bereits am 7. Juli in einer außerordentlichen Versammlung zu der lediglich 17 Mitglieder des Kollegiums erschienen waren, einstimmig (das heißt also auch mit seiner eigenen Stimme!) gewählt. – Selbst am Sonntag vor dem Gottesdienst, der so quasi seine Stammapostel-Primiz war, waren wie weiter oben im Bild beweisen lediglich 32 Apostel anwesend. Er hätte aber wenigstens 36 Stimmen benötigt, um als ordentlich gewählt zu gelten!

Er unterschrieb das am Sonntag zu verlesende Schreiben aber bereits als Stammapostel und trat im Gottesdienst vom 10. Juli 1960 bereits als Stammapostel auf. Dies, obwohl auch am Montag, 11. Juli 1960 noch nicht genügend Stimmberechtigte für seine Wahl zum Stammapostel in Frankfurt anwesend waren.

Noch einmal: Zu der Zeit amtierten 48 Apostel, von denen hätten mindestens 36 anwesend sein müssen, von denen sich wiederum mindestens 27 auf Schmidt hätten einigen müssen.

Aber bis zur Beisetzung Bischoffs waren erst insgesamt 26 Apostel in Frankfurt anwesend, das geht aus sämtlichen hier vorliegenden Dokumenten eindeutig hervor! Und weiter hätte nach einer ordentlichen Wahl den kirchenrechtlichen Bestimmungen zufolge der designierte Stammapostel mit Handauflegung von drei Bezirksaposteln ordiniert werden müssen, auch das hat sich niemals ereignet.

Trotzdem trat Walter Schmidt im Gottesdienst vom 10. Juli ganz offiziell als Stammapostel auf, was auch von den älteren Aposteln und Bezirkaposteln geduldet wurde. Mehr noch: Durch Ernst Streckeisen, der bereits Bischoffs williger Vollstrecker war, gelobte das versammelte Apostolat Gehorsam!

In dem Gottesdienst sprach Apostel Schall das Eingangsgebet und verlas den Brief des Kollegiums vom 7. Juli 1960. Nach einem Chorlied übernahm der neue Stammapostel die GD-Leitung, verlas das Textwort und hielt dann seine Predigt. Ernst Streckeisen, der Bezirksapostel der Schweiz, war der erste Co-Prediger, ich will seine Worte, und die einiger weiterer Co-Prediger hier wörtlich so wiedergeben, wie sie in der Wächterstimme vom 15.8.1960 zitiert werden:

(Zitat) *"[...] Der Stammapostel Schmidt hat auf jene kurze Zeit hingewiesen, in der Josua das Werk vollenden mußte, welches Mose in vierzig Jahren im Namen des Herrn durchgeführt hatte. Er hat die große Aufgabe wunderbar gelöst, weil der Herr mit ihm war. Der Jordan war zwischen ihm und dem Ziel der Reise, eine Brücke war nicht da; es war Zeit der Ernte, der Strom voll Wasser, und der Herr hat dem Josua gesagt: „Heute will ich anfangen, dich groß zu machen vor dem ganzen Israel" (Josua 3, 7). Josua sprach zum Volk: „Heiliget euch; denn morgen wird der Herr ein Wunder unter euch tun" (Josua 3, 5). Wie wunderbar sind sie durch die trüben Fluten des Jordan hindurchgekommen!*

Meine lieben Geschwister, ich bin ganz überzeugt, wenn unser heimgegangener Stammapostel heute Morgen zu uns sprechen könnte, würde er sagen: Kinder, wie ihr zu mir gestanden seid, so steht nun zu meinem Nachfolger, wie ihr mir geglaubt habt, so glaubet ihm! Was er euch sagt, das tut, so gut, wie ihr es nur könnt.

Ich weiß, ich darf im Namen aller Getreuen aus dem Bezirk, aus dem ich komme, unserem heutigen Stammapostel sagen: Lieber Stammapostel, wie wir dem Stammapostel Bischoff gefolgt sind, so folgen wir dir. Wo du uns hinsendest, da wollen wir hingehen. Amen." (Zitatende)

Apostel Lewitus führte in seiner Co-Predigt aus:

(Zitat) *„[...] Wenn wir auch heute noch vor einem Rätsel stehen, so wird es nicht lange dauern, dann werden wir verstehen können, was der allmächtige Gott, unser Vater, im Auge und im Sinne hatte, immer zum Segen der Seinen, als es ihm wohlgefiel, unseren alten Stammapostel zu sich zu nehmen.*

Wir können aber auch die verstandesmäßige Lösung suchen auf die Frage: Warum? Denn als der Herr dann die Seinen fragte, ob sie auch gehen wollten wie die anderen, da antwortete Petrus für die zwölf Apostel: „Herr, wohin sollen wir gehen? Du hast Worte des ewigen Lebens!" (Johannes 6, 67. 68) Wo wollten wir denn hingehen die wir aus Nacht und Finsternis herausgeholt wurden durch die wunderbare Gnade Gottes und auf eine Glaubenshöhe geführt wurden, die die Menschen nicht kennt, die Christenheit nicht versteht [...]

Wir wollen da bleiben, wo wir sind, auf dem Weg ins obere Kanaan, und nicht wanken und weichen. Auch wir haben keine andere Stätte, wo wir Worte des ewigen Lebens hinnehmen können, Worte des Lebens, die wir gerade heute so notwendig brauchen. Unser Weg liegt klar und deutlich vor uns, und ich darf im Namen der überseeischen Apostel sagen: Wir haben durch die einstimmige Wahl unseres Stammapostels Schmidt bereits bekundet, daß wir geschlossen hinter ihm stehen, und das fällt uns fürwahr nicht schwer, denn wir kennen in ihm den Sinn und Geist, der im Stammapostel Bischoff lebendig war, den Geist des Herrn. Amen" (Zitatende)

Übrigens eine faustdicke Lüge, da keiner der überseeischen Apostel mit abgestimmt hatte, als am 7. Juli die Wahl erfolgte!

Hier ein Teil der Co-Predigt des trauernden Bezirksapostels Friedrich Bischoff, dem Sohn des verstorbenen Stammapostels:

(Zitat) *„[...] Der Stammapostel Schmidt sagte: Es gilt, dieses Erbe des Stammapostels zu pflegen, zu bewahren, ja es gilt auch, es zu mehren und zu fördern. Wie er uns stets gelehrt hat:*

„Geschwister, bleibt nicht stehen bei dem Geschehen von gestern!", so wollen wir nun auch gemeinsam weiterwandern. Wie er uns ermahnt hat, wenn wir durch Stunden des Glückes und der Freude gingen: „Geschwister, es bleibt nicht so!" und uns damit vor Ueberschwang und Ueberheblichkeit zurückhielt, so hat er uns in Stunden der Trauer und der Not getröstet und aufgerichtet mit dem Hinweis auf den Tag des Herrn [...] Er hat uns stets auf unser Ziel gerichtet.

Ich weiß von meinen jungen Jahren an schon, daß nichts anderes das Ziel seines Glaubens war, als bereit zu sein am Tag des Herrn! Weil ich die Grundlage empfangen habe, daß nichts anderes unser Glaubensziel ist, als uns auf die Wiederkunft des Herrn vorzubereiten, ist es mir nicht schwergefallen, zu glauben, als er sagte: Dies wird in meiner Lebenszeit geschehen! – Es ist mir nicht schwer gewesen, dies in Wort und Schrift überall zu bekennen und mich zu diesem Wort zu stellen mit gläubigem Herzen und darin die Brüder, die er mir unter die Pflege gab, die Geschwister, die er mir an die Hand gab, gleicherweise zu führen [...]

All die Kräfte und Gaben, Mittel und Fähigkeiten, die ich nicht aus mir selber habe, die aus dem leiblichen Erbe durch meinen Vater auf mich gekommen sind, die aus dem geistlichen Erbe durch meinen Stammapostel in mein Herz gelegt wurden, will ich erneut mit dem ernsten Gelöbnis in den Dienst unseres Gottes stellen: Mit der Kraft meines Lebens, mit den Gaben des Geistes, mit den Kräften des Leibes will ich dem ergeben und treu dienen, den mir der Herr nun gesetzt hat, auf daß ich ihm nachfolge. – Amen." (Zitatende)

Last but not least die aufschlussreichen Worte aus der Co-Predigt des BezAp Rockenfelder:

(Zitat) *"Meine herzlich Geliebten! Ich habe, das darf ich heute freudig bekennen, unseren Stammapostel Bischoff mit kindlicher Liebe mehr geliebt als meinen eigenen Vater.*

Es war mir ein Herzensbedürfnis, in seinen Augen zu lesen, wie er es gerne haben möchte. Es war mir ein Bedürfnis, so zu glauben, wie er glaubt. Darum ist es mir heute in dieser denkwürdigen, aber auch ernsten und lichtvollen Stunde zugleich eine Freude, bekennen zu dürfen, daß ich das mir von ihm Uebermittelte jeweils mit der ganzen Inbrunst meines Herzens und mit tiefem, ehrlichem Glauben bezeugt habe. Ich freue mich, daß ich mich dessen heute nicht zu schämen brauche, denn so, wie ich ihm geglaubt habe, der mir zu seiner Zeit vom Herrn zum Segen gegeben war, so glaube ich dem, der mir heute gegeben ist. Wir können gar nicht anders, als jetzt erst recht rufen und schreien.

Wenn ich heute die vielen Tausende der Kinder Gottes im Geiste vor mir sehe, wie sie weinen und schreien, dann denke ich an das Weib, das da schreit nach dem kommenden Gottessohne, daß er es erlösen möge aus den Geburtswehen, aus allen Verhältnissen (Offenbarung 12,2). Damit ist erfüllt, was der Stammapostel Schmidt gesagt hat, daß wir am Schreien und Rufen und in der engsten Gemeinschaft bleiben, vor der Welt draußen standhaft und gerade stehen und in unserem Kreis hier, in der engsten Gemeinschaft vor Gott, demütig und in Gnade. Amen." (Zitatende)

Und der Tenor von Schmidts Predigt, zu der sich die mitpredigenden NAK-Granden so willig bekannten? Lassen wir den evangelischen Theologen Dr. Lothar Gassmann zu Wort kommen:

(Zitat) *"[...] Schmidt legte seiner Einführungspredigt das Wort 2. Petrus 3, 3-6 zugrunde, in dem von den Spöttern die Rede ist, welche sagen: ‚Wo bleibt denn die Verheißung seines Kommens?'*

Schmidt betonte: ‚Auch wir haben nun eine Stunde, über die der Herr den Schleier der Trauer gelegt hat.'

Für diese Trauerstunde beanspruchte er danach sogar den Ruf Jesu am Kreuz: ‚Mein Gott, mein Gott, warum hast du mich verlassen?'

In seinem Vergleich des verstorbenen Stammapostels mit Jesus Christus näherte sich Schmidt hart der Gotteslästerung, als er äußerte:

‚Der Stammapostel ist der Rufer bis in seine Gethsemane-Nacht gewesen. Wir sind jetzt in eine Gethsemane-Nacht gekommen, die auch der Stammapostel hat durchmachen müssen. Er ist uns vorausgegangen, und es darf die Frage aufgeworfen werden: 'Warum hat er uns nicht mitgenommen?' [...] Wir werden hierbei an Abraham erinnert. Als er auf dem Höhepunkt seines Glaubens stand, kam der Herr zu ihm und sagte: 'Opfere deinen Sohn!' Das hieß mit anderen Worten: Opfere die dir gegebene Verheißung!'

Die Verdrehung der Tatsachen erreichte ihren Höhepunkt, als Schmidt ausrief: ‚Der heimgegangene Stammapostel hat uns in wunderbarer Weise auf den höchsten Stand des Glaubens geführt, und zwar durch das, was ihm der Herr verheißen hatte. Das ist unser Glaube gewesen bis zu dem Augenblick, wo er, der Stammapostel, die Augen geschlossen hat. Ich bin Zeuge, denn ich war am Dienstag noch bei ihm. Als wir uns verabschiedeten, war er geistig und seelisch in einer überaus großen Frische. Ich habe mich mit den Worten von ihm verabschiedet: 'Lieber Stammapostel, es bleibt die Verheißung bestehen, der Herr kommt zu Ihrer Lebenszeit.' Da schaute er mich noch einmal zum letzten Male an, und seine Augen leuchteten: 'Ja, das ist gewiss.' Die Apostel und ich schämen uns nicht, dass wir gläubig diese Verheißung hinausgetragen haben in alle Lande.'" (Zitatende)

Quelle und Lesetipp:

> Lothar Gassmann: „Kleines Kirchen-Handbuch", ersch. 2005 bei MABO-PROMOTION, Schacht-Audorf, ISBN: 978-3981027532[2]

---

[2] auszugsweise auch online verfügbar unter:
http://www.bibel-glaube.de/handbuch_orientierung/Bischoff_Johann_Gottfried.html

Am 11.07.1960 war dann die Beisetzung Bischoffs, die, wie bereits gesagt, zwei Stunden früher als angekündigt in aller Eile und im engsten Kreis – außer der Familie von Friedrich Bischoff und dem Zelebranten Walter Schmidt waren lediglich ca. 20 weitere Apostel anwesend – durchgeführt wurde.

Die reguläre Konferenz des Apostelkollegiums, die Gottfried Rockenfelder als Schriftführer einberufen hatte, fand am 2. August 1960 statt. Die Anwesenden konnten aber die vorhergegangen Ereignisse lediglich noch abnicken.

Bei aller berechtigten Kritik an der Person Walter Schmidt und vor allem an seiner belasteten Vergangenheit, muss man neidlos anerkennen, dass er strategisch richtig gehandelt hat.
Der alte Bischoff selbst war es, der die Kirche in das unruhige Wasser gefahren hat; Schmidt und seinen Kollegen kann man allenfalls vorwerfen, dass sie den Kapitän nicht rechtzeitig von der Brücke genommen haben. Nachdem Bischoff aber tot war, galt es, blitzschnell einen neuen Kurs zu bestimmen und diesen konsequent zu steuern, bevor das Schiff aus dem Ruder laufen konnte.

Es brauchte einen Führer der keine Skrupel hatte, das Kirchenvolk ein weiteres Mal zu belügen, um es bei der Stange zu halten. Um noch einmal einen nautischen Vergleich zu bemühen: Der skrupelloseste und konsequenteste Offizier musste die Führung übernehmen und eine mögliche Meuterei verhindern, denn wäre das Schiff auch nur kurz führungslos gewesen, hätte es quer zur See geraten und kentern können. Eine harte Kursänderung könnte aber auch dazu führen, dass das Schiff in Schräglage gerät.

Insofern hat Schmidt tatsächlich alles richtig gemacht: Sofort die Führung übernommen, die Mannschaft (die im Übrigen froh gewesen sein dürfte, dass jemand die Führung übernimmt) hinter sich versammelt und eine lediglich minimale Kursänderung vorgenommen, indem er klargestellt hat, dass der Kurs seines Amtsvorgängers im Prinzip richtig war, und dass dessen Tod lediglich eine kleine Planänderung Gottes war, um noch ein paar mehr Passagieren die Chance zu geben, mitzureisen.

Walter Schmidt
(*21. Dez. 1891; †28. Feb. 1981)

Sein Raubvogelprofil verrät seinen Charakter

Das war dann aber eigentlich auch Schmidts einziges Verdienst. Über seine dann immerhin noch fast 15 Jahre dauernde Amtszeit ist nichts weiter zu sagen, als dass er für eine Festigung der Kirche im Inneren gesorgt hat, und für eine klare Abgrenzung nach außen. Schmidt stand ganz eindeutig für eine Konsolidierungsphase der internationalen Kirche, wobei ihm die Reisemöglichkeiten durch die rasante Entwicklung der Passagierluftfahrt entgegenkamen.

Obwohl... Ein Aspekt der NAK-Kirchengeschichte wird eindeutig mit dem Gedanken an Walter Schmidt verbunden sein: Die Werbung (das sogenannte „Zeugnis bringen") unter den Gastarbeitern in Deutschland. Er hatte erkannt, dass die isoliert lebenden, meist kasernierten Ausländer dankbar für Zuwendung und Abwechslung waren, und so leicht zum NAK-Beitritt verführbar sein könnten. Das würde die Mitgliederzahlen in Deutschland erhöhen, und falls die Gastarbeiter in ihre Heimatländer zurückkehren würden, bildete sie dort Keimzellen für eine weitere Ausbreitung der Kirche.

Ja – die Ära Schmidt habe ich in voller Länge bewusst erlebt. Aber mir fällt zu ihm nichts weiter ein. Er war ein furchtbar langweilender Redner und das tat er dann auch gern über Gebühr lange. Ansonsten sind mir nur die vielen Anekdoten im Gedächtnis, in denen er als herzensguter, stiller und bescheidener Mann aus kleinen Verhältnissen geschildert wurde. Nach allem, was man von seiner Biografie weiß, dürften die allesamt erfunden sein, oder auf schauspielerisches Talent zurückzuführen. Tatsächlich war er ein knallharter Macher, der von den ihm untertanen (Mit-)Arbeitern das Äußerste forderte und dabei zielstrebig seinen eigenen Profit im Blick hatte.

Das Image des kleinen bescheidenen Mannes passt nicht zu dem Kriegsgewinnler und Kriegsverbrecher, als den wir ihn kennengelernt haben, und zu dem Mann, der in einer Nacht- und Nebelaktion die Neuapostolische Kirche in seine Gewalt gebracht hat, passt es auch nicht. Aber in seinem raubvogelartigen wahren Gesicht (siehe Bild auf der gegenüberliegenden Seite) erkennt man meines Erachtens die Fähigkeit zu dem, was er geleistet hat.

Im Februar 1975 trat er mit 83 Jahren aus gesundheitlichen Gründen von seinem Amt als internationaler Leiter der Neuapostolischen Kirche zurück und übergab das Amt an den bereits mehrfach erwähnten Ernst Streckeisen, der seinerzeit auch bereits 69 Jahre alt war. – Es begann die schweizerische Ära der Neuapostolischen Kirche.

Am 28. Februar 1981, drei Monate nach seinem 89. Geburtstag starb Walter Schmidt. Er hat seinen Amtsnachfolger um mehr als zwei Jahre überlebt.

Die Schweizer Ära

Als Walter Schmidt sich (offiziellen Bekundungen zufolge!) wegen seines immer schlechter werdenden Allgemeinzustands nicht mehr in der Lage sah, seine Funktion als internationaler Leiter der Neuapostolischen Kirche auszuüben, schlug er bei einer Apostelversammlung im Februar 1975 den Bezirksapostel über die Schweiz und über Württemberg, Ernst Streckeisen (wir haben ihn ja bereits als willigen Vollstrecker des Willens von Johann Gottfried Bischoff kennengelernt) als seinen Amtsnachfolger vor. Sein Vorschlag wurde einstimmig angenommen, und am Samstag, 15. Februar 1975 ordinierte Schmidt im Ämterzimmer (vglb. Sakristei) seiner Stammgemeinde Streckeisen zum Stammapostel. – Daran anschliessend versetzte Streckeisen Schmidt in den Ruhestand. Seinen ersten öffentlichen Auftritt als internationaler Leiter der NAK absolvierte Streckeisen am 23. Februar 1975.

Ernst Streckeisen (* 19. Okt. 1905; † 8. Nov. 1978)

Hier am 26.10.1975 in der Beethovenhalle, Bonn
im Bild rechts unterhalb von ihm sein Vorgänger

Unter Streckeisens Stammapostolat kam es zu einer kleinen Strukturänderung in der Kirchenführung: Am 6. Juni 1977 wurde das

Apostelkollegium der Neuapostolischen Gemeinden Deutschlands e.V. mit Sitz am Wohnort des jeweils amtierenden Stammapostels aufgelöst, und am 12. Juni 1977 in die Vereinigung „Neuapostolische Kirche Internationaler Apostelbund" mit Sitz in Zürich überführt.

Damit wurde erstmals der Internationalität der Kirche Rechnung getragen und der Sitz der Apostelvereinigung, juristisch gesehen aber nicht die Kirchenleitung (!!), in die neutrale Schweiz verlegt. – Damit wurde ein Vorschlag Otto Güttingers umgesetzt, den dieser bereits 1948 unterbreitet hatte. – Dieser Vorschlag war einer der Gründe, warum Bischoff ihn aus dem Weg haben wollte. Warum wurde aber Otto Güttinger 1977 nicht zumindest in diesem Punkt rehabilitiert?

Es bleiben weitere Fragen. Wie kam es zu dieser Übergabe des Staffelstabes? Wenn Wirken des Heiligen Geistes im Spiel war... warum war Streckeisen nicht bereits am 07. Juli 1960 der Nachfolge würdig? – Wenn Schmidt sich doch für so schwach hielt, warum hatte er kurz zuvor noch eine Reise in die USA und nach Kanada unternommen? In seinem Buch „Gott hat Wege in der Wüste" beruft sich Hans-Eduard Winter auf „Insider-Informationen" und fragt, ob es nicht tatsächlich so gewesen sei, dass Schmidt in Nordamerika mit dem dort residierenden steinreichen Bezirksapostel Michael Kraus aneinandergeraten sei, der gedroht habe, der Kirche seine finanzielle Unterstützung zu entziehen, falls Schmidt im Amt bliebe. War das so?

Die Fragen werden unbeantwortet bleiben. Streckeisens Amtszeit blieb jedenfalls glanzlos. Er setzte die „Kirchenpolitik" seines Amtsvorgängers fort. Es ist also auch nicht zu erkennen, dass er wegen besonderer oder herausragender Fähigkeiten zum Kirchenoberhaupt ordiniert wurde. Seine Amtszeit dauerte auch nicht sehr lange an. Er verstarb am 8. November 1978 während einer Dienstreise nach Kapstadt an den Folgen eines Schlaganfalls.

Eine eigens zusammengekommene Apostelversammlung wählte am Samstag, 18. November 1978 den erst 53-jährigen Schweizer Hans Urwyler, der Streckeisen zwei Jahre zuvor als Bezirksapostel für die Schweiz beerbt hatte, zu ihrem obersten Funktionär. – Eine, wie sich zeigen sollte, glückliche Entscheidung.

Urwyler war jedenfalls der erste Stammapostel der die restriktive NAK-Ethik ein wenig gelockert hat. Die sogenannten weltlichen Vergnügungen und bestimmte Lebensmodelle wie gleich-geschlechtliche Beziehungen, sog. wilde Ehen, sowie Scheidungen wurden kirchenseits nicht mehr regelrecht verboten, allerdings ohne dass klar geäußert worden wäre, dass diese auf keinen Fall als Sünde zu betrachten seien. Vielmehr wurde es in die Entscheidungsfreiheit des Einzelnen gelegt, ob er den entsprechenden Vergnügungen nachgehen wollte oder nicht – allerdings mit dem klaren Hinweis, dass er dann auch für die möglichen Konsequenzen selbst verantwortlich sei.

Hans Samuel Urwyler (*20. Febr. 1925 ; †17. Nov. 1994)
Hier am 10.06.1984 (Pfingsten) mit seinem Dolmetscher (re.) in der Westfalenhalle, Dortmund

Es ist schade, dass Urwyler diese Entscheidung nicht mit der klaren Aussage, dass diese weltlichen Vergnügungen keine Sünde seien, verknüpft als lehramtliche Entscheidung in die Kirche getragen hat. Das führte dazu, dass in äußerst konservativen Gebietskirchen, wie z.B. der in Nordrhein-Westfalen, der alte Status aufrechterhalten wurde.

Selbst harmlose Vergnügungen, wie z.B. Eislaufen, waren verpönt. Das führte zu derartigen Auswüchsen, dass der NAK-Bischof von Köln,

Hans Zier, noch in den Achtzigern eines Abends persönlich ins Eisstadion ging, sich das Mikrofon des Hallensprechers geben ließ, sämtliche NAK-Mitglieder zu sich an die Bande zitierte und sie dort nach allen Regeln der Kunst maßregelte, woraufhin diese jungen Erwachsenen, darunter durchaus auch über 20-jährige, wie begossene Pudel vom Eis gingen... unter den betroffenen bis höhnischen Mienen und teilweise ziemlichem Gelächter der übrigen Besucher des Eisstadions, die das ganze ja verfolgen konnten.

Urwyler begann auch vorsichtig, die Kirche nach außen zu öffnen, was natürlich aufgrund des NAK-Heilsexklusivismus erfolglos bleiben musste. Die NAK-Lehre besagte nämlich und sagt auch bis heute im 2012 neu erschienenen NAK-Katechismus, dass es ohne die Ordination durch einen Apostel kein geistliches Amt gibt, und dass ausschließlich durch die NAK-Versiegelung der getaufte Mensch zum wahren Gotteskind und Anwärter auf die Heimholung bei der Wiederkunft Christi werden kann. Eine Ökumene unter diesem Aspekt ist ausgeschlossen, bedeutet sie doch, dass auch der Papst sich erst von einem NAK-Apostel „versiegeln" und durch den NAK-Stammapostel neu ordinieren lassen muss!

Ein wenig mehr Glück hatte Urwyler bei der Öffnung in Richtung der seit Krebs abgesplitterten apostolischen Organisationen.

Wirklichen Erfolg hätte er aber wohl nur dann erzielen können, wenn auch die Fehler der von ihm als solcher gesehenen Stammkirche klar zur Sprache gekommen wären. Da er aber den Kurs der NAK nicht radikal ändern konnte, kam es zu so halbherzigen Aussagen, wie, dass eine ganze Anzahl „Geistgetaufter" (= „Versiegelter") eigene Wege gegangen seien, und dass seinerzeit der Rat, den Umgang und den Gedankenaustausch mit diesen Abgefallenen zu meiden richtig gewesen sei, dass man aber jetzt anders mit ihnen umgehen könne. Wörtlich sagte Urwyler:

(Zitat) *„[...] Grüßet sie mit großer Freundlichkeit und sagt ihnen: ‚Wir gehen heim zum Vaterhaus!' Ladet sie ein in unsere Gottesdienste und - wenn die Möglichkeit gegeben ist - auch zu euch nach Hause, und sagt zu ihnen: ‚Wir wollen mit euch über unser Glaubensziel sprechen, das in der nahen Zukunft liegt, und nicht mehr über die Din-*

ge reden, die längst der Vergangenheit angehören und die wir begraben haben.' […]" (Zitatende)

Das konnte so nichts werden, sodass es allenfalls zu einigen ersten zögernden Kontakten kam. Alles in allem war aber zu spüren, dass die NAK nicht mehr ganz so tief in der Sektenecke steckte, was sich international auch im Mitgliederzuwachs ausdrückte. Alles in allem kam es unter Urwyler zu einem beachtlichen Wachstum der Kirche: Die Mitgliederzahl stieg von 1,5 Mio. noch unter Streckeisen auf fast 5 Millionen! – Allerdings kam es unter Urwyler auch wieder zu einer Abspaltung von der NAK:

Der Wiesbadener Apostel Hermann Gottfried Rockenfelder, der Sohn des Bischoff-Getreuen Gottfried Rockenfelder, trennte sich nach einem nahezu fünf Jahre schwelenden Streit mit einer ganzen Reihe von Mitgliedern und Amtsträgern seines Arbeitsbereichs von der Neuapostolischen Kirche und gründete 1988 die Apostolische Gemeinde Wiesbaden. Wesentlicher Grund für die Auseinandersetzungen waren Unterschiedliche Auffassungen über das Prophetenamt in der Neuapostolischen Kirche.

Offiziell war dieses, wie bereits erwähnt, von Krebs abgeschafft und mit dem Apostelamt verknüpft worden, aber bereits Niehaus hatte wieder einen Propheten ordiniert und dessen Dienste in Anspruch genommen. Nun entzündete sich der Streit an der Person des Propheten Walter Heubach, der wohl von Walter Schmidt heimlich in dieses Amt ordiniert worden war und dessen Dienste auch Streckeisen und außerdem einige Bezirksapostel, z.B. Startz und Rockenfelder, in Anspruch genommen hatten.

Letztlich verantwortlich für das neuerliche Schisma war allerdings der Badische Bezirksapostel Klaus Saur mit seiner sehr rigiden Haltung. Das aber lediglich als Randbemerkung, da Saur für die weitere Entwicklung der NAK keine nennenswerte Rolle spielte. – Dank seiner Freundschaft zu Urwylers Nachfolger Richard Fehr bekam Saur zwar immer mehr Macht – er war zwischenzeitlich NAK-Provinzfürst über Bayern, Baden-Württemberg, Hessen und Rheinland Pfalz – ist aber allenfalls als Konservierer des Neuapostolizismus aufgefallen. Mut zu gestalterischen Eingriffen hatte er keinen.

Duplizität der Ereignisse: Nach einer Afrikareise erlitt Urwyler im Juli 1987 einen Schlaganfall, von dessen Folgen er sich nicht ausreichend erholte. Deshalb ordinierte er am Freitag, 28. August 1987 den gerade einmal 48 Jahre alten Richard Fehr, seinen Nachfolger im Amt des Bezirksapostels der Schweiz, zum Stammapostelhelfer.

Nicht ganz neun Monate später, am 3. Mai 1988, trat er, da sich keine gesundheitliche Besserung einstellte, in den Ruhestand und ordinierte zuvor den Stammapostelhelfer Fehr[3] zum Stammapostel und Oberhaupt der Neuapostolischen Kirche. Fehr trat sein Amt aber erst drei Wochen später, am 22. Mai 1988 in einem Gottesdienst in Fellbach (bei Stuttgart) offiziell an.

Nach weiteren Schlaganfällen starb Hans Urwyler, den selbst eingefleischte NAK-Kritiker als bescheiden auftretenden, liebenswürdigen und zugewandten Menschen bezeichneten, am Donnerstag, 17. November 1994 im Alter von nur 69 Jahren...

Er konnte also noch 6 Jahre verfolgen, wie sein Protegé Richard Fehr die Kirche führte. Und das tat der insgesamt 18 Jahre lang und er war auch das erste NAK-Oberhaupt, das am Ende seiner Dienstzeit in einem Alter von 65 Jahren regulär in den Ruhestand trat. – Vermutlich war er der erfolgreichste Führer der NAK seit ihrer Entstehung an Pfingsten 1897. In seine Amtszeit fällt ein cleverer Trick:

Bei einer Mitgliederversammlung des Apostelbunds in Wien wurde am 1. Juni 1990 der „internationale Apostelbund e.V.", bei dem noch eindeutig erkennbar war, dass in ihm ausschließlich Apostel organisiert waren, in den „Neuapostolische Kirche International e.V." mit Sitz in Zürich und völlig überarbeiteten Statuten überführt. Durch Weglassen des Zusatzes „e.V." im Allgemeinen Sprachgebrauch und auch in fast allen Schriftwerken erweckt man so den Eindruck, als sei die Neuapostolische Kirche eine Internationale Körperschaft. – Sie ist es nicht!

---

[3] Von Richard Fehr ist im Familienfundus keine Fotografie vorhanden, die nicht urheberrechtlich geschützt wäre. – Ich habe deshalb auf die Veröffentlichung eines Bildes verzichtet.

Zwar nicht mehr wie zu Niehaus' Zeiten die einzelnen Gemeinden, sind doch die einzelnen Gebietskirchen (Bezirksapostelbereiche) rechtlich völlig selbstständig. Die Gebietskirchen sind Körperschaften öffentlichen Rechts, der NAKI e.V. ist lediglich eine privatrechtliche Körperschaft, und nicht einmal Kirche an sich – faktisch gibt es nicht „DIE" Neuapostolische Kirche, sondern lediglich eine Reihe von rechtlich selbstständigen Gebietskirchen, ohne irgendeine Verbindung zueinander, wenn man von der gemeinsamen Lehre absieht.

Wenn also von der internationalen Neuapostolischen Kirche gesprochen wird, so ist die Rede von einer Schimäre! Damit diese Gesamtkirche existierte, müssten die jeweiligen Gebietskirchen, vertreten jeweils durch ihren Gebietskirchenpräsidenten, Mitglied bei NAKI sein. Und das ist nicht der Fall! - Es ist vielmehr so, dass lediglich der Bezirksapostel und die jeweiligen Apostel einer Gebietskirche Mitglied im NAKI e.V. sind.

Und die Mitgliedschaft dieser Männer entsteht nicht etwa dadurch, dass sie von ihrer Gebietskirche zum NAKI e.V. deputiert worden wären. Es ist im Gegenteil so, dass der sogenannte Stammapostel in seiner Eigenschaft als Vereinspräsident des NAKI e.V. bestimmt, wer in der jeweiligen Gebietskirche zum Apostel ernannt und somit Mitglied des Vereins NAKI e.V. wird.

Spannend übrigens auch, dass das Apostolat einer Gebietskirche nicht zur Loyalität gegenüber dieser Gebietskirche verpflichtet ist, sondern zum Gehorsam gegenüber dem Vorsitzenden des NAKI e.V. – dazu müssen sie sogar ein Gelübde ablegen. Unter 4.3. der Vereinsstatuten des NAKI e.V. heißt es:

(Zitat) *„Neu zu ordinierende Bezirksapostel (bei erster Ordination ins Apostelamt) und Apostel legen vor ihrer Amtseinsetzung folgendes Gelübde vor dem Stammapostel oder seinem Vertreter ab:*

‚Vor Gott, dem Vater, seinem Sohn Jesus Christus und dem Heiligen Geist gelobe ich, Gott, den Allmächtigen, den Schöpfer aller Dinge, von ganzem Herzen, von ganzer Seele und von ganzem Gemüte und von ganzen Kräften zu lieben und meinen Nächsten wie mich selbst.

Es ist mir eine heilige Pflicht, die Lehre Jesu Christi, insbesondere die erlösende Kraft seines Opfers und sein Wiederkommen, zu verkündigen und mich allein vom Heiligen Geist lenken zu lassen, um den im Namen Jesu erhaltenen Auftrag wahrhaftig, sorgfältig, gewissenhaft und gerecht zu erfüllen. Ich will in Demut dienen und mich würdig und ehrbar gegenüber Gott und den Menschen verhalten.

Ich anerkenne den Stammapostel als obersten Geistlichen und sichere ihm meine volle Unterstützung zu. Ich bekenne mich zur Einheit mit dem Stammapostel und den mit ihm verbundenen Bezirksaposteln und Aposteln der Neuapostolischen Kirche, deren höchste Pflicht der Glaubensgehorsam, deren höchste Ehre die Treue zu Gottes Werk, deren höchstes Ziel die Vollendung in Christus ist.

Als leitendes Amt der Neuapostolischen Kirche will ich für dieses Bekenntnis stets unmissverständlich einstehen und entsprechend dem Evangelium als Apostel der Neuapostolischen Kirche leben.'"
(Zitatende)

Damit ist, wie bereits im Kapitel „allgemeine Vorbemerkungen zur NAK" (Seite 19 ff) geschildert, gewährleistet, dass alle Entscheidungen zentral vom Vorsitzenden des Apostelvereins NAKI e.V. ausgehen. Und das macht eben, wie bereits geschildert, die patriarchal-hierarchische, letztlich faschistoide Struktur des Neuapostolizismus aus.

Okay... zurück zur Amtszeit Fehrs, bei deren Beginn dieser Schmu installiert wurde.

Der NAKI e.V., bzw. das von der NAK gesponserte Netzwerk Apostolische Geschichte (NAG), verkaufen die Amtszeit Fehrs als fortschrittlich und offen, er selbst wird als Reformator gehandelt, und man berichtet stolz, dass die Mitgliederzahlen der NAK sich unter seiner Führung auf mehr als 10 Millionen verdoppelten.

Letzteres ist Augenwischerei, da das hauptsächliche Mitgliederwachstum aus der Mission in den Drittweltländern resultierte.
Das größte Wachstum erreichte man in Afrika! Und bei der Berichterstattung hat man schlicht zu erwähnen vergessen, dass, wenn man das Oberhaupt eines Stammes dazu brachte, sich zum Neuapostolizismus zu bekennen, gleich der gesamte Stamm zur NAK beitrat.

Die einzelnen Mitglieder eines Stammes wussten überhaupt nicht, was es mit dieser Religion auf sich hat, häufig war das nicht einmal der Stammesführung klar.

Was auch gerne verschwiegen wird: Dieses scheinbare Größenwachstum kostete die NAKn enorme Summen, auch heute noch hängen die meisten afrikanischen Gemeinden (mit Ausnahme derjenigen in Südafrika) am Geldhahn der Westeuropäischen und Nordamerikanischen Gebietskirchen.

Die neuapostolischen Leser müssen darüber aber nicht besorgt sein. Der NAKI e.V. und die NAKn in Westeuropa und Nordamerika gehören Dank der Opferfreudigkeit der Mitglieder, die stets freiwillig 10% aller (Brutto-)Einkünfte an die Kirche zahlen, nach wie vor zu den reichsten Kapitalgesellschaften der Welt; die Leitungsfunktionäre dieser Organisationen gehören zu den Männern mit den höchsten Pro-Kopf-Einkünften weltweit!

Und die scheinbare Reformation, der von Fehr angestoßene Fortschritt? Zunächst fasste er den vom seinem Vorgänger Urwyler auf „die würdige Teilnahme am Heiligen Abendmahl (Eucharistie)" bezogenen Begriff „Eigenverantwortung" etwas weiter. – Urwyler hatte in einem Rundschreiben ursprünglich Stellung zu „schwerwiegenden Verfehlungen wie Konkubinat, Homosexualität und den bisher damit verbundenen Ausschluss vom Heiligen Abendmahl" genommen:

(Zitat) *„[...] Vielleicht genießt ein Gotteskind das Heilige Abendmahl, das in der Gemeinde einen guten Ruf hat, innerlich aber absolut nicht in der Herzensstellung und Gesinnung Jesu steht. Auf der anderen Seite genießt ein Gotteskind das Heilige Abendmahl, dessen Veranlagung und Schwächen etlichen bekannt sind. Es kommt aber reumütig und tief demütig zum Altar und kann dadurch würdig daran teilnehmen ... Soll man ein solches Gotteskind nun vom Heiligen Abendmahl ausschließen? ... So ist die Verantwortung über die Teilnahme der Geschwister am Heiligen Abendmahl nicht dem Stammapostel, den Aposteln und Amtsträgern überlassen; wir können nicht über die Würdigkeit und Unwürdigkeit der Geschwister entscheiden. Vielmehr ist jeder Einzelne für sich selbst verantwortlich; er muss die Folgen seines Verhaltens tragen. [...]"* (Zitatende)

Fehr führte nun 1997 in den „Hausregeln für die Mitglieder der Neuapostolischen Kirche" unter dem Kapitel „Der neuapostolische Christ in Ehe, Familie, Gemeinde und Gesellschaft" weiter aus:

(Zitat) *„[...] Unter Eigenverantwortung verstehen wir die Verantwortlichkeit des Menschen für sein Tun und Lassen vor Gott und vor sich selbst. Mit dem Recht der freien Willensentscheidung verbunden ist die Pflicht des Menschen, Gott Rechenschaft abzulegen. Zwar kann jeder sein Tun und Lassen frei bestimmen; dies heißt aber nicht, dass er auch selbst entscheiden kann, was Sünde ist und was nicht. Durch die Belehrung aus dem Heiligen Geist wächst die Erkenntnis, wie man handeln muss, um Gottes Wohlgefallen auf sich zu ziehen. Jeder neuapostolische Christ besitzt das Recht, sich mit all seinen Sorgen an die Amtsträger zu wenden und um Rat und Fürbitte nachzusuchen. Das Handeln nach empfangenem Rat enthebt den Einzelnen aber nicht seiner Verantwortung. [...]"* (Zitatende)

Das ist bei Licht betrachtet natürlich keine wirkliche Eigenverantwortung, da das aus der Willensfreiheit resultierende eigenverantwortliche Handeln ja immer unter einem Damoklesschwert geschieht. – „Natürlich darfst Du tun, was Du willst. Aber wenn Dein Wollen nicht dem Willen Gottes entspricht, dann erwartet Dich das ewige Höllenfeuer mit seinen nicht endenden Qualen."

In Gewissensfragen einen „Seelsorger" zu fragen, rettet einen aber auch nicht vor den Folgen falschen Tuns. Und das, obwohl doch die Amtsträger dazu da sind, zu vermitteln, was Gottes Wille sei, wie es unter Punkt 7.11. der „Richtlinien für Amtsträger" heißt:

(Zitat) *„Wir belehren und beraten die uns anvertrauten Seelen im Sinne der Jesulehre. Es geht nicht darum, die Geschwister zu bemuttern oder gar zu bevormunden. - Jeder neuapostolische Christ hat seinen freien Willen und demzufolge auch die dazu gehörige Eigenverantwortung. Aufgabe des Amtsträgers ist, den zu betreuenden Geschwistern den Willen Gottes kundzutun. [...]"* (Zitatende)

Als größte Liberalisierung der NAK-Lehre durch Fehr wird rückblickend aber das angeführt, was in NAK-Kreisen mit „Freigrasung" bezeichnet wird. In Fehrs Memoiren liest sich das so:

(Zitat) *„[...] Im Kreis der Bezirksapostel habe ich dann gesagt: den schmalen Weg müssen wir gehen, dabei bleibt es. Aber er ist so eng geworden. Nehmt nun die Hacke in die Hand und graset rechts und links all das weg, was zugewachsen ist. Durch menschliche Regeln und Gebötlein wurde der schmale Weg noch schmaler gemacht. Wenn das überflüssige Gras alles weg ist, ist der schmale Weg breit genug. Zum Beispiel: wer damals einen Fernseher hatte, ins Kino ging oder einen Bart trug, bekam kein Amt! Es gab ziemlich viele solcher Auswüchse. Das war nicht Gottes Weg. Wenn das damals anders gewesen wäre, hätten wir jetzt 15 und nicht nur 11 Millionen Geschwister. [...]"* (Zitatende)

Quelle und Lesetipp:

> Richard Fehr: „Betrachtungen eines Ruheständlers", ersch. 2010 bei „Books on Demand", Norderstedt, ISBN: 978-3839153123

Dazu ist zweierlei zu sagen:

1. Diese Freigrasung betraf nicht die weiterhin rigide und exklusivistische NAK-Lehre, sondern ausschließlich das tägliche Leben der NAK-Mitglieder.
2. Diese „Freigrasung" ist nie offiziell verkündet worden. Um als wirkliche Reform eingestuft werden zu können, hätte sich der Stammapostel offen vor die NAK-Mitglieder stellen müssen und frei bekennen, dass sie vorher durch aus menschlichem Charakter resultierendem Wildwuchs der Lehre genasführt worden seien. – Da aber diese Gebötlein häufig auch aus „Apostelmund" kamen, hätte er natürlich das NAK-Apostolat decouvriert

Ein kleines Beispiel für einen solchen Wildwuchs beschreibt, wie es durch den tumben westfälischen Bauern Hermann Niehaus zur Verteufelung des Karnevals kam. Das geschah am 7. März 1909, da war Niehaus zu Gast in Köln. Ich zitiere aus der „Neuapostolischen Rundschau 1909, Nr. 19, Seite 102", abgedruckt in der 1984 von Alfred Krempf herausgegebenen und im Verlag Rautenberg, Troisdorf, erschienenen Chronik „85 Jahre Neuapostolische Kirche in Köln":

„[...] Der dritte Dienst fand in Cöln a./Rh. Statt. Cöln ist eine uralte Stadt und wird in der Chronik ‚Sancta Colonia' genannt, d.h. heiliges Cöln. Von dieser Heiligkeit war aber auf den Straßen wenig zu finden. Man glaubte sich in eine Irrenanstalt versetzt. Die allertollsten Masken wurden zur Schau getragen. So sahen wir z.B. eine Maske, einen Mann in Frauenkleidern, der ein lebendiges Spanferkel auf den Armen trug, welches in Windeln gehüllt und in ein Taufkissen gesteckt war, also wie ein Säugling getragen wurde. Auf dem Rücken der Maske standen die Worte ‚Säuglings-Fürsorge'.

Der liebe Stammapostel ging mit weinendem Herzen durch das heilige Cöln. Ihn jammerte des Volkes, das keinen Hirten hat. Der Karneval mit allen seinen Greueln soll einen frommen Ursprung haben. In früheren Zeiten zogen die Gläubigen in roten Gewändern durch die Straßen, wodurch man den Gang des Herrn Jesus zu Pontio Pilato im Purpurmantel versinnbildlichen wollte. Wer das Treiben der Gecken, wie sie genannt werden, noch nicht gesehen hat, hält es gar nicht für möglich, daß Christen solche jeder Religion hohnsprechenden Greuel treiben können.

Der liebe Stammapostel sagte im Gottesdienste, er wundere sich, daß der liebe Gott nicht das Gericht über die Stadt kommen ließe. Daß geschehe um der Gerechten willen, die Gott in dieser Stadt gesammelt habe und noch sammeln wolle. Inmitten des brausenden Völkermeeres, welches seine Gicht bis an die Felsen Christi stürmen ließ, worauf der Stammapostel stand mit der zahlreich versammelten Gemeinde, hatte der liebe Gott seinem Volke eine Stätte bereitet, wo es sich zu den Füßen Jesu in seinen Boten setzen konnte.

Die Gemeinde begrüßte den Stammapostel mit dem Liede: ‚O, mein Erretter birg mich gut, ein starker Fels in wildem Meer.' Als Textwort diente 1. Mose 18, Vers 1-8. Es ist die bekannte Begebenheit, wo Abraham besucht wurde von den drei Männern, die auf dem Wege waren, das Urteil Gottes über Sodom und Gomorra zu vollstrecken, zuvor aber Lot mit seiner Familie zu erretten. Der liebe Stammapostel sagte u.a. folgendes:

Nach dem, was ich hier auf den Straße gesehen, muß ich sagen, daß der liebe Gott nicht nur über die Guten, sondern auch über die Bösen seine Sonne scheinen läßt. An dem stotternden Mädchen, welches ein

Gedicht vortrug[4], habe ich erkannt, daß die heute herrschenden Geister auch ihren Weg in die Gemeinde gefunden haben. Der liebe Gott macht keinen Unterschied bei denen, die diese Greuel ausführen und denen, die daran Gefallen finden. Ich sehe, daß das bunte Kleid sich auch in der Gemeinde befindet.

Wie im Hause Lots sich die Ortssünde einschlich, indem die Töchter sich an ihrem eigenen Vater versündigten, so befinden sich unter euch nicht wenige, die an dem gottlosen Treiben Gefallen finden. Wie die Aussaat, so die Ernte! Wie der Leib gesät wird, so wird er sein in der Auferstehung. Würde ein Maskierter mit einer langen Nase (Maske) so in die Ewigkeit wandern müssen, dann würde derselbe genauso die Ewigkeit zubringen müssen. - Man sagt, der Mensch stamme vom Affen ab. Ich aber sage ‚Gott hat den Menschen geschaffen, aber der Teufel hat Affen daraus gemacht.'

Im Textwort ist von der Hütte Abrahams die Rede. Die Hütte seid ihr, den Abraham finden wir zurück in dem Vorsteher der Gemeinde. Abraham lud die drei Männer ein, sich zu lehnen unter dem Baum und brachte ihnen zur Erquickung ein gebratenes Kälblein und gebackenen Kuchen. Und das geschah, als der Tag am heißesten war. Euer Bezirksältester ist dieser Baum woran sich der Vorsteher anlehnen soll als Stützpunkt und als Schatten in heißen Tagen.

Als wir kamen, hat euerm Vorsteher das Herz geklopft, so daß er sich bückte und Gnade bei uns suchte. Abraham setzte dem Herrn in den drei Männern das zarte Kälblein vor. Dieses Wesen suchen wir auch in euch, den zarten, einfältigen, kindlichen Glauben. Solch ein Wesen gefällt dem lieben Gott. Abraham war ein Gnadesuchender, nicht allein für sich, sondern auch für die Sünder in Sodom und Gomorra.

Dieser Geisteszug soll auch in euch liegen. Der weinende Geist für die Verlorenen in dieser Stadt. Durch dieses hellscheinende Apostellicht wurden die Herzen tief in die Erkenntnis der Sünde gebracht, worauf

---

[4] Gemeint war damit das Kind, welches den Stammapostel mit Blumen und ein paar frommen Worten oder einem Gedicht begrüßte. – Eine übliche Praxis vor Stammapostel-Gottesdiensten, die erst unter Fehr abgeschafft wurde

der Versöhner seine Flügel ausbreitete und allen suchenden Seelen Gnade und Barmherzigkeit wiederfahren ließ. [sic!]" (Zitatende)

Was für eine Hybris!

Aber das Wichtigste: Diese konkludent von Fehr als „Wildwuchs aus menschlichen Regeln und Verbötlein" verharmloste Predigt, hat Generationen von Neuapostolischen Christen drangsaliert, für Druck, Hass und Schikane nicht nur unter Nachbarn oder lediglich in der Gemeinde, sondern innerhalb der Familien gesorgt. Und Fehr tut heimlich, still und leise („hälinge" würde ein Schwabe sagen) so, als wäre das gar nichts.

Man ändert die Regeln stillschweigend und alles wird gut?! - Wohl kaum, und verschiedentlich wurde Protest dagegen laut, dass diese Freigrasung heimlich, still und leise durchgeführt wurde.

Da sich Fehr zu der Zeit, als die „Freigrasung" bekannt und Protest gegen die Art und Weise der Durchführung laut wurde, bereits im Ruhestand befand, hat sein Nachfolger, Dr. phil.nat. Wilhelm Leber – wir kommen im Zusammenhang mit den Gebötlein gleich noch einmal auf ihn zu sprechen -, Stellung dazu genommen. Und natürlich hat er das alles relativiert:

Wörtlich schrieb er auf eine Anfrage:

(Zitat) *„[...] Der Rat, keinen Fernseher anzuschaffen und nicht ins Kino zu gehen, ist vor dem Hintergrund der damaligen Zeit zu sehen. Als diese Dinge aufkamen, gab es noch wenige Möglichkeiten der Zerstreuung. So wurden diese Neuerungen als Inbegriff der ‚Welt' gewertet. Davor wurde gewarnt aus dem verständlichen Wunsch heraus, die Gotteskinder vor dem Zeitgeist zu bewahren.*

Der Bart galt seinerzeit als Ausdruck des Protestes. Auch das ist vor dem Hintergrund der damaligen Zeit zu sehen. Man empfand den Bart als gegen die Einheit gerichtet und lehnte ihn deswegen ab.

In den Predigten wurden diese Dinge im allgemeinen – von Ausnahmen abgesehen – nicht thematisiert. Das war mehr ein Thema in den Familienbesuchen. Leider hat mancher Amtsträger das mit zu viel Nachdruck getan. Dadurch wurde das Evangelium Christi etwas aus dem Zentrum gedrängt. Dies geschah wohl in guter Absicht, ist aber, wie wir heute erkennen können, nicht weise gewesen.

Stammapostel Urwyler hat den Weg zur Eigenverantwortung geöffnet. Das hat den Weg frei gemacht zu unserer heutigen Sicht. Stammapostel Fehr hat diesen Weg weiterhin konsequent verfolgt und auch ich stehe unverändert dazu. [...]" (Zitatende)

(Aus einer E-Mail vom 25. April 2007 – Kopie liegt hier vor)

Er schloss dann mit der Bemerkung, man müsse die Sache differenzierter, vor dem Hintergrund der jeweiligen Zeit sehen. Im Übrigen habe bereits Stammapostel Fehr sein Bedauern ausgedrückt, wenn Geschwister auf Grund kirchlicher Aussagen Nachteile erlitten hätten.

Nur... ganz so einfach, wie Leber es darstellt, war es eben nicht! Die sog. „Freigrasung" hatte nämlich einen weiteren Aspekt: Nachdem sie sich nach und nach unausgesprochen in mehr und mehr Gemeinden durchgesetzt hatte, ist manche(r) tiefgläubige NAK-Christ(in) in Depressionen verfallen, weil alles das, was zeitlebens als Richtschnur galt, plötzlich nicht mehr wahr sein sollte. Einfach so! Und dazu dann die Feststellung, dass man ausgerechnet von den wasserpredigenden aber Wein trinkenden Führungsämtern jahrelang veralbert worden ist.

Vielleicht erinnert sich die/der eine oder andere: Ich schrieb weiter oben, dass diejenigen Leitungsfunktionäre der NAK, die ab Beginn der 1980er Jahre an die Macht kamen, ausgerechnet diejenigen waren, die sich nicht an die restriktiven Sektenregeln der NAK gehalten haben. – Richard Fehr war einer von ihnen. Und er hat das in seinen Erinnerungen sogar bestätigt: Es habe ihm nicht geschadet, sich nicht an die Ermahnungen seines Seelsorgers zu halten.

Das hinderte allerdings die NAK-Leitungsfunktionäre nicht daran, dennoch fleißig weiter Verhaltensmaßregeln zu erteilen. Und hier kommt wieder der bereits erwähnte promovierten Mathematiker Dr. phil. nat. Wilhelm Leber ins Spiel:

Noch im März 1993 wurde von der seinerzeit von ihm als Bezirksapostel geführten NAK-Hamburg unter dem Titel **„GEFAHREN FUER LEIB UND SEELE"** eine sog. Handreichung herausgegeben, in der vor den üblen Folgen von Discotheken-, Kino- und Theaterbesuch genauso gewarnt wird, wie vor den Folgen vom Konsum nicht geistlicher Musik und Literatur. Und auch vorehelicher Sex wird als gefährlich eingestuft:

(Zitat) *„[…]* ***Keuschheit und Enthaltsamkeit in der Freundschafts- und Verlobungszeit***

Um es ganz deutlich zu sagen, komme ich auf eine mir kürzlich gestellte Frage zu sprechen. Diese lautete, ob es nur wegen der etwaigen Folgen tunlich sei, auf das zu verzichten, was alleine der Ehe vorbehalten bleiben soll. Ich habe dazu gesagt, dass auf keinen Fall zwei junge Menschen enthaltsam leben sollen, weil sie mit Folgen rechnen müssten. Die Gründe, warum Gott vor der Ehe Keuschheit und Enthaltsamkeit verlangt, liegen viel tiefer. Der oberflächliche Mensch denkt an die Folgen. **Vor Gott aber ist es Sünde, das vor der Ehe zu tun, was nur in die Ehe gehört.** *Eine Ehe aber, die auf fortwährendes sündiges Tun gegründet ist, kann nicht so gesegnet sein, wie eine Ehe, der eine reine und saubere Freundschafts- und Verlobungszeit voraufgegangen ist.*

Der Jugend wünschen wir von ganzem Herzen, dass sie die Kraft hat, in allen Lebenslagen so zu wandeln und zu handeln, dass Gottes Wohlgefallen und sein Segen auf dem Freundschafts- oder Verlobungsbund ruhen kann. Nicht das, was ein neuapostolischer junger Mensch unterlassen soll, würde die Freundschaft oder den Verlobungsbund glücklich gestalten. Im Gegenteil, das sündige Tun würde die Seele belasten und die jungen Geschwister unglücklich sein lassen. Zuletzt verliert man die Achtung voreinander, und die festeste Freundschaft wäre gefährdet.

Der Boese wird die Sache umdrehen und wird den jungen Leuten einflüstern: Seht einmal, eure Seelsorger gönnen euch nicht mal das Schönste im Leben. Der Herr bezeichnet den Teufel jedoch als den Lügner von Anfang. So kann diese seine Rede nur eine Lüge sein, und sie ist es auch.

Gerade weil wir den jungen Geschwistern das größte Glück in der Ehe wünschen, raten wir ihnen, keusch und enthaltsam zu leben. […]" (Zitatende)

Fazit: Von einem radikalen Liberalisierungsprozess, wie sie die NAK-Medien Richard Fehr zuschreiben, kann keinesfalls die Rede sein. Allenfalls von Kosmetik... Übertünchen der an der Oberfläche sichtbar gewordenen Schäden.

Vielleicht wäre Fehr damit durchgekommen, wenn es nicht gerade während seiner Amtszeit zu einer tiefgreifenden Änderung der Medienlandschaft gekommen wäre. Der rasche Siegeszug der Personal-Computer, die in immer mehr Haushalten zu finden waren, und die dadurch begünstigte Entwicklung des Internet öffnete auch den NAK-Mitgliedern bis dahin unerreichbare Informationsquellen. Daraus resultierte eine zunehmend kritische NAK-Öffentlichkeit, die auch von Privaten Fernsehsendern befeuert wurde. Noch heute, gut 20 Jahre später, sind vielen die entsprechenden Talkshows mit Ilona Christen und Hans Meiser in Erinnerung, die wiederum Berichte im ARD-Magazin Monitor und div. Presse-Veröffentlichungen, z.B. im SPIEGEL, nach sich zogen. Nicht immer nur zum Nachteil der NAK-Funktionäre:

Der kleine Regionalpostillen-Journalist Peter Johanning hat seinem Auftritt als NAK-Apologet bei Hans Meiser seine rasche Karriere in der NAK-Hierarchie zu verdanken. Er fiel dem internationalen Kirchenleiter Richard Fehr auf und wurde von da an durch Fehr protegiert. Seit 1996 ist er der „Sprecher des (jew.) Stammapostels" – heute heißt man das „Medienreferent" – und gleichzeitig wurde er zügig in höhere NAK-Amtsstufen befördert. Mittlerweile ist er NAK-Bischof und dient bereits dem zweiten Amtsnachfolger von Richard Fehr.

Die enormen Möglichkeiten, die sich einer Organisation mit der Nutzung des Internets bieten, hatte Fehr nicht erkannt. Vielleicht war dies der Grund, dass gegen Ende seiner Amtszeit ein Mitgliederschwund einsetzte, den dann auch seine Nachfolger nicht mehr stoppen konnten. Fehr setzte nach wie vor auf die NAK-Printmedien und die Bild-und Tonübertragungen großer Gottesdienste per Satellit bis in die kleinsten Gemeinden. Immerhin **ein** technischer Fortschritt, den die NAK sich nutzbar machte.

Am 15. Mai 2005, drei Monate vor seinem 66. Geburtstag, trat Fehr in den Ruhestand und ordinierte den bereits erwähnten Mathematiker Wilhelm Leber zu seinem Nachfolger.

Im Ruhestand betätigte er sich dann einigermaßen erfolgreich als Autor und brachte unter dem Pseudonym „F. U. Ricardo" beim B.O.D.-Verlag, Norderstedt, eine ganze Reihe Bücher, darunter auch Kriminalromane, heraus.

Am 11. August 2010 teilte Wilhelm Leber über den NAKI e.V. mit, dass sein Vorgänger einen Schlaganfall erlitten habe. Bei der Goldenen Hochzeit des Ehepaars Fehr am 26. September 2010 war Richard Fehr noch gezeichnet und auch auf allen später entstandenen Aufnahmen ist zu erkennen, dass er sich nicht mehr von dieser Krankheit erholte und immer mehr abbaute. Er starb nicht ganz drei Jahre später am Nachmittag des 30. Juni 2013, also 15 Tage vor Vollendung seines 74. Lebensjahres.

Der dritte in der Schweiz gebürtige NAK-Stammapostel in Folge, der an den Folgen eines Schlaganfalls starb.

Retrokurs ab 2005

Am 10. Mai 2005 übernahm wieder ein Deutscher, der bereits mehrfach erwähnte promovierte Mathematiker Dr. phil. nat. Wilhelm Leber, im Alter von 57 Jahren die Macht über die Neuapostolische Kirche. Am 13. Mai 2013 gab er sie an den erst 53-jährigen französischen Betriebswirt Jean-Luc Schneider weiter.

Adaption einer ursprünglich bei apostolischekritiek.nl veröffentlichten Bildmontage

Leber ist (er lebt ja schließlich noch) der Großneffe von Johann Gottfried Bischoff (der der Onkel und Ziehvater von Lebers Mutter war), gleichzeitig ist Leber der Schwiegersohn von Friedrich Bischoff, J.G. Bischoffs Sohn.

Insofern war er vielleicht geradezu prädestiniert, die Botschaft seines So-Quasi-Großvaters, die bis dahin in den Neuapostolischen Kirchen als Dogma galt, zu relativieren. Daher wurde das Thema „Geschichte der NAK" einer der Schwer-punkte seiner Amtszeit.

In die Endphase seiner Amtszeit fiel dann auch der Beginn des von der NAK groß begangenen (angeblich!) 150-jährigen Kirchenjubiläums. Dieses Jubiläum war zwar insofern ein Fortschritt, als die NAK nicht mehr behauptete, aus der Anfang der 1831 entstandenen KAG hervorgegangen zu sein, ein gelogenes Jubiläum war es aber trotzdem, da die NAK in Wahrheit erst an Pfingsten 1897 entstanden ist. Mit sehr viel gutem Willen kann man das 1878 von Schwarz herbeigeführte Schisma und die Trennung einiger AcaM-Mitglieder von ihren Gemeinden als Wurzel der NAK bezeichnen, aber kaum als Geburtsstunde.

Ihr wahres 150-jähriges Jubiläum kann die NAK erst 2047 feiern – falls sie noch so lange besteht.

Was die Aufarbeitung der NAK-Vergangenheit betrifft, steht der Name Leber eher für die bereits beklagte Geschichtsklitterung als für die Vermittlung von Wahrheit. Bis zuletzt ist die NAK nicht von ihrer Lesart der Vergangenheit abgerückt. Das „Botschaftsdogma" hat Leber nie korrekt dargestellt. Obwohl eine ausreichende Menge an Beweisen dafür vorlag, dass diese Botschaft allenfalls eine geistige Blähung seines (Schwieger-)Großvaters war, relativierte er sie lediglich insofern, als er in die Entscheidung eines jeden NAK-Mitglieds stellte, ob es nun an die Botschaft glauben wolle oder nicht.

Immerhin hat Leber mehr oder weniger glaubhaft diejenigen, die unter den Folgen der Botschaft zu leiden hatten um Verzeihung gebeten. Zur Dokumentation der damaligen Situation ist noch unter Leber die Zeitzeugenbefragung durch Dr. Almut Leh beauftragt worden, die Veröffentlichung dieser Dokumentation wurde allerdings von Lebers Nachfolger verboten. Der skandalöse Vorgang ist ja bereits Eingangs des Buches (siehe: Allgemeine Vorbemerkungen ab Seite 19) berichtet worden.

Eine Ähnliche Vermittlung von Halbwahrheiten legte die NAK unter Leber bei ihren Ökumenebestrebungen an den Tag. Man tat so, als rücke man vom Exklusivitätsanspruch des NAK-Apostolats ab, änderte in Wahrheit aber nichts daran.

Zwar erkennt die NAK die im Namen der Trinität durchgeführten Taufen anderer christlicher Glaubensgemeinschaften an, hält aber daran fest, dass der getaufte Christ ausschließlich mit der durch einen NAK-Apostel gespendeten Geisttaufe (die sog. Heilige Versiegelung, also die „Spendung der Gabe Heiligen Geistes") zu einem Gotteskind und Teil der Braut Christi wird. – Daran hat die unter Leber eingeführte „Änderung" des NAK-Glaubensbekenntnisses nichts geändert, und daran hält auch der zum Ende von Lebers Amtszeit eingeführte NAK-Katechismus fest.

Die NAK erkennt zwar an, dass allen christlichen Glaubensgemeinschaften gemeinsam ist, Teil der Kirche Christi zu sein, nimmt aber für sich in Anspruch innerhalb der Kirche Christi das exklusive Gnaden- und Erlösungswerk Gottes zu bilden. Unter Punkt 2.4.8 des NAK-Katechismus heißt es:

(Zitat) **„Der achte Glaubensartikel**

Ich glaube, dass die mit Wasser Getauften durch einen Apostel die Gabe des Heiligen Geistes empfangen müssen, um die Gotteskindschaft und die Voraussetzungen zur Erstlingsschaft zu erlangen.

Der achte Glaubensartikel handelt von der Heiligen Versiegelung oder der Geistestaufe, also von der Vermittlung der Gabe des Heiligen Geistes an den Glaubenden.

Die Heilige Versiegelung ist das Sakrament, das allein dem Apostelamt zugeordnet ist. Voraussetzung für seinen Empfang ist die Heilige Wassertaufe. Nur der Getaufte soll die Gabe des Heiligen Geistes erhalten.

Die Heilige Versiegelung hat eine präsentische und eine futurische Auswirkung: Die präsentische Auswirkung der Hinnahme der Gabe des Heiligen Geistes ist die „Gotteskindschaft" (Röm 8,14-17). „Gotteskindschaft" ist dem aus Wasser und Geist wiedergeborenen Christen zu eigen. Sie stellt gleichsam eine Vorwegnahme des zukünftigen Zustands der Erstlingsschaft und „königlichen Priesterschaft" dar (1Petr

2,9). „*Gotteskindschaft" ist mithin jene Situation des Menschen vor Gott, die durch den Empfang aller Sakramente und durch die Ausrichtung des Lebens auf die Wiederkunft Christi gemäß der rechten Predigt des Evangeliums gekennzeichnet ist. Die futurische Auswirkung des Empfangs der Gabe des Heiligen Geistes ist die Erstlingsschaft. Allerdings hat der Versiegelte die Erstlingsschaft noch nicht, sondern er hat durch die Geistestaufe die Voraussetzung zu ihrer Erlangung erhalten. Der Glaubende kann, wenn er dem Tag Christi zustrebt, zur Brautgemeinde, zur „Gemeinschaft der Heiligen", gehören. Dem Versiegelten ist die Aufgabe gestellt, in der Nachfolge Christi zu bleiben und sich durch Wort und Sakrament auf die Wiederkunft Jesu Christi vorbereiten zu lassen."* (Zitatende)

Quelle:

> „Katechismus der Neuapostolischen Kirche", ersch. Dez. 2012 bei Verlag Friedrich Bischoff, Neu Isenburg, ISBN: 978-3943980004

Im Klartext:

Es genügt nicht, getauft zu sein, es genügt nicht, in der Nachfolge Christi zu bleiben und sich durch Wort und Sakrament auf die Wiederkunft Jesu Christi vorzubereiten! Erst wenn durch die von einem NAK-Apostel vollzogene Heilige Versiegelung erlangte Gotteskindschaft dazukommt, ist das Heil gewiss. Und damit ist die Heilsexklusivität des NAK-Apostolats zementiert!

Zwar versucht man sich seitens der NAK, darauf rauszureden, dass der liebe Gott ja selbstverständlich souverän in seinem Handeln sei, und es natürlich möglich sei, dass er in Einzelfällen auch dann Gnade gewähre, wenn keine apostolische Versiegelung vorliegt, allerdings ist das insofern als Augenwischerei einzustufen, als es hier um eine Trefferwahrscheinlichkeit geht, die unterhalb derer eines Lottogewinns liegt, da nämlich niemand weiß, ob überhaupt ein Gewinn ausgeschüttet wird.

Mit einer weiteren Behauptung versucht die NAK ihren Exklusivitätsanspruch nach außen abzumildern. Sie sagt nämlich, dass ja alle

Menschen eine zweite Chance erhalten, wenn der Sohn Gottes nach der Hochzeit im Himmel in Kraft und Herrlichkeit auf die Erde zurückkomme. Dazu führen sie in ihrem Katechismus unter 10.4 wie folgt aus:

(Zitat) *„Das Kommen des Herrn mit Kraft und Herrlichkeit*

Nach der Hochzeit im Himmel kommt der Sohn Gottes mit den Erstlingen auf die Erde zurück (Offb 19,11-16). Dies hat der Herr vorausgesagt als sein Kommen „mit großer Kraft und Herrlichkeit" (Mt 24,29.30). Für alle sichtbar offenbart Jesus Christus nunmehr auf Erden seine göttliche Macht (Offb 1,7). Er, der König aller Könige und Herr aller Herren, nimmt Satan und dessen Anhang alle Macht und beendet damit die Zeit der großen Trübsal. Satans Anhang wird gerichtet (Offb 19,20). Satan selbst wird für „tausend Jahre" gefangen gesetzt, „damit er die Völker nicht mehr verführen sollte" (Offb 20,1-3). Nachdem Satan gebunden und in den Abgrund geworfen ist, findet die Auferstehung der Märtyrer aus der großen Trübsal statt (Offb 20,4)." (Zitatende)

Was dabei unterschlagen wird, ist natürlich, dass diejenigen, die nicht zur Braut Christi gehören, während der Hochzeit im Himmel die große Trübsal durchleben müssen. Und dazu heißt es im Katechismus unter 10.3:

(Zitat) *„Die große Trübsal*

Solange das Erlösungswerk des Herrn auf Erden ist, bleibt die irdische Schöpfung unter einem besonderen Schutz Gottes (Offb 7,3). Nach der Wiederkunft Christi beginnt eine Zeit, in der die Menschen und die Schöpfung der Macht Satans ausgesetzt sind; alles wird leiden unter den damit verbundenen Verhältnissen.

Dieser Zeitabschnitt kann in Verbindung gebracht werden mit der in Offenbarung 3,10 benannten „Stunde der Versuchung, die kommen wird über den ganzen Weltkreis, zu versuchen, die auf Erden wohnen". Dafür findet sich in der Heiligen Schrift die Bezeichnung „große Trübsal" (Dan 12,1).

Die umfassende Machtentfaltung Satans in der großen Trübsal übertrifft bei weitem die Versuchungen und die Schwere der Bedrängnisse, die die Kirche vor der Wiederkunft des Herrn zu bestehen hat. Die

Brautgemeinde wird vor Anbruch der großen Trübsal entrückt (Offb 3,10; 12,5.12).

Im Bild der mit der Sonne bekleideten Frau, die den Knaben geboren hat, werden diejenigen gezeigt, die zur Kirche Christi zählen, aber nicht entrückt worden sind. Sie erfahren weiterhin in der „Wüste", also in einem Zustand von Drangsal und Entbehrung, göttliche Begleitung und geistliche Versorgung (Offb 12,6).

Auch in dieser Zeit der Herrschaft Satans und seiner Mächte werden sich Menschen standhaft zu Christus bekennen, den Antichristen nicht anbeten und wegen ihres Bekenntnisses getötet werden (Offb 13,10.15; vgl. Offb 14,12.13). Diese standhaften Zeugen für Christus werden zu Märtyrern." (Zitatende)

Quelle: w.v.

Sowieso alles Spinnerei was in der Bibel steht? Darum geht es gar nicht... Gläubige Christen halten es für die Wahrheit. Und darum geht es. Vor all dem Graus, den die Offenbarung beschreibt - ich denke da an Passagen wie *„[...] die Kelter wurde draußen vor der Stadt getreten, und Blut floss von der Kelter bis an die Zäume der Pferde, tausendsechshundert Stadien weit. [...]"* -, ist nach Lesart der NAK ausschließlich ein gläubiges Gotteskind geschützt.

Der Status der Gotteskindschaft ist dem NAK-Glaubensbekenntnis und der NAK-Lehre zufolge auf Erden ausschließlich in der NAK zu erlangen. – Und eigentlich wird von der NAK auch die „rite durchgeführte Taufe" anderer Glaubensgemeinschaften nicht wirklich anerkannt. Denn eine Taufe müsste entsprechend der NAK-Lehre (außer in Notfällen) von einem geweihten Amt durchgeführt werden. – Für die Eucharistie gilt das gleiche. Ein geweihtes Amt, egal ob jetzt Diakon, Bischof, Papst oder sonsteines, kann aber ausschließlich von NAK-Aposteln ordiniert werden.

Immer der NAK-Lehre nach, der zufolge auch ausschließlich Apostel die Bibel auslegen können. Und der NAK-Stamm-apostel ist sogar berechtigt, aus der Bibel neue Lehren zu entwickeln, die zwar so nicht darin enthalten, aber sozusagen zwischen den Zeilen angelegt sind. Ich zitiere ein weiteres Mal aus dem NAK-Katechismus:

„7.6.6 - Das Stammapostelamt

[...] Der Dienst des Stammapostels äußert sich in der Reinhaltung und Weiterentwicklung der Lehre, dem Erschließen neuer Erkenntnisse sowie der einheitlichen Ausbreitung des Glaubenszeugnisses. Auch legt der Stammapostel die Kirchenordnung fest. Diese Aufgaben machen die „Schlüsselvollmacht" des Stammapostelamts aus. [...]" (Zitatende)

Quelle: w.v.

Jeder klar denkende Mensch fragt sich angesichts dieser Festlegungen, wo da das Abrücken von der Exklusivität ist? In Wahrheit ist die NAK weiterhin eine sich als heilsexklusiv betrachtende Sekte, in der es – um ein letztes Katechismus-Zitat zu bringen – mit der Liberalisierung und dem freien Willen auch nicht so weit her ist:

„12.1.5 - Gottesdienst als Gottesbegegnung

[...] Der Gottesdienst zielt darauf, die Hoffnung auf die baldige Wiederkunft Christi zu stärken und die Gläubigen auf das Erscheinen des Herrn vorzubereiten. Daher ist ihnen der Gottesdienst heilig. Leichtfertiges Versäumen der Gottesdienste gefährdet die Beständigkeit in der Lehre der Apostel, der Gemeinschaft, im Brotbrechen und im Gebet, wie sie die ersten Christen praktizierten.

Bei dem, der dem Gottesdienst häufig ohne zwingenden Grund fernbleibt, kann das Verlangen nach dem Empfang des Sakraments und nach dem geistgewirkten Wort schwinden. Zudem fließen ihm die Kräfte aus dem Heiligen Abendmahl nicht zu, die Sünden werden ihm nicht vergeben und ihm entgeht der mit dem Gottesdienst verbundene Segen.

Wer Gott die ihm gebührende Anbetung verweigert, indem er den Gottesdienst und die angebotene Gnade bewusst ablehnt oder gering achtet, lädt Sünde auf sich, *und zwar* ***unabhängig davon, ob er dem Gottesdienst beiwohnt oder nicht.****"* (Zitatende)

Die Formulierung muss man sich einmal auf der Zunge zergehen lassen! Sie besagt nämlich nichts anderes, als dass derjenige, der im Gottesdienst müde ist, vielleicht sogar wegen Restalkohol nicht aufnahmefähig ist, oder der gar nicht in der Lage ist, den Gottesdienst zu besuchen, weil er am Abend zuvor gefeiert hat, Gott die gebührende Anbetung verweigert und dass er ein Sünder ist. Denn tatsächlich ist es ja eine bewusste Entscheidung, z.B. auf eine Party zu gehen, obwohl man weiß, dass am nächsten Morgen Gottesdienst ist.

Im Außenverhältnis verkauft die NAK das freilich anders!

Katechismus-Passagen, die der Ökumene abträglich sind, werden bei Debatten mit Vertretern anderer Glaubensgemeinschaften schlicht unterschlagen. Und sogar im Innenverhältnis wird gelogen – auch in der Predigt. Ich erinnere mich, dass der sog. Bischof Peter Johanning, wir erinnern uns: der Medienreferent des Apostelvereins NAKI e.V., bei seiner So-Quasi-Primiz im Mai 2011, einem Gottesdienst für die Jugendlichen in seinem Sprengel, gepredigt hat, es sei nicht schlimm, wenn man einen Gottesdienst versäume, weil man einen Kater habe. – Was soll man von Hirten halten, die ihre Herde bewusst in einen Abgrund führen?!

Naja... mit dem Katechismus ist es, wie es mit Hitlers „Mein Kampf" war: Man hat sich das Buch pflichtgemäß gekauft und dann ungelesen ins Regal gestellt. Ich weiß von Neuapostolischen Familien, bei denen der Band sogar noch in der Schutzfolie eingeschweißt ist.

Und für die NAK ist dieses Buch ein reines Feigenblatt. – Man kann behaupten, die Lehre transparent gemacht zu haben, und kann sich auf Passagen berufen, die ökumenetauglich sind. Dass der Katechismus bewusst so aufgebaut ist, dass die ökumenekompatiblen Lehraussagen nicht mit den ihnen widersprechenden Aussagen in textlichem Zusammenhang zu finden sind, macht diese Augenwischerei auch sehr leicht. Und die Ökumenebeauftragten und Weltanschauungsbeauftragten der anderen Glaubensgemeinschaften wollen ganz offensichtlich betrogen werden – denn sie haben den (ihnen allen übrigens von der NAK geschenkten) Katechismus ganz offensichtlich auch nicht gelesen.

Vielleicht wollen sie das auch gar nicht. Ihnen ist es augenscheinlich wichtiger, dass alle irgendwie christgläubigen enger zusammenrükken. Leider wird dabei völlig übersehen, dass die scheinbare

Liberalisierung in Wahrheit eine Nebelwand ist, hinter der der Kurs der NAK zurückgeführt wird auf denjenigen der Vor-Fehr-Ära...

So weit, so schlecht! Und bis an diesen Punkt hier, haben wir uns durch eine Gemengelage gearbeitet, die nicht nur Lebers Amtszeit sondern auch die Amtszeit seines Nachfolgers berührt. Bevor wir aber auf diesen Nachfolger zu sprechen kommen, noch ein Blick auf zwei knallharte Skandale während der Amtszeit Lebers:

Zwei Affären unter Dr. Leber

Als Leber am 10. Mai 2005 zum Stammapostel befördert wurde, war er weiterhin Bezirksapostel und Gebietskirchenpräsident über die NAK Norddeutschland und über die NAK Nordrhein-Westfalen. In beiden Gebietskirchen tat er sich wohl schwer, einen Nachfolger für sich zu finden. Für Norddeutschland ließ er sich damit Zeit bis November 2005 – dann beförderte er mit Karlheinz Schumacher einen Mann in diese Position, der denkbar ungeeignet war, was dann auch prompt zum als „Affäre Blankenese" in die NAK-Annalen eingegangenen Skandal führte:

Die NAK-Gemeinde Hamburg-Blankenese fühlte sich von dem scheinbaren Kurswechsel der NAK unter Fehr, weg vom apostelzentrierten Exklusivismus und hin zu einer Neubesinnung auf Jesus Christus als zentrales Amt, das eben nicht im Apostelamt inkarniert sei, animiert, intensiver das Evangelium zu predigen und zu leben statt der neuen Apostellehre. Gleichzeitig suchte man aufgrund der Ökumeneaussagen der NAK-Granden mehr Kontakte zu evangelischen und evangelikalen Kreisen.

Damit war natürlich auch die Machtabsolutheit der Apostel in Frage gestellt – und das führte zum Bruch, obwohl die Gemeinde Blankenese keinesfalls die Heilsvermittlung durch das Apostelamt infrage stellte. Der mit der Klärung der Situation überforderte Bezirksapostel Schumacher beauftragte, da Leber sich auch auf direkte Bitte der Gemeinde aus der Affäre heraushielt, zwei durch Karrieren im öffentlichen Dienst erfahrene Männer, nämlich den erst 45-jähigen früheren Kriminaldirektor der internen Ermittlung der Hamburger Polizei (bis 2003) und damaligen NAK-Apostel (ab 2005) Rüdiger Krause, und den damals noch leitenden Mitarbeiter (Regierungsdirektor) der Kreisverwaltung Pinneberg und NAK-Bezirksältesten Jörg Steinbrenner mit der Klärung der Situation.

Dass Krause seitdem den Beinamen „Vollstrecker von Blankenese" trägt, lässt ahnen, wie die Affäre endete: Es gab zahlreiche Amtsenthebungen, weitere örtliche Funktionsträger legten ihr Amt nieder, einige Gemeindemitglieder wechselten zu anderen NAK-Gemeinden, es gab Kirchenaustritte, die Gemeindeaktivitäten erstarben... Eine vormals lebendige Gemeinde wurde erstickt. Aber in der Gebietskirche Norddeutschland kehrte Ruhe ein. Über alles wurde der Mantel des Schweigens gedeckt – getreu der Walter-Schmidt-Regel „wir schweigen und gehen unseren Weg"...

Kleiner Nebeneffekt der Affäre: Rüdiger Krause wurde am 05. Dezember 2010 als Nachfolger Schumachers Präsident der Gebietskirche Norddeutschland und am 19. Juni 2016 wurde ihm auch die Macht über die NAK Mitteldeutschland anvertraut, seitdem herrscht Krause über sämtliche Neuapostolischen Gemeinden in Bremen, Dänemark, Estland, Finnland, Grönland, Großbritannien, Hamburg, Irland, Island, Mecklenburg-Vorpommern, Niedersachsen, Norwegen, Polen, Sachsen, Sachsen-Anhalt, Schleswig-Holstein, Schweden und Thüringen.

Zu Krauses Ehrenrettung ein kleiner Nachtrag:

Wie aus dem Gemeindebrief der NAK-Gemeinde Blankenese vom Dezember 2018 hervorgeht, ist Krause im vergangenen Jahr an zwei Priester der Gemeinde mit der Bitte herangetreten, Kontakt zu den damaligen Akteuren aufzunehmen und deren Bereitschaft zu einem Aussöhnungsgespräch auszuloten. *„Zehn Personen sagten spontan zu."* heißt es weiter im Gemeindebrief.

Am 29. Oktober 2018 fand dann in der Gemeinde Hamburg-Blankenese eine 75 Minuten dauernde Versammlung statt. Teilnehmer waren neben Krause und seinem damaligen Vollstreckungsgehilfen Jörg Steinbrenner, acht Betroffene und die beiden aktiven Priester der Gemeinde. Über den Verlauf der Versammlung berichtete das ***pro-NAK-Magazin Glaubenskultur*** wörtlich:

(Zitat) *„[...] ‚Der Bezirksapostel entschuldigte sich tief bewegt bei den Anwesenden für Verletzungen, die aus seinem damaligen Handeln entstanden sind', ist der Beilage zu entnehmen. Es habe Differenzen gegeben, ‚die in Teilen heute so nicht mehr bestehen.' Die damaligen Amtsrückgaben und -enthebungen seien, ‚so Bezirksapostel Krause, seinerzeit auf der Grundlage der Lehre und auch aus der persönlichen Überzeugung' geschehen.*

'Die dadurch resultierenden Kirchenaustritte, nicht zuletzt auch der Wechsel einiger Gemeindemitglieder in Nachbargemeinden, bedauerte der Bezirksapostel sehr. Im Prozess des damaligen Geschehens gab es sicherlich Verletzungen, die sehr zu bedauern und zu entschuldigen sind, so der Bezirksapostel und bat darum, seine Entschuldigung anzunehmen.'

Alle Anwesenden seien davon berührt gewesen und ‚applaudierten spontan mit ehrlichem Beifall und baten ihrerseits um Verzeihung, sofern nicht immer der richtige Ton in der Auseinandersetzung getroffen worden sei und daraus Verletzungen entstanden' seien.

Die Beilage erwähnt, dass ‚fast alle Anwesenden' inzwischen eine neue Gemeinde gefunden hätten, ‚in der sie den Herrn erleben und in die sie sich gern einbringen.' [...]" (Zitatende)

Der Text lässt schon durchblicken, dass die Entschuldigung eher halbherzig war, zumindest stellt Krause klar, dass er nicht in allen Teilen Unrecht hatte. Außerdem wird in Insider-Kreisen gemutmaßt, dass Krause aus Ökumene-Überlegungen heraus gehandelt habe. Es ist zumindest denkbar, dass der Schritt im Zuge der Anerkennung als Gastmitglied in der ACK Hamburg/Schleswig-Holstein unumgänglich war.

Dennoch ist es für einen NAK-Oberen eine echte Leistung, tatsächlich um Entschuldigung zu bitten und nicht nur halbherzig von Versöhnungsbereitschaft zu schwafeln!

Bei allen letztlich unnötigen Verletzungen hat die Affäre Blankenese für einen Beteiligten einen Bonus erbracht:

Krauses Adlatus bei der Unterdrückung der Blankeneser Aktivitäten, Jörg Steinbrenner, wurde bald darauf zum NAK-Bischof befördert und am 11. März 2012 zum Apostel. Seitdem ist er Krauses Adlatus für die Gemeinden in den Regionen Hamburg-West, Hamburg-Süd, Hamburg-Ost, Lüneburg und Lübeck sowie für Dänemark, Norwegen, Schweden, Finnland und Island...

Natürlich mit einem Gehalt, welches deutlich oberhalb desjenigen, seiner vorherigen Gehaltsstufe (Besoldungsgruppe A-15 = derzeit 6.294,46 € + Zulagen) liegen dürfte!

Soviel zu Lebers Nachfolge im Norden. Aber auch die bereits am 26. Juni 2005 getroffene Entscheidung, Armin Brinkmann zu seinem Bezirksapostel und Gebietskirchenpräsident von Nordrhein-Westfalen zu befördern, erwies sich als falsch:

Der Chemie-Ingenieur Armin Brinkmann war ein Protegé der NAK-Granden Apostel Rudolf Dicke und Bischof Hans Zier und hatte bereits eine interessante NAK-Karriere hinter sich. Nach siebeneinhalb Jahren als Diakon, wurde er im Alter von 32 Jahren zum Priester befördert, knapp 5 Monate später zum Evangelisten und Vorsteher, 15 Monate später zum Bezirksevangelisten mit Zuständigkeit für die Missionsgebiete und nur 3 Monate später wurde er mit 35 Jahren zum Apostel erhoben... Innerhalb von knapp 3 Jah-ren vom Priester zum Apostel.

Als dann der seinerzeitige Leiter der Gebietskirche Nordrhein-Westfalen, Hermann Engelauf, altersbedingt in den Ruhestand trat, rechnete die NAK-Welt damit, dass Brinkmann ihn beerben würde. Aber stattessen wurde sein im Mai 1983 mit ihm gemein-sam zum Apostel beförderter 12 Jahre älterer Konkurrent Horst Ehlebracht, ein erfolgreicher Unternehmer, bevorzugt.

Und auch als dieser im Januar 2003 in den altersbedingten Ruhestand trat, kam Brinkmann nicht zum Zug, er musste zugun-sten des (vermutlich zu dem Zeitpunkt bereits designierten) spä-teren Stammapostels Dr. Leber zurückstehen.

Erst im Juni 2005, mittlerweile war er 56 Jahre alt und seit fast 22 Jahren Apostel, wurde er zum Bezirksapostel und Chef der NAK-Gebietskirche Nordrhein-Westfalen befördert.

Brinkmann verstand sich von Anfang an als schneidiger Manager und entwickelte eine deutliche Nähe zur Wirtschaft. Das fand sei-nen Ausdruck auch in dem von ihm initiierten Forum für Unter-nehmer mit NAK-Hintergrund.

Wirklich Ahnung, vor allem vom Finanzmanagement, hatte er aber wohl nicht. Dafür hatte er ein ausgeprägtes Statusstreben, was der später amtierende Stammapostel Jean-Luc Schneider bei Brinkmanns

Ich bin dankbar für alles, was die neuapostolischen Christen an Zeit und Opfern im letzten Jahr in ihre Kirche eingebracht haben. All dies dient der zentralen Aufgabe unserer Kirche: Die Vorbereitung der Gläubigen auf die Wiederkunft Jesu Christi.

In Apostelgeschichte 2,42 steht: „Sie blieben aber beständig in der Apostellehre und in der Ge-

Armin Brinkmann

Armin Brinkmann (*15. Nov. 1948)
Die Bildquelle zeigt: Auch Goldman, Morgenstern & Partners berichteten über den von ihm verursachten Skandal
>https://www.gomopa.net/Pressemitteilungen.html?id=904<

altersbedingter Ruhesetzung im Jahr 2014 mit der Feststellung, dass es für Brinkmann *„immer mehr sein, immer größer sein"* musste, würdigte. Auf jeden Fall leistete sich Brinkmann im Dezember 2007, eineinhalb Jahre nach seinem Amtsantritt einen kapitalen Schnitzer, der einem erfahrenen Finanzjongleur sicher nicht passiert wäre:

Obwohl in Artikel 6 der seit 28. Februar 1999 gültigen Verfassung der „NAK-NRW K.d.ö.R." eindeutig festgelegt ist, dass vor Investitionen und Eingehung von Verbindlichkeiten mit einem Gesamtaufwand von mehr als 500.000,00 € im Einzelfall, ein Beschluss des Landesvorstandes der Körperschaft erforderlich ist, entschied Brinkmann selbstherrlich über eine Kapitalanlage in Höhe von 10 Mio. €.

Ihm wurde die Investition in ein Anlageprojekt angeboten, das eine weit überdurchschnittliche Rendite abwerfen sollte. – Es war der Berichterstattung aus dem Jahr 2012 zufolge von mehr als 13% die Rede, und das hätte jeden halbwegs intelligenten Menschen stutzen lassen.

Aber Brinkmann, für den es „immer mehr sein, immer größer sein" musste, sah sich wohl schon als strahlender Held, der den ohnehin großen Reichtum der Gebietskirche (der übrigens auf den weiter oben als Kriegsverbrecher entlarvten Walter Schmidt zurückgeht) deutlich gemehrt hat.

Er stellte der „Investorengruppe" den Betrag auf dubiosen Wegen, die ebenfalls hätten misstrauisch machen müssen, zur Verfügung. – Wenige Wochen später war klar, dass er sich verzockt hatte, dass das Geld verloren war. Seinen eigenen Einlassungen zufolge, die von Dr. Leber unwidersprochen blieben, informierte er zeitnah den Stammapostel. Danach war – Schweigen im Walde.

Personelle Konsequenzen? Weit gefehlt! – Im Gegenteil: Als am 15. Mai 2011 der in der Folge auch als zwielichtig und meineidig entlarvte Präsident der NAK-Gebietskirche der Niederlande, Theodoor Johann de Bruijn, wegen Erreichen der Altersgrenze in den Ruhestand versetzt wurde, übertrug der Vorsitzende des NAKI e.V., Dr. Wilhelm Leber, dessen Amtsaufgaben auf Armin Brinkmann. Der war nun Boss von zwei Gebietskirchen, sein Image wurde damit öffentlich immens aufgewertet.

Ansonsten... Immer noch Schweigen im Walde. Bis 2012 eine kleine Zeitungsnotiz eines britischen Blattes Aufmerksamkeit erregte:

In Norfolk standen Anlagebetrüger vor Gericht und im Zusammenhang damit war auch davon die Rede, dass die NAK-NRW zu den Opfern gehörte. Und damit kam der Investigations-Stein ins Rollen und nach und nach wurden weitere Details der Affäre bekannt.

Zum Beispiel wurde jetzt berichtet, dass Brinkmann im Jahr 2009 einen Brief an die Betrüger geschrieben habe, in welchem er sie aufgefordert habe, das zur Verfügung gestellte Kapital zurückzuzahlen.

Nachdem bekannt geworden sei, dass ein weiteres Opfer der Betrüger bereits 2008 in England Strafanzeige erstattet habe, habe im November 2010 auch die NAK-NRW die Polizei in England eingeschaltet.

Kontaktmann zur britischen Justiz war der eigens dafür in den Kirchendienst gewechselte und zum NAK-Bischof beförderte vorherige Kriminaldirektor Manfred Bruns. Ebenfalls in 2010 seien der Landesvorstand und die Landesversammlung (d.i. ein Gremium, zu dem außer dem Landesvorstand sämtliche Bezirksvorsteher gehören) der

Gebietskirche und die Bezirksämter eingeweiht worden. Daraufhin sei ein Beratungs- und Kontrollgremium für Geldanlagen berufen worden, in dem auch externe Fachleute säßen.

Was auch ins Rollen geriet, war die Informationsmaschinerie der NAK-NRW, in Person ihres Medienreferenten Frank Schuldt, der eine Reihe Nebelkerzen zündete, darunter ein angeblich von Medienvertretern mit Armin Brinkmann geführtes Interview, in dem dieser so quasi öffentlich als Unschuldslamm akzeptiert wurde. – Auf drängende Nachfragen musste Schuldt dann zugeben, dass er selbst als so quasi „interessierte Öffentlichkeit" die Fragen gestellt hätte, und diese Fragen dann in seiner Eigenschaft als Pressesprecher des Bezirksapostels beantwortet habe...

Die Wellen der Empörung schlugen seinerzeit sehr hoch. Ich selbst hatte, nachdem das ganze Ausmaß des Skandals bekannt geworden war, Strafanzeige gegen Armin Brinkmann erstattet – übrigens ohne zu wissen, dass die NAK-NRW durch einen ihrer Laienpriester, der von Beruf Staatsanwalt ist, gute Kontakte zur Staatsanwaltschaft hat(te?)...

Die Anzeige lautete auf Untreue: die Staatsanwaltschaft stellte die entsprechenden Untersuchungen jedoch bald ein, es kam nicht zu einem Verfahren. – Die Begründung war, dass Brinkmann sich zwar im Prinzip der Untreue schuldig gemacht habe, dass er sich aber auf Gewohnheitsrecht berufen könnte, da es langjährige Praxis sei, dass die Gebietskirchenpräsidenten sich über die entsprechenden Regelungen in den Statuten hinwegsetzten.

Aber: Da die Statuten erst 1999 in Kraft getreten sind, konnten lediglich zwei Vorgänger gegen diese Statuten verstoßen: Nämlich der wertekonservative und als sehr integer geltende Horst Ehlebracht, eine gestandene Unternehmerpersönlichkeit alter Schule, der das Amt des GK-Präsidenten aber lediglich bis einschließlich 2002 innehatte, und dessen Amtsnachfolger Wilhelm Leber, den Vorgänger von Armin Brinkmann, der die entsprechende Funktion bis Juni 2005 innehatte.

Langjährige Praxis? 5 Jahre...? Naja... - Zudem halten es Insider für unmöglich, dass Horst Ehlebracht gegen eindeutige Bestimmungen verstoßen habe, abgesehen davon ist aus seiner Amtszeit keine Einzel-Investition, die die Schallgrenze von 500-Tausend durchbrochen hätte, bekannt.

Außerdem: Horst Ehlebracht ist bereits im Februar 2004, nur 13 Monate nach seiner Pensionierung im Alter von 67 Jahren verstorben. Ihn, um sich selbst reinzuwaschen, der Untreue zu bezichtigen, ist meines Erachtens zutiefst unehrenhaft! Möglicherweise hätte es sich gelohnt, Strafanzeige wegen „verunglimpfen des Andenkens Verstorbener" nach § 189 StGB gegen Brinkmann zu erstatten...

Als einziger möglicher Gewohnheitstäter, auf den sich Brinkmann zu seiner Entlastung berufen könnte, bleibt unterm Strich lediglich Wilhelm Leber übrig – und das ist ausgerechnet der Mann, der als „Disziplinarvorgesetzter" Brinkmanns dessen Tun gedeckt hat und auch noch als Staffage für eine Show-Veranstaltung am 7. Oktober 2012 gedient hat, in der Brinkmann versucht hat, sich von der Schuld zu befreien...

Bei der gleichen Veranstaltung wurde Brinkmann in dem von ihm selbst protegierten Bauunternehmer und NAK-Apostel Rainer Storck ein Bezirksapostelhelfer zur Seite gestellt. Der übernahm die Führung der Gebietskirche, nachdem Brinkmann am 23. Februar 2014 in den altersbedingten Ruhestand verabschiedet wurde.

Noch vor seinem Ruhestand ließ Armin Brinkmann jedoch dem „Netzwerk Apostolische Geschichte e.V. (NAG)", informationsmedial eine Art 5. Kolonne der NAKn, das finanziell „auf dem letzten Loch pfiff", eine großzügige Unterstützung angedeihen. Und diese Tatsache lässt die vernebelnde Berichterstattung des NAG in seinem ApWiki in einem etwas merkwürdigen Licht erscheinen.

Mutmaßend und im Konjuktiv gehalten stellt das NAG den Betrugsfall nämlich so dar:

Der Betrug sei mit Unterstützung des Professors für Wirtschaftsrecht an der Uni Duisburg Essen und NAK-Bezirksältesten Dr. jur. Frank Zisowski eingefädelt worden, der dafür von den Haupttätern eine Provision in Höhe von 250.000 € erhalten habe, und deswegen von der britischen Justiz als Mittäter eingestuft werde. Einer Vorladung der britischen Polizei habe Zisowski nicht Folge geleistet, es habe aber eine Hausdurchsuchung bei ihm gegeben.

Dem NAG zufolge hat Zisowski eine üble Doppelrolle gespielt, denn er habe gemäß der Darstellung in ApWiki, nachdem Brinkmann einige Ungereimtheiten aufgefallen seien, zusammen mit dem Verwaltungschef der NAK-NRW mit den Betrügern Kontakt aufgenommen, sich auch mit ihnen getroffen, um das Geld zurückzubekommen. Als das nicht gelungen sei, wollte Brinkmann Strafanzeige erstatten, Zisowski habe ihn aber beruhigt und davon abgeraten.

Als dann der Skandal öffentlich bekannt wurde, hat Brinkmann seinen langjährigen und engen Vertrauten am 26. Februar 2012 von seinen Kirchenämtern suspendiert. - Ein Bauernopfer... Ansonsten galt wieder einmal: „Wir schweigen und gehen unseren Weg!"

Steine des Anstoßes
Thorsten Zisowski (li) und Stefan Pöschel (re)

Im März 2019 gab es dann ein Nachspiel: Brinkmanns Nachfolger als Gebietskirchenpräsident, der Bauunternehmer und Laienprediger Rainer Storck ließ auf der website seiner Gebietskirche verlauten, dass als Amtsnachfolger für zwei Apostel, die wegen Erreichen des Rentenalters in den Ruhestand versetzt würden zwei Bezirksälteste, nämlich Stefan Pöschel und Thorsten Zisowski, „erbeten und ausersehen" seien...

Natürlich schrillten bei der Nennung des Namens Zisowski div. Alarmglocken. Zu Recht, wie sich herausstellte:

Thorsten Zisowski war nämlich nicht nur der kleine Bruder des großen Professors Frank Zisowski, der den durch die Amtsenthebung vakant gewordenen Bezirksvorstand übernommen hat. Wie sich bei eiligen – und schon bei nur oberflächlichen – Recherchen herausstellte, war Thorsten Zisowski bereits zur Zeit der Affäre „Brinkmann" gemeinsam mit seinem Bruder Frank sowie seinem Freund, Kollegen und NAK-Amtsbruder Stefan Pöschel Teil des sog. „Ruhrfilzes" und einer undurchdringlichen Kapitalverflechtung, in die eben auch die Neuapostolische Kirche in Nordrhein-Westfalen verwickelt war (und ist?).

Was ich auf meiner website CANITIES-News ausführlich dargestellt habe, sieht kurz gefasst so aus:

Der NAK-Bezirksälteste Prof. Dr. Frank Zisowski, Sozius der Rechtsanwaltskanzlei Zisowski, Armgardt, Stamm(ZAS) sowie Honorarprofessor an der Universität Duisburg/Essen, war seinerzeit Geschäftsführer und Gesellschafter der Celan GmbH, bei der der NAK-Bezirksevangelist Dr. Thorsten Zisowski und der NAK-Priester und Gemeindevorsteher Matthias Armgardt Mitgesellschafter waren. (Anmerkung: Armgardt wurde dann wegen Umzugs in die Bodensee-Region von seinen NAK-Ämtern in NRW freigestellt)

Der im Handelsregister eingetragene Unternehmenszweck war „Beratung von Unternehmen und Einzelpersonen, insbesondere strategische Beratung und die Beratung bei der Vorbereitung und Abwicklung von Finanz- und Finanzierungsgeschäften ..."

Damit ist einerseits die Verbindung Zisowski – Brinkmann – Anlagebetrug nachvollziehbar, andererseits wundert man sich, wenn man im elektronischen Bundesanzeiger einen Blick in die Bilanzen wirft, warum die Herrschaften ein Geschäft betrieben haben, mit dem scheinbar kein Gewinn erwirtschaftet werden konnte...

Gleichzeitig waren Frank Zisowski und Matthias Armgardt sowie ein seinerzeitiger NAK-Gemeindevorsteher aus dem Sauerland Gesellschafter der Firma Soteres GmbH, einem Unternehmen für die Entwicklung von Hard- und Software, insbesondere die Entwicklung von IT-Sicherheitslösungen...

Eigentlich nicht wert, extra darauf hinzuweisen: Wie die Celan GmbH erwirtschaftete auch die Soteres GmbH Verlustvorträge im sechsstelligen Bereich...

Über den seinerzeitigen Vorsteher aus dem Sauerland, finden wir dann auch eine Verbindung zu (Ex-) Apostel Devan Chowdhury[5], dessen Tochter mit dem Sohn des NAK-Apostels Hoyer verheiratet ist. Und Apostel Hoyer, der im Juni dieses Jahres in Ruhestand tritt, gibt sein Amt an Thorsten Zisowski weiter...

Noch ein Einschub zu Frank Zisowski: Er war außerdem als Gesellschafter, Geschäftsführer und Vorstand der Novotergum AG aktiv.

Sein Bruder Thorsten, der Bezirksevangelist, war der Chef der Abfallentsorgungs-Gesellschaft Ruhrgebiet mbH und ist als solcher Teil staatsanwaltschaftlicher Ermittlungen geworden. Im online-Magazin „Ruhrbarone" hieß es dazu

(Zitat) *„[...] Die AGR gehört zu 100 Prozent dem Regionalverband Ruhr. Aufgrund der möglicherweise gefakten Bilanzen gab die Landesbank Baden-Württemberg einen Kredit über 100 Mio Euro an die AGR. Gleichzeitig wurde heute bekannt, dass der AGR Geschäftsbereichsleiter Thorsten Zisowski das Unternehmen zum 30. Juni verlassen will.*

Thorsten Zisowski ist bei der AGR nicht irgendwer. Er gilt als Spiritus Rector der halsbrecherischen Geschäfte. Zudem hat er mit seinem Bruder, Honorarprof. Dr. jur. Frank Zisowski von der Uni Duisburg-Essen, einige delikate Dinge für die AGR zu regeln versucht – erfolglos. Es blieb der Geruch einer zu gut gemeinten verwandtschaftlichen

---

[5] Die Affäre Chowdhury, die zwar in direktem Zusammenhang mit Brinkmanns Management zu sehen ist, steht jedoch auf einem anderen Blatt und spielt hier keine Rolle.

Hilfe. Ohne die betreffende Gesellschaft zu liquidieren hat Bruder Z. nämlich Geld als Liquidator kassiert. [...]" (Zitatende)

Quelle und ganzer Beitrag:

> https://www.ruhrbarone.de/staatsanwaltschaft-bochum-ermittelt-gegen-agr/1485

Nachdem ThorstenZisowski die AGR verlassen hat, fand er im Juli 2009 einen Geschäftsführerposten bei der Orcatech GmbH, einem Unternehmen zur „Erbringung von Lieferungen und Leistungen im Bereich der Extremschutzbeseitigung" .

Sein NAK-Bruder der Bezirksälteste Stefan Pöschel war Gesellschafter und Co-Geschäftsführer des Unternehmens.

Merkwürdiges Detail am Rande: Als Zisowski bei der Orcatech einstieg, war sie bereits in finanzieller Schieflage. Und nach nur 5 Monaten, am 22.12.2009, musste er die Eröffnung des Insolvenz-Verfahrens beantragen.

Und nun noch ein Blick auf das Mutterunternehmen der Orcatech Gmbh, die Airmatic-Firmengruppe, die ihrerseits zur ebenfalls in ein schräges Licht geratenen „Gesellschaft für Beratung der sicherheits- und wehrtechnischen Wirtschaft (GSW)" gehörte .

In einem leider nicht mehr abrufbaren, aber von kritischen Beobachtern der NAK Beitrag des Online-Magazins „der Westen" heißt es:

(Zitat) *„[...] Der Grundstein der Airmatic Firmengruppe wurde 1986 in Hemer gelegt. In der früheren Reinhard-Fabrikanlage fand das Unternehmen eine Bleibe. Systeme zur Ölspur- und zur Extremschmutzbeseitigung mittels einer Hochdrucktechnik sind die Spezialität. Die Tochter Orcatech entwickelte sich durch Franchising zum Marktführer bei der Ölspurbeseitigung.*

Airmatic schuf sich 2007 in der Kaserne ein zweites Standbein: die Entwicklung eines Kettenlöschfahrzeugs zur Waldbrandbekämpfung.

Das Wirtschaftsministerium förderte dieses „Leuchtturm-Projekt" sowie ein zweites anderer Unternehmen für die Minenräumung mit insgesamt zehn Millionen Euro.

Von diesen Millionen konnte Airmatic lange zehren, doch eine erfolgreiche Vermarktung blieb bislang aus.

[dann trat ein sog. Business-Angel in Aktion und brachte 100.000 €uro mit:] *Der namentlich nicht genannte „Unternehmensengel" will als Privatinvestor die Pläne der bisherigen Gesellschafter und des Unternehmens maßgeblich unterstützen. Aber nicht nur Kapital stelle der neue Teilhaber zur Verfügung, sondern vielmehr seine internationalen Kontakte seien für das Hemeraner Unternehmen von größtem Interesse, so Geschäftsführer Stefan Pöschel. [...]"* (Zitatende)

Quelle:

> http://www.glaubeundkirche.de/viewtopic.php?f=69&t=7220&sid=269503a66f53f80e1f61a21901fd1da0

Auch hier ist also einer aus dem NAK-NRW-Filz aktiv: Stefan Pöschel - einmal mehr! Und die Geschichte der Firmenverfilzungen ist mit dem Tod der Orcatech-GmbH noch nicht zu Ende.

Der Journalist Michael Koch (nicht zu verwechseln mit dem Glaubenskultur-Herausgeber *m.k.*) berichtet im Online-Magazin „Der Westen", dass auch im Zusammenhang mit der GSW-Consulting die Staatsanwaltschaft ermittelt (hat).

> **Vgl.:** https://www.derwesten.de/staedte/menden/auch-loeschpanzer-sorgten-fuer-riesen-verluste-id7620713.html

Ob es die „Gesellschaft für Beratung der sicherheits- und wehrtechnischen Wirtschaft (GSW)" noch gibt, war auf die Schnelle nicht zu ermitteln. Durch die Verflechtung mehrerer Unternehmen und einer ganzen Reihe von Insolvenzverfahren und staatsanwaltschaftlicher Ermittlungen ist nicht erkennbar ob – und wenn ja, unter welchem Namen – eine Nachfolgegesellschaft existiert und wer deren Gesellschafter sind.

Die Hauptakteure des beschriebenen Kartells sind jedenfalls weiter aktiv geblieben, ohne jemals belangt zu werden. Und ganz offensichtlich waren die diversen Pleiten, Pannen und Verluste nicht zu deren persönlichem Nachteil. Allerdings agieren sie mittlerweile deutlich geräuschloser.

Der Markt, in dem sie aktiv sind, ist allerdings auch ein Haifischbecken, mit Akteuren und Verfilzungen nicht nur auf kirchlicher Ebene, sondern auch zur Politik.

Stefan Laurin von der unabhängigen Rechercheorganisation *„correctiv.org"* hat am 07. Juli 2015 einen bemerkenswerten Artikel über den Ruhrfilz veröffentlicht. Bemerkenswert zwar, aber zu umfangreich, um ihn in diesem Rahmen ausreichend zu würdigen. Ihn zu lesen, empfehle ich aber ausdrücklich:

Hier der Link dorthin:

> https://correctiv.org/ruhr/2015/07/07/filzdecke-ruhr

Tja... das wären also die wesentlichen Geschehnisse zu Zeiten des Stammapostels Wilhelm Leber. Zu seiner Ära Leber bleibt lediglich eines zu ergänzen:

Unter Leber und mit Brinkmanns Unterstützung hielt im Jahr 2009 mit dem Europäischen Jugendtag (EJT) in Düsseldorf das Thema „Gigantomanie durch Mega-Events" in der NAK Einzug.

Gleichzeitig markierte der EJT den Zeitpunkt des Einstiegs der NAK in die Nutzung der modernen Medien. Zu Lebers Zeiten noch zurückhaltend, in Form von Internetauftritten der NAK-Gebietskirchen und deren Bezirken, sowie mit einer eigens für den Jugendtag eingerichteten Sozialplattform, der streng von der Öffentlichkeit abgeschirmten NAK-Welt „www.nacworld.de".

Das postfaktische NAK-Zeitalter

Gemäß dem Ideal der Aufklärung ist der Sinn des Diskurses, die Wahrheit durch Schlussfolgerungen aus belegbaren Fakten im Streitgespräch zu ermitteln.

Im Postfaktizismus spielen Fakten, wenn überhaupt, nur am Rande eine Rolle, es findet kein Diskurs statt, und die Wahrheit einer Aussage ist völlig belanglos, wichtig ist lediglich deren Effekt auf die Zielgruppe!

So gesehen ist jedwede Religion von Haus aus „postfaktisch", da in ihr lediglich die Behauptungen der Führung relevant sind. – Zugegeben: Je nach Religion/Konfession in unterschiedlicher Ausprägung.Übrigens ist das etwas, was die Religionen mit Diktaturen wie dem Hitler-Regime gemeinsam haben. Bei Trump, Erdogan und Putin finden wir Vergleichbares.

Sie amüsieren sich köstlich! – Worüber wohl?!

li: StAp Jean-Luc Schneider (*18. Sept. 1959) und
re: Dr. phil.nat Wilhelm Leber (*20. Juli 1947), sein Amtsvorgänger

am Rande des Pfingst-GD 2016 in Frankfurt/Main

Mit der Übergabe der Macht über die Neuapostolische Kirche von Wilhelm Leber an Jean-Luc Schneider, der den bezeichnenden Spitznamen „John Lüg" trägt, am 19. Mai 2013, ist ein Meister des Postfaktizismus Stammapostel der Neuapostolischen Kirchen geworden; ein Meister auch der Selbst-Inszenierung bei Großveranstaltungen.

Unter Schneider wurde die Präsenz der NAKn in den öffentlichen Medien, in Radio und Fernsehen, aber auch auf Sozialplattformen konsequent ausgebaut. Gleichzeitig wurden die eigenen Medien mehr und mehr auf die Internetnutzung der jüngeren Generation zugeschnitten.

Aber auch für Senioren besteht ein Internetangebot, z.B. in Form von Gottesdienstübertragungen für NAK-Mitglieder mit eingeschränkter Mobilität. Wer in der Bedienung von PC und Internet nicht firm genug wird per kostenloser Telefonübertragung mit Predigten beschallt.

Und damit die zahlenmäßig immer weniger werdenden Amtsträger der Kirche keine Zeitprobleme bei der Versorgung der anteilmäßig immer mehr werdenden Alten bekommen, stellt man vorkonsekrierte Eucharistie-Hostien zur Verfügung, damit der Anschein der Tischgemeinschaft mit Christus im Heiligen Abendmahl aufrechterhalten wird.

Mit einigem Schmunzeln denke ich daran, dass früher manches NAK-Mitglied nach der Rückkehr von einer Reise im Austausch mit anderen Gemeindemitgliedern staunend feststellte, dass im weit entfernten Gottesdienstort teilweise fast wortgleich dasselbe gepredigt worden war wie daheim.

Dies wurde in der NAK stets und ständig als Beweis für das Wirken des Heiligen Geistes verkauft. Die Wahrheit war viel einfacher: Die theologisch ungebildeten Laienprediger bekamen ein sogenanntes „Amtsblatt" zur Verfügung gestellt, in dem die wichtigsten Inhalte zur Auslegung des einheitlichen Textwortes enthalten waren. – So wurde sichergestellt, dass überall das Gleiche gepredigt wurde.

Bereits unter Fehr wurde aus dem Amtsblatt das Printmedium *„Leitgedanken zum Gottesdienst"*, aber unter Leber ist dann erstmals auch eine Sondernummer zur Präzisierung von Lehrinhalten erschienen. Die war notwendig, um die Amtsträgerschaft im Jahr 2011 bezüglich des Kirchenverständnisses auf Linie zu bringen. Unter Schneider ist das „auf Linie Bringen" der Amtsträgerschaft wohl dringender geworden. – Und das dürfte etwas mit den Ökumenebestrebungen der NAK zu tun haben und dem damit in unmittelbarem Zusammenhang stehenden Erscheinen des Katechismus zum Ende der Ära Leber.

Der krasse Unterschied zwischen offizieller Lehraussage der NAK und dem Lehrverständnis ihrer Mitglieder, insbesondere wenn es um die Ökumenefähigkeit und den Exklusivismus ihrer Glaubensgemeinschaft geht, wird dadurch verstärkt, dass auch NAK-Funktionäre in ökumenischen Gesprächen (also im Außenverhältnis) die Kirchenlehre, darin insbesondere das Kirchenverständnis der NAK, anders darstellen, als sie im Katechismus der NAK festgeschrieben ist.

Wie weiter oben bereits festgestellt, wird das dadurch begünstigt, dass ein zusammenhängendes Lesen aller theologisch/thematisch zusammengehörenden Inhalte des Katechismus durch sein Ordnungs-System nicht möglich ist. Diese Struktur führt dazu, dass eine kritische Lehranalyse erschwert wird.

Natürlich dürfen die nach außen vorgetragenen Sichtweisen im Innenverhältnis so nicht gepredigt werden, damit die konservativen Kirchenmitglieder, die immer noch regelmäßig ihr „Opfer" in Höhe von 10% ihres jeweiligen Einkommens an die Kirche abdrücken, nicht den Glauben verlieren und fluchtartig die Kirche verlassen.

Andererseits dürfen die progressiveren (meist jüngeren) NAK-Mitglieder nicht durch dieses rigide Kirchen- und Heilsverständnis erschreckt werden. Diese Klientel meint nämlich, sich in einer liberalen und weltoffenen Glaubensgemeinschaft zu befinden. Sie sind der Auffassung, die verschiedenen christlichen Konfessionen seien gleichwertig, es gäbe zwischen ihnen lediglich marginale Unterschiede.

Sie ahnen nicht, dass sie sich damit außerhalb des Glaubensgebäudes ichrer Kirche befinden. Sie bekennen sich zum Neuapostolischen Glauben, ohne das Credo der Neuapostolischen zu bekennen – die meisten kennen es nicht einmal, übrigens genauso wenig wie den Katechismus

WORDING nennt man auf neudeutsch die Marketing-Methode, mit der man bestimmte Inhalte je nach Zielgruppe anders interpretiert, indem man immer nur Teilaspekte des Inhalts herausgreift. Und damit die NAK-Amtsträger dieses Wording beherrschen, gibt der

Stammapostel immer wieder einmal klarstellende Leitgedanken-Sondernummern heraus.

Diese „LG-SN" werden allerdings ausschließlich an NAK-Amtsträger herausgegeben; glücklicherweise sind die sehr häufig alles andere als linientreu, wodurch die Leitgedanken zum Bespiel auch in meine Hände gelangen.

Die von dem Wording dieser Leute irregeführten Menschen, egal ob Neuapostoliken oder Funktionäre anderer Glaubensgemeinschaften, meinen dank dieser postfaktischen Strategie, diejenigen Teilaspekte, die ihnen jeweils zur Kenntnis gebracht werden, umfassten die Wahrheit, die ganze Wahrheit und nichts als die reine Wahrheit...

Um wieder auf Schneider zurückzukommen: Mit ihm ist, auch wenn der Dialog der NAKn mit den Verantwortlichen des „ökumenischen Rats der Kirchen" und der „Arbeitsgemeinschaft Christlicher Kirchen" anderes vermuten lässt, seit Streckeisen wieder einmal ein Hardcore-Neuapostolike am Ruder, der den unter Leber begonnenen Retrokurs der NAK konsequent weiterführt.

Schneider lässt nicht den geringsten Zweifel am Heilsexklusivismus des NAK-Apostolats. Greifen wir einmal das Stichwort Sündenvergebung heraus, wobei wir nicht auf die für Christen zentrale Bedeutung der Sündenvergebung eingehen wollen, sondern lediglich aufzeigen, dass der Stammapostel der NAK das Apostolat für die Sündenvergebung als zwingend notwendig betrachtet, und dass er bis zum von den Christen gepredigten Tag der Wiederkunft Christi auch nicht den geringsten Spielraum für weitere Möglichkeiten lässt. Das nachstehende Zitat aus der „Leitgedanken-Sondernummer 2 15.10 vom Oktober 2015" stammt, darauf wird in der Broschüre hingewiesen, ausschließlich aus der Feder Jean-Luc Schneiders:

(Zitat) *„2.1 Vergebung der Sünden und Apostelamt*

Die Tatsache, dass unser Bekenntnis in zwei Glaubensartikeln den Glauben an die Vergebung der Sünden und an den Auftrag der Apostel zur Sündenvergebung erwähnt, hat besondere Bedeutung:

■ *Die im dritten Glaubensartikel erwähnte Vergebung spricht von ihr als einer Tat Gottes: Nur der dreieinige Gott kann Sünden tilgen und er kann dies zu jeder Zeit tun. Jesus, der Sohn Gottes, sagte von sich selbst, dass er die Macht habe, Sünden zu vergeben (vgl. Mk. 2,10) und dies sogar, bevor er sein Opfer am Kreuz brachte.*

■ *Der vierte Glaubensartikel nimmt präzisierend Bezug auf das Wirken Jesu in seiner Kirche. In der Kirche Christi können diejenigen, die an Jesus Christus, den Erlöser, glauben, die Taufgnade empfangen und so die Abwaschung der Erbsünde erfahren.*

Innerhalb der Kirche haben die Apostel den Auftrag, die Vergebung der Sünden verbindlich zu verkünden.

Der Apostel verkündet die Vergebung, aber Gott ist es, der vergibt. Die Vollmacht der Apostel hinsichtlich der Sündenvergebung ist kein Automatismus. Allerdings ist die Verkündigung der Vergebung der Sünden durch einen Apostel alleine nicht ausreichend, um Sünden abzuwaschen. Die Vergebung ist nur wirksam, wenn der Sünder bußfertig und vergebungsbereit ist.

Die Vollmacht, mit der die Apostel die Sündenvergebung verkünden, beruht im Wesentlichen auf ihrem Auftrag zur rechten Wortverkündigung und dem Auftrag zur rechten Sakramentsverwaltung. Der Sünder hat die Sicherheit, Vergebung seiner Sünden zu erlangen, wenn er der Autorität des Apostelamtes glaubend vertraut.

Die Apostel wirken als Botschafter Christi: Durch sie ist es Jesus Christus selbst, der dem Glaubenden die Freisprache verkündet. Die Vergebung, durch den Apostel verkündet, ist maßgebend, unabhängig vom Urteil und von der Zustimmung der Menschen. Der Sünder kann Vergebung von Gott empfangen, selbst wenn die Menschen ihn weiterhin anklagen.

2.2 Ist Sündenvergebung nur im Zusammenhang mit dem Apostolat möglich?

Schließt der den Aposteln anvertraute Auftrag der Sündenvergebung jede Möglichkeit aus, auch außerhalb des Apostolats Vergebung der Sünden zu erlangen?

Rufen wir uns zunächst in Erinnerung, dass der Auftrag der Apostel zeitlich begrenzt ist, zumal er besonders darin besteht, die Wiederkunft Christi zu verkünden und die Glaubenden auf dieses Ereignis vorzubereiten. Bei der Wiederkunft des Herrn werden die Lebenden und Toten, die auf sein Kommen vorbereitet sein werden, auferstehen. Sie erhalten einen verherrlichten Leib und gehen ein in die ewige Gemeinschaft mit Gott. Da es sich bei ihnen um Sünder handelt, werden sie auch die Vergebung der Sünden nötig haben, um bei Gott sein zu können. Diese Vergebung wird nicht von den Aposteln ausgesprochen, sondern direkt von Gott gewährt. Das gleiche gilt für die Märtyrer, die nach der großen Trübsal auferstehen werden. Im Jüngsten Gericht wird es Gott selbst sein, der denen Gnade schenkt, die in die neue Schöpfung eingehen dürfen.

Unsere Glaubenslehre erwähnt somit ausdrücklich die Möglichkeit, auch nach Ende der Aposteltätigkeit auf Erden Sünden-vergebung zu erlangen. Für die Zeit vor der Wiederbesetzung des Apostelamtes wird in unserem Katechismus ausgeführt, dass es vorstellbar ist, „.dass Gott auch in dieser Zeit dem Glaubenden mit vergebender Gnade begegnete" (KNK 6.4.2.2)." (Zitatende)

Okay?! – Wer als lebender Mensch seit Bestehen des NAK-Apostolats (also seit Pfingsten 1897) erkannt hat, dass er „sündig" ist und will, dass ihm diese Sünden vergeben werden, kommt am NAK-Apostolat nicht vorbei. Da hilft kein Papst und kein EKD-Ratsvorsitzender...

Schneider lässt generell nie Zweifel aufkommen. Wo andere Leitungsfunktionäre vor ihm sagten „Wir sind der Meinung, dass..." oder auch „Wir glauben, dass..." tut Schneider so, als sei es ein bewiesenes Faktum, dass seine Behauptung die Wahrheit sei.

Hierzu ein Beispiel aus einem sog. Ämtergottesdienst in Innsbruck; dort stellte der NAK-Cheflaienprediger am 15. Februar 2014 vor Funktionären ab Gemeindeleitung aufwärts fest:

„[...] Der liebe Gott hat uns, seinen Aposteln, diesen Auftrag gegeben: ‚Bewahre meine Schafe, versorge sie!' - Wir können das nicht allein tun. Deshalb sind wir so froh und dankbar, dass wir Mitarbeiter haben, und dass unsere Schwestern einverstanden sind, dass ihr Gatte diese Arbeit macht. [...]"

Der für Schneider typische Postfaktizismus at its best! Er hätte ja sagen können, „Wir Apostel glauben, dass der liebe Gott..." – Oder auch „da und dort steht in der Bibel, dass der liebe Gott…" Beides wäre unangreifbar gewesen, aber für Schneider wohl viel zu schwammig.

Dabei ist es unumstößlich wahr, dass es keinen biblischen Befund gibt, der das NAK-Apostolat auch nur im Geringsten als von Gott eingesetzt legitimiert. Und wenn Schneider konstatieren sollt, dass die jesuanische Aussendung der Apostel verbindlich sei, so muss er ebenfalls feststellen, dass dann die Bischöfe der katholischen Kirche die legitim in apostolischer Sukzession stehen. Das NAK-Apostolat andererseits kann nicht die geringste Legitimierung vorweisen.

Aber Schneider lässt keinen Zweifel daran zu, dass er im Besitz der absoluten Wahrheit ist. Dass er keinerlei Fakten zur Untermauerung seiner Behauptung vorweisen kann, spielt keine Rolle. Schneider sagt „Gott tut dies, Gott will jenes, Gott sagt das…", dabei tut er so, als habe er das jeweils als persönliche Offenbarung von Gott erhalten.

Und die Schar der gläubigen Neuapostoliken hängt hingerissen an seinen Lippen. Sie halten für wahr, was Schneider erzählt und erklären gleichzeitig gegenüber Dritten, sie glaubten an Gott" – Dabei merken sie gar nicht, dass ein (nahezu buchstäblich) himmelweiter Unterschied besteht zwischen dem Glauben an eine transzendente Wesenheit und zu glauben (im Sinn von für wahr zu halten), was einem Dritte über eine transzendente Wesenheit erzählen.

Und dieses „Erzählen" erfolgt auf allen denkbaren Kanälen… In sogenannten Memes werden fromme Sprüche der Leitungsfunktionäre vor einen schäfchenwolkigen Sommerhimmel platziert, in facebook-Gruppen werden einprägsame Sätze aus Gottesdiensten verbreitet oder die unsinnigen Lehraussagen mit postfaktischen Pseudoargumenten unterfüttert, auf der NAK-Sozialplattform „nacworld" werden die User beschallt, in Newsletters werden die Durchhalteparolen genauso verbreitet wie in den ewig-gestrigen Internet-Magazinen „nac.today" und „community", die in mehreren Sprachen erscheinen.

Dazu kommen natürlich die Printmedien „wir Kinder", für die Jugendlichen die „spirit" und natürlich „unsere Familie". Fühlte sich die NAK unter Fehr noch als Opfer der neuen Medien, beherrscht sie die Kunst der medialen Beeinflussung mittlerweile aus dem Eff-Eff...

Dir Ironie der Geschichte: Das alles ist im Prinzip so sinnlos wie ein Kropf!

Wenn die NAK in der Vergangenheit von Wachstum gesprochen hat, resultierte das meist aus Neumitgliedern in Drittweltländern. Ich habe weiter oben im Zusammenhang mit der „Fehr'schen Mission" erläutert, wie es zu den großen Zahlen kam. In Mitteleuropa, insbesondere in Deutschland hat das anders ausgesehen.

Zwar kam es durch die geburtenstarken Jahrgänge zu einem Mitgliederwachstum und zu großen Gemeinden, die dann in mehrere Gemeinden aufgeteilt wurden, aber nachdem die Heranwachsenden mit der restriktiven Lehre konfrontiert wurden, blieben sie mehr und mehr der Kirche fern. Viele aus der ersten Nachkriegsgeneration haben als junge Erwachsene die Kirche verlassen, noch mehr aus der Folgegeneration.

Bereits zu Fehrs Zeiten ließ sich absehen, dass die Ausbreitung der deutschen NAKn in die Fläche ein Fehler war, da die GD-Teilnehmerzahlen immer übersichtlicher wurden. Die Erosion wurde durch diejenigen verstärkt, die die Kirche verließen, weil sie sich durch die scheinbare Liberalisierung verraten fühlten.

Der Abwanderungstrend setzte sich unter Leber fort und hat sich bislang auch durch Schneider nicht stoppen lassen. Mittlerweile ist fast nur noch die Hälfte der deutschen NAK-Gemeinden überlebensfähig.

Interessanterweise macht sich diese Abwanderung in den von den Gebietskirchen veröffentlichten Statistiken kaum bemerkbar. – Der öffentlich zugegebene Mitgliederschwund wird dabei fälschlicherweise[6] als Folge des gesamtgesellschaftlichen Demographiewandels verkauft. Im Innenverhältnis zumindest. Diejenigen Kritiker, die seit Jahren ein Auge auf die NAKn haben, orientieren sich mehr an den Gemeinde-

---

[6] Die Altersverteilung innerhalb der Gesamtgesellschaft entspricht nicht derjenigen in den Neuapostolischen Kirchengemeinden, die tatsächlich eine auf die Spitze gestellte Pyramide bilden.

schließungen; sie wissen, dass ein krasses Missverhältnis zwischen den Mitgliederzahlen und den Gemeindeschließungen besteht.

Die Erklärung ist simpel: Da der offizielle Kirchenaustritt mit öffentlichen Gebühren belegt ist, andererseits die NAK (noch!) keine Kirchensteuern erhebt, lohnt der offizielle Schritt nicht.

Deswegen bleiben viele, die sich längst nicht mehr als der NAK zugehörig betrachten, als sog. „formelle Mitglieder" in den Statistiken stehen. Und klar, sie verhelfen den NAKn natürlich dazu, nach außen größer zu wirken, als sie in Wahrheit ist. Die NAK ist so etwas wie der „Herr Tur Tur" (der Scheinriese aus Jim Knopf und Lukas der Lokomotivführer) unter den Glaubensgemeinschaften.

Eine Messgröße für die tatsächlichen Mitgliederzahlen in Deutschland sind die „Opfer-Einnahmen", die von den NAKn in Deutschland regelmäßig veröffentlicht werden:

Die statistischen Landesämter und das statistische Bundesamt geben zusätzlich regelmäßig die durchschnittlichen Haushaltsgrößen und Haushaltseinkünfte an. Man kennt also die durchschnittliche Größe auch eines NAK-Haushaltes und weiß, wie hoch dessen durchschnittliches Einkommen ist.

Und da NAK-Mitglieder gehalten sind, immer 10% ihrer Einkünfte als „Opfer" abzuführen, weiß man auch, wie hoch der Opferbetrag dieses Haushaltes ist, und kann so die Opfereinnahmen auf die Anzahl der opfernden Haushalte herunterrechnen.

Danach muss man lediglich noch die so ermittelte Zahl an NAK-Haushalten mit der durchschnittlichen Haushaltsgröße multiplizieren und man kann sagen, wie viele Mitglieder durch die Opfer-Einnahmen repräsentiert werden. – In so ziemlich allen deutschen NAK-Gebietskirchen lässt sich so feststellen, dass die veröffentlichten Mitgliederzahlen etwa 4x so hoch sind, wie die Zahl der tatsächlich aktiven Mitglieder.

In den Ländern mit dem zu Fehrs Zeiten größten Wachstum der NAK funktioniert das nicht so, da es in den wenigsten Drittwelt-Ländern funktionierende Melderegister gibt, glaubwürdige Statistiken liegen dort auch selten vor. Die NAK hat mit Berufung auf diese Unsicherheit dann auch eine Kosmetik der Mitgliederzahlen vorgenommen. Von mehr als 11 Millionen Mitgliedern hat man die Zahl auf knapp unter 9 Millionen korrigiert... - Aber das ist, wie gesagt, lediglich Kosmetik. Will man wissen, wie viele aktive Mitglieder die NAK weltweit tatsächlich hat, gibt es eine weitere Messgröße:

Die NAKn produzieren ihre Eucharistie-Hostien selbst. Und erst im Jahr 2015 hat man einen Bericht mit Produktionszahlen veröffentlicht. Der Rest ist eine Milchmädchenrechnung, mit dem kleinen Unsicherheitsfaktor, dass vielleicht nicht alle Hostien auch tatsächlich verzehrt werden – möglicherweise werden ja auch einige als Backoblaten zweckentfremdet, oder irgendein AT benutzt die Dinger als Snack für zwischendurch... Wie auch immer:

Davon ausgehend, dass die Hostien zweckbestimmt verzehrt werden und jedes NAK-Mitglied zwei Hostien pro Woche ausgehändigt bekommt, reicht die Zahl der produzierten Hostien gerade einmal für rund 2 Mio. Mitglieder weltweit. Und das führt dann zu der Erkenntnis, dass die in der Mitgliederstatistik angegebenen Zahlen um den Faktor 4,5 zu hoch sind!

Wir schreiben derzeit das Jahr 2019, das heißt, dass die NAK gerade einmal 122 Jahre alt ist. Wenn die derzeitige Mitgliederentwicklung anhält, steht zu erwarten, dass diese Gemeinschaft ihren bereits vor 6 Jahren mit reichlich Pomp gefeierten 150. Geburtstag keinesfalls mehr als anerkannte Körperschaft erleben wird. Sie wird dann die Bedingungen zur Verleihung des Körperschaftsstatus nicht mehr erfüllen. Kenner der Szene geben ihr eigentlich keine 20 Jahre mehr!

Andererseits bedeutet die Tatsache, dass irgendwann vielleicht ausschließlich noch die Mitglieder des NAKI e.V., Zürich, als NAK-Mitglieder gelten können, nicht das Ende des Neuapostolizismus!

Da die Verfassungen der Gebietskirchen festlegen, dass ihr Kapital im Falle ihres Untergangs an den NAKI e.V. übertragen wird, bleibt dieser Verein als Kapitalgesellschaft bestehen. Und der Reichtum der Neuapostolischen Kirchen ist bereits jetzt so hoch, dass sie aus den reinen Kapitalerträgen überleben könnten.

Da aber die Opfereinnahmen einstweilen weiter fließen und immer mehr Gemeinden geschlossen werden und deren Immobilien entweder veräußert oder in Renditeobjekte umgewandelt werden, wächst das Kapital munter weiter und weiter. Und das verrät den möglicherweise eigentlichen Zweck der Neuapostolischen Kirchen des 21. Jahrhundert:

Faktisch sind sie eine gigantische Gelddruckmaschine zugunsten der Mitglieder des NAKI e.V. mit ihren deutlich 6-stelligen Jahresgehältern.
Und jede andere Behauptung ist als postfaktisch abzuweisen. ;-)

Die NAK und die Ökumene

Am 07.02.2019 überraschten die Arbeitsgemeinschaft christlicher Kirchen auf ihrer website https://www.oekumene-ack.de mit einer Verlautbarung, die gleichlautend auch auf den websites der deutschen NAK-Gebietskirchen und derjenigen des Züricher Apostelvereins NAKI e.V. veröffentlicht wurde:

(Zitat) *„[...]Auf der kommenden Mitgliederversammlung der Arbeitsgemeinschaft Christlicher Kirchen in Deutschland am 3.-4. April 2019 in Hofgeismar wird die Neuapostolische Kirche (NAK) als neues Gastmitglied der ACK aufgenommen werden. Dem haben die Mitgliedskirchen mit der erforderlichen Zweidrittel-mehrheit zugestimmt. Vorausgegangen war ein mehrjähriger Prozess der Reflexion und Kommunikation.*

Bereits im letzten Jahr hatte die Mitgliederversammlung den Mitgliedskirchen der ACK empfohlen, die Neuapostolische Kirche als Gastmitglied der ACK in Deutschland aufzunehmen. Nach einem über mehrere Jahre andauernden Kommunikationsprozess hatte die Kirche einen Antrag auf Gastmitgliedschaft gestellt. In einem schriftlichen Verfahren haben nun die Leitungen der 17 Mitgliedskirchen den Antrag mit der erforderlichen Zweidrittel-mehrheit befürwortet. Die NAK hat in Deutschland rund 350.000 Gemeindeglieder in 1.700 Gemeinden. [...]" (Zitatende)

Quelle: siehe oben

Überraschend war allerdings lediglich die Unvermitteltheit, mit der diese Mitteilung erfolgte. Tatsächlich sind dieser Entscheidung viele Kontakte zwischen den NAKn und den ACK-Mitgliedskirchen vorausgegangen. – Und was die ACK im zitierten Text so darstellt, als handele es sich um eine erst jüngst getroffene Entscheidung ist in Wahrheit die Unwahrheit. Tatsache ist nämlich, dass die Aufnahme der NAKn seit Jahren für den April 2019 festgelegt war.

Letzteres verrät ein Statement, des ACK-Freikirchenreferenten Pastor Bernd Densky bei einem sog. „Runden Tisch" am Rande des

Evangelischen Kirchentages 2017 auf die Frage, wie denn der Ausblick bezüglich Neuapostolischer Kirche und Ökumene aussehe:

(Zitat) *"Ja wir beobachten nicht nur, sondern wir begleiten ja mit dem kleinen Flyer „Schritte aufeinander zu", sind wir auch gemeinsam unterwegs und von Seiten der ACK gibt es ja auch einen fest definierten Ablauf, an dessen Ende 2019 spätestens die Aufnahme als Gast-Mitglied in der ACK stehen soll. Und wir legen natürlich darauf wert – ich sag noch einen Satz und halt mich kurz – natürlich darauf Wert, dass das nicht nur ein Prozess ist der auf Bundesebene stattfindet, sondern freuen uns darüber, dass auch viele NAK-Gemeinden auf lokaler Ebene die Gastmitgliedschaft angestrebt haben und erreicht haben, und auch mittlerweile auf regionaler Ebene. Weil, das gehört natürlich auch zu der Geschichte dazu, bis vor 15, 17 Jahren die NAK eine geschlossene Kirche war. Und erst da eben auch Umdenkungsprozesse stattgefunden haben und jetzt muss man es ja auch den anderen Kirchen zugestehen, dass sie sagen, wir brauchen auch Zeit damit Vertrauen wächst. Und darum geht es letztlich."* (Zitatende)

Die Aufnahme der „Neuapostolischen Kirche" als Gastmitglied war also von langer Hand vorbereitet. Und es scheint so, als sei von Seiten der NAKn wohl keine Lehränderung notwendig gewesen...

Dass womöglich doch Bewegung der NAKn erwartet wurde, ergibt sich aus dem weiteren Verlauf des „Runden Tisches", bei dem einer der stärksten Unterstützer der NAKn, Dr. theol. Reinhard Hempelmann, Leiter der „Evangelischen Zentralstelle für Weltanschauungsfragen (EZW)", Berlin, teilgenommen hat.

Der gläubige apostolische Christ **Dieter Kastl**, hat das gesamte „Round-Table-Gespräch" mitgeschrieben und auf seiner NAK-kritischen website *„NAK>>Talk"* wiedergegeben. Unter der URL https://www.naktalk.de/nak-und-oekumene-abschrift-gespraech-kirchentag-2017/ ist der Inhalt abrufbar.

Dass jedoch keinerlei wirkliche Bewegung stattgefunden hat, konnten kritische Beobachter der Neuapostolischen Kirchen auch in der Zeit zwischen dem besagten Kirchentag und dem Beitrittsdatum feststellen.

Es ist Tatsache, dass die NAK-Lehre nach wie vor mit dem ökumenischen Gedanken nicht kompatibel ist, und es ist eine weitere Tatsache, dass die Neuapostolischen Kirchen nicht einmal im Ansatz daran denken, Ökumenefähigkeit herzustellen.

Detaillierte Kritik dazu findet sich auf den webseiten der Kritiker Dieter Kastl, Detlef Streich und Rudolf J. Stiegelmeyr zuhauf. Deshalb beschränke ich mich hier zunächst auf den Verweis auf die maßgeblichen Internetseiten.

- https://www.naktalk.de/category/oekumene/
- https://nak-aussteiger2010.beepworld.de/nak-ack-oekumene.htm
- https://kirchenreform.jimdo.com/online-aufsaetze-und-artikel/religionskritische-artikel/artikel-zur-nak/

Wenn ich ein Summary der oben verlinkeden Beobachtungen verfassen müsste, würde ich schreiben:

Den NAKn ist das Kunststück gelungen, durch Anpassung ihrer Außendarstellung bei Beibehaltung ihrer rigiden und exklusivistischen Lehre als ökumenetauglich akzeptiert zu werden.

Nun sind die ACK-Gewaltigen und die führenden Funktionäre im ökumenischen Rat der Kirchen ja sicher nicht blöde. Das heißt, auch ihnen muss doch längst aufgegangen sein, was ich weiter oben im Kapitel *„das postfaktische NAK-Zeitalter"* **(Seite 202 ff)** beschrieben habe.

Für mich ergibt sich daraus zwingend die Frage, wie ehrlich die Verantwortlichen sind. Welche Gründe mögen sie dazu bewogen haben, den Steigbügelhalter für die auf der Brennsuppn dahergeschwommenen NAK-Laienprediger der NAKn zu geben?

Hier noch ein Beispiel für die bodenlosen Frechheiten, die sich die Leitungsfunktionäre der NAKn der ACK gegenüber herausnehmen:

Der NAK-Gebietskirchenpräsident über die Kirchenprovinzen Danmark, Eesti, Eire, Island, Kalaallit Nunaat, Nord- und Ostdeutschland, Norge, Polska, Suomi, Sverige, United Kingdom, der Laienprediger und frühere Kriminaldirektor für interne Ermittlung bei der Hamburger Kripo, Rüdiger Krause (ja, der „Vollstrecker von Blankenese", von dem weiter oben bereits die Rede war) hat sich diese Frechheit herausgenommen! - Ich zitiere wörtlich:

„[…] ***Ämter und Beauftragungen:***

Hin und wieder werde ich mit der Frage konfrontiert, ob die Gemeinde ein Mitspracherecht bei der „Besetzung" von Leitungsfunktionen innerhalb einer Gemeinde (gemeint ist der Gemeindevorsteher) und für die Ordination von Amtsträgern habe. Es sei, so meint man, an der Zeit, an dieser Stelle im demokratischen Sinn zu handeln und die Gemeinde zu beteiligen. In anderen Kirchen sei dies Praxis.

An ein solches Vorgehen wird überhaupt nicht gedacht. ***Das vom Herrn selbst gegebene Apostelamt ist für die Versorgung der Gemeinden zuständig.*** *Zusammen mit den Amtsträgern, die für die Gemeinden und die Bezirke verantwortlich sind, wird viel gebetet, damit die notwendigen Amtsgaben oder die Gaben für bestimmte Beauftragungen gefunden werden. Ich schätze durchaus unsere demokratischen Lebensformen und möchte in unserer Gesellschaft auf diese nicht mehr verzichten. Die Ausübung eines Amtes oder der Ruf in eine besondere Beauftragung berühren jedoch eine andere Ebene. Dies alles muss erbeten sein. An dieser Stelle kann ich nur für mich persönlich sprechen: Ich hätte für eine Wahl durch die Mitglieder unserer Kirche für irgendwelche Ämter oder Aufträge nicht zur Verfügung gestanden! Für mich war es immer wichtig zu wissen, dass der große Gott hinter allem steht.* ***Unser Verständnis vom Amt ergibt sich aus den Glaubensartikeln 4 und 5 sowie aus dem Katechismus Kapitel 7 „Das Amt"****, auf die ich an dieser Stelle gern hinweise. […]"* (Zitatende)

Quelle:

- ➢ Monatsrundschreiben für alle Amtsträger des Bezirksapostelbereichs Nord- und Ostdeutschland – 2. Jahrg. – Nr. 34 – April 2019 (liegt als .pdf-Dokument hier vor)

Krause stellt damit eindeutig klar, dass die anderen Gemeinschaften der Gesamtkirche Christi keine Geistlichen haben, sondern lediglich Männer (und Frauen) die aufgrund menschlicher Willlensäußerung ihre Position ausfüllen. Die von ihm angeführten Verweise zum Katechismus und zum NAK-Credo stellen eindeutig klar:

Innerhalb der Kirche Christi verfügen ausschließlich die Neuapostolischen Kirchen über das Apostelamt. Und ausschließlich das neuapostolische Apostelamt ist berechtigt, Geistliche zu ordinieren! Und das bedeutet, ...

..., wenn katholische, orthodoxe, protestantische, ... Bischöfe geistliche Ämter weihen und einsetzen wollen, so müssen sie sich vorher vom NAK-Stammapostel zum Apostel ordinieren lassen.

Und das soll ökumenetauglich sein?!

Noch eine Absonderlichkeit im Zusammenhang mit der Aufnahme der Neuapostolischen Kirche Deutschland als Gastmitglied der ACK:

Es gibt, wie weiter oben bereits festgestellt, überhaupt keine Körperschaft namens Neuapostolische Kirche in Deutschland! (Es gibt eine Domain, die so heißt, deren Inhaber bin aber ich) Und deshalb kann es nicht sein, dass die bei der ACK aufgenommen wird.

Es gibt in Deutschland die vier NAK-Gebietskirchen

- Neuapostolische Kirche Nord- und Ostdeutschland K.d.ö.R.
- Neuapostolische Kirche Berlin Brandenburg K.d.ö.R.
- Neuapostolische Kirche Westdeutschland K.d.ö.R.
- Neuapostolische Kirche Süddeutschland K.d.ö.R.

Und diese Körperschaften können allenfalls gemeinsam aber jeweils als Einzelmitglieder aufgenommen werden, vorausgesetzt natürlich, die jeweiligen Verfassungsorgane haben dem ACK-Beitritt zugestimmt! Da die Mitglieder der einzelnen Gebietskirchen nicht von einer Abstimmung der Verfassungsorgane mit entsprechendem Beschluss in Kenntnis gesetzt wurden, ist klar: Es hat eine solche Beschlussfassung nicht gegeben!

Mit dieser Frage konfrontiert äußerte sich die Geschäftsführerin der ACK, Dr. theol. Elisabeth Dieckmann, dahingehend, meine Ausführungen über den juristischen Status der NAK würden verkennen, dass Kirche in erster Linie ein theologischer Begriff sei, und dass sich die Frage, ob eine Gemeinschaft Kirche ist oder nicht, nicht danach bemesse, welche juristische Form sie hat.

Es dürfte klar sein, dass eine Gemeinschaft, die einen gemeinsamen Willen (in dem Fall zum Beitritt zur ACK) äußern will, unabhängig vom Kirchenbegriff eine irgendwie gefasste juristische Form haben muss. Da es aber keine egal wie verfasste Gesamtgemeinschaft Neuapostolischer Christen in Deutschland gibt, kann es folgerichtig auch keine gemeinsame Willensäußerung aller neuapostolischen Christen in Deutschland geben.

Aber die bodenlose Arroganz und Frechheit Dieckmanns bestätigt einmal mehr meine Meinung über die Funktionäre der verfassten Christenheit. Dennoch vermute ich, dass es einen schwerwiegenden Grund dafür gibt, mögliche Hindernisse auf dem Weg der NAK zur ACK so konsequent wegzuleugnen.

Vor ganz Kurzem habe ich einen Beitrag über finanzielle Probleme der ACK gelesen. Ich habe aber auch gelesen, dass die NAKn und der NAKI e.V. nachgerade in Geld schwimmen.

Ist es daher verwerflich, sich zu fragen, ob es einen möglichen Zusammenhang gibt? Oder ganz ketzerisch gefragt:

***Was mag die Anerkennung der
NAKn durch die ACK gekostet haben?***

Bildnachweise:

Seite:	Abgebildet:	Quelle:
18	Almut Leh	Wikipedia - File:Almut Leh.jpg ©: CC BY-SA 3.0
36	Albury-Konferenz	Aus dem Familienfundus
46	John B. Cardale	w.v.
56	H. Geyer	w.v.
57	F.V. Woodhouse	w.v.
64	C.w.L. Preuß	w.v.
67	Apostelversammlung	Bearbeitetes Foto aus einer Chronik im Familienfundus
69	F.W. Schwar(t)z	Aus dem Familienfundus
77	F.W. Menkhoff	w.v.
80	Friedr. Krebs	w.v.
89	H.C. Niehaus	Scan eines gemalten Bildes aus dem Familienfundus
98	C.A. Brückner	Scan aus einer Publikation des apostolischen Gem.Bundes
106	Nazi-Familie Jung	Scan aus historischer Ausgabe „Unsere Familie" (zur Verf. Gestellt von S. Strehlow)
107	Adolf Hitler	w.v.
109	SA-Hochzeit	w.v.
114	Fa. C. Krampe Wwe.	Scan einer Postkarte aus den 1930er Jahren

117	W. Schmidt	Aus dem Familienfundus
121	Hist. Ortsansicht von Altweilnau	Aus dem Archiv eines Freundes in Schmitten/Hts. (Danke, Jürgen)
125	J.H. v. Oosbree	Aus dem Familienfundus
128	Peter Kuhlen	w.v.
130	J.G. Bischoff	Aus dem Familienfundus einer Freundin (Danke, Carla)
134	Güttinger sen.+jun.	Montage aus Bildern in einer VAG-Zeitschrift
137	H.F. Schlaphoff	Überarbeiteter Scan eines Fotos aus dem Familienfundus
148	Apostelversammlung	Beweisfoto (Scan einer Ablichtg. In der Wächterstimme)
150	J.G. Bischoff und W. Schmidt	Aus dem Familienfundus
159	Walter Schmidt	w.v.
161	E. Streckeisen	w.v.
163	H.S. Urwyler	w.v.
179	Bischoff – 3 Gener.	Netzfund aus den Niederlanden
192	Armin Brinkmann	Netzfund bei GoMoPa.net
196	Zisowski + Pöschel	PC-Gemälde n. einer Veröffentlichung der NAK-Westdeutschland
202	Schneider + Leber	PC-Gemälde n. einer Veröffentlichung von nac.today

Lightning Source UK Ltd.
Milton Keynes UK
UKHW020724010721
386461UK00012B/914